As criaturas de Prometeu

As criaturas de Prometeu
Gilberto Freyre e a formação da sociedade brasileira

Elide Rugai Bastos

São Paulo
2006

© Elide Rugai Bastos, 2005

Diretor Editorial
JEFFERSON L. ALVES

Assistente Editorial
ANA CRISTINA TEIXEIRA

Gerente de Produção
FLÁVIO SAMUEL

Revisão
ANA CRISTINA TEIXEIRA

Capa
EDUARDO OKUNO

Editoração Eletrônica
ANTONIO SILVIO LOPES

Dados Internacionais de Catalogação na Publicação (CIP)
(Câmara Brasileira do Livro, SP, Brasil)

Bastos, Elide Rugai
　As criaturas de Prometeu / Elide Rugai Bastos. –
São Paulo : Global, 2006.

　Bibliografia.
　ISBN 85-260-1068-9

　1. Freyre, Gilberto, 1900-1987 – Crítica e interpretação 2. Sociedade – Brasil 3. Sociologia – Brasil –
I. Título.

05-9402　　　　　　　　　　　　　　CDD-301.0920981

Índices para catálogo sistemático:

1. Sociólogos brasileiros ... Estudo crítico　　301.0920981

Direitos Reservados

 GLOBAL EDITORA E DISTRIBUIDORA LTDA.

Rua Pirapitingüi, 111 – Liberdade
CEP 01508-020 – São Paulo – SP
Tel.: (11) 3277-7999 – Fax: (11) 3277-8141
e-mail: global@globaleditora.com.br
www.globaleditora.com.br

 Colabore com a produção científica e cultural.
Proibida a reprodução total ou parcial desta obra
sem a autorização do editor.

Nº DE CATÁLOGO: **2661**

Para Joana

Sumário

Apresentação 9
Introdução 11

Capítulo I – O Mito Gilberto Freyre 18
        Autobiografia 20

Capítulo II – Temas e Personagens – A Decadência........ 38
O Tempo 44
Um Roteiro Sentimental 48
As Criaturas de Prometeu 53

Capítulo III – O Ensaísmo dos anos 20 58
Que País é Este? 60
O Nacionalismo 68
A Questão Racial 72

Capítulo IV – O Patriarcalismo 80
Família e Sociedade 81

Formação e Consolidação 83
O Processo de Decadência 89
O Patriarcalismo e a Unidade Nacional 102

Capítulo V – Etnias e Culturas 102
O Português 114
O Indígena 119
O Negro 127

Capítulo VI – O Trópico 142
Região e História 147
Tradição e Modernidade 152
O Nordeste e a Contemporização 155
O Trópico e a Diversidade 157
O Trópico e a História 161

Capítulo VII – Variações de Prometeu 168
Sociologia como Sistema 170
A Sociologia e o Conflito 174
O Familiar e o Comunitário 181
O Patriarcalismo: Uma Sociedade Sem Classes? 187

Capítulo VIII – Sou e Não Sou Sociólogo 196
A Questão Fundiária 198
O Ecletismo 200

Entrevista com Gilberto Freyre 207

Bibliografia 223

Apresentação do Prêmio

A Global Editora tem a honra de publicar *As criaturas de Prometeu – Gilberto Freyre e a formação da sociedade brasileira*, trabalho vencedor do Concurso Nacional de Ensaios – Prêmio Gilberto Freyre 2004/2005. Promovido pela editora em parceria com a Fundação Gilberto Freyre, o concurso recebeu 20 trabalhos e o de Élide Rugai Bastos foi escolhido vencedor pela comissão julgadora formada por Sonia Maria Freyre Pimentel, Manuel Correia de Oliveira Andrade, Edson Nery da Fonseca, Maria de Fátima Andrade Quintas e Roberto Mauro Cortez Motta.

É um privilégio para a editora ter em seu catálogo este estudo de Élide Rugai Bastos, professora livre-docente do Departamento de Sociologia da Unicamp e que tem sua carreira acadêmica dedicada ao estudo da formação do pensamento social brasileiro. A publicação deste precioso trabalho da Profa. Élide, estudiosa do pensamento freyriano, é uma contribuição fundamental para o debate acerca da obra do mestre de Apipucos.

Introdução

Na peça intitulada *As criaturas de Prometeu*, pertencente à primeira fase de sua produção, Beethoven apresenta temas que figuram em suas sinfonias escritas posteriormente. Não se trata de repetição e sim de invenções melódicas e harmônicas que indicam a presença de uma obra plena de organicidade. A genialidade desse desdobramento é inegável[1].

Essa marca vem à mente quando reflito sobre a unidade da obra de Gilberto Freyre. Embora não definido previamente, o autor estabeleceu um conjunto intitulado *Introdução à história da sociedade patriarcal no Brasil*, formado pelos livros *Casa-grande & senzala* (1933), *Sobrados e mucambos* (1936), *Ordem e progresso* (1959) e o prometido, mas não terminado, *Jazigos e covas rasas*. Podemos considerar nesse bloco, embora estivesse fora da intenção do autor, o livro *Nordeste*, publicado em 1937. Em cada um deles há a retomada, em outra tonalidade, dos temas desenvolvidos desde o primeiro texto.

A articulação entre *patriarcalismo, interpenetração de etnias/culturas* e *trópico* constitui-se na unidade explicativa do pensamento freyriano. Essa configuração analítica aparece desde o início em *Casa-grande & senzala,* o primeiro livro da série. No entanto, a tese ganha desdobramentos particulares não apenas nos trabalhos citados, como em escritos posteriores. É como se Gilberto tivesse composto uma sinfonia constituída de várias peças interligadas. Nos diferentes textos pode-se perceber a ênfase dada a cada um desses pontos: em *Casa-grande & senzala* afirma a importância da relação etnias e culturas, resgatando o papel do escravo negro como civilizador na sociedade brasileira, operando simultaneamente no processo de mestiçagem e no de difusão e incorporação do aparato cultural africano. Isto é, há uma absorção de seus usos e costumes pelos brancos, que reconhecem a adaptabilidade dos mesmos à realidade tropical. Em *Sobrados e mucambos* ressalta o papel do patriarcado na ordenação da sociedade nacional, operando durante séculos como garantia de sua organicidade. Em *Nordeste*, mostra como as regiões tropicais abrigam formas sociais harmônicas, indagando, ao mesmo tempo, sobre o grau de modernidade a que nelas se pode aspirar.

Gilberto, ao analisar esses três pilares da formação brasileira, quer mostrar que existe uma especial combinação no Brasil, talvez um de seus mais importantes traços: na sociedade brasileira os extremos tendem a conciliar-se. Os títulos dos dois primeiros livros são ilustrativos dessa intenção: casa-grande e sobrado simbolizam dominação; senzala e mucambo, subordinação. Em *Casa-grande & senzala,* o & colocado entre as duas expressões significa interpenetração, símbolo "de dinâmica democratizante como corretivo à estabelecida hierarquia"[2]. É exatamente a especificidade da articulação entre patriarcalismo, etnias/culturas e trópico que permite que aquelas situações típicas de domínio e submissão, extremas em sua configuração, não levem a uma ruptura no seio da sociedade. Assim, por essa ausência de realização extremada dos tipos, no Brasil se combinam tradição e modernidade, rural e urbano, sagrado e profano, o *velho* e o *novo*. Articulam-se, também, tempos distintos. Por isso a importância em suas pesquisas do tema transição: a passagem do trabalho escravo ao trabalho livre, da monarquia à república, do campo à cidade. Este é o eixo central de *Ordem e progresso*.

A publicação de *Casa-grande & senzala* consagra Gilberto Freyre como autor, consagração justa por inúmeros motivos já amplamente conhecidos. No entanto, a própria consagração talvez tenha desviado a atenção do público da continuidade e do alcance do debate que se desenvolve nos livros posteriores. Em *Sobrados e mucambos* as inúmeras inovações apresentadas em 1933 ganham completude e se ampliam. O próprio subtítulo do livro é indicativo da mudança de rota no desenvolvimento da temática inaugurada naquele texto: "decadência do patriarcado rural e desenvolvimento do urbano". Para ele, a urbanização afetou o papel tradicionalmente exercido pelo patriarcado na construção da ordem social brasileira. Aponta como, nesse processo, a esfera pública avançou sobre a esfera privada, ilustrando a situação com as dicotomias *casa/rua, engenho/praça*[3].

A decadência significou a perda do poder, este resultante das transformações sociais, econômicas e políticas, mas também, e fortemente, das culturais. Alteraram-se os modos de agir tradicionais e a perda dessas tradições atingiu nuclearmente a forma pela qual se organizavam as relações sociais no Brasil. Isto é: a mudança, de um lado, trouxe consigo como traço a impessoalidade marcando o relacionamento social; de outro, resultou na destruição da cultura regional que ancorava um específico modo de organização da sociedade. Em outros termos, a decadência é resultado da quebra da continuidade público/privado, procedimento que alterou o modo de organização do poder no país na medida em que foi afetada a própria natureza das relações sociais. Influências individualistas, estatistas e coletivistas se apresentam como desagregadoras do sistema patriarcal. Foi a família, a grande força permanente na formação nacional, influência conservadora e disseminadora dos valores patriarcais, a grande ameaçada. Mais ainda, ela conferiu unidade nacional ao país, pois a forma pela qual no Brasil tornou-se possível a convivência pacífica das culturas foi a existência e permanência do patriarcado. Este se constituiu na garantia da interpenetração de valores sociais de caráter diversificado; através dele operou-se a síntese não conflituosa que impediu rupturas.

A partir desse enfoque, o tema de *Sobrados e mucambos* é o estudo das mudanças que se dão no seio da família e da casa durante o século XIX e que explicam a migração do poder das oligarquias familistas para o Estado, processo resultante tanto do enfraquecimento da ordem rural e escravocrata quanto da centralização administrativa. As transformações não foram abruptas; trata-se de um processo que se estendeu por todo o século XIX. É exatamente nesse desenrolar que Gilberto define a singularidade da decadência do patriarcado no Brasil. Diferentemente do que ocorreu em outros países, esta foi marcada pela acomodação, onde se alternam perdas e sobrevivências. A marca brasileira é a conciliação. Na mudança alteraram-se as formas e o acessório, mas o substantivo permaneceu. A transformação não se processou de modo linear; tem a conformação de um labirinto. Seu trabalho busca a reconstrução desses caminhos sinuosos.

A acomodação teria sido resultado de um lado da assimilação, pelo conjunto da sociedade, dos usos, costumes, valores das diferentes culturas, que se deu no ambiente doméstico pela ação de personagens que agiram cotidianamente no sentido de consolidar, em patamar diferente da oposição dominante/dominado, as relações sociais. Por isso, Gilberto Freyre busca recuperar o papel dos marginais da história: o escravo negro, a mulher, o menino, o amarelinho – anti-heróis face ao patriarca, o grande herói civilizador. Nas análises anteriores, que enfatizam os fatos "heróicos" na história do Brasil, são considerados fora da lógica explicativa. Gilberto os coloca no centro de sua construção sobre a formação nacional. Ao tomá-los como personagens, busca mostrar que não estão fora da história, mas, de fato, são responsáveis pela construção social e cultural da sociedade brasileira. Eis *as criaturas de Prometeu*. Criaturas, porque é Gilberto, primeiramente em *Casa-grande & senzala*, depois nos livros posteriores, que as resgata para a história.

Segundo o autor, as quatro figuras foram, no processo de formação social, a garantia de uma harmonia resultante do hibridismo cultural, responsáveis pela adaptação não conflituosa dos diferentes aspectos das culturas portuguesa, africana e indígena. Com elas o encontro dos elementos sociais e culturais de origem oriental – parte portugueses, parte africanos – e os ocidentais ocorre sem atrito. Mais que isso, essas figuras respondem pela adaptação ao trópico dos costumes originários da Europa. Essa é a razão principal do porquê, no Brasil, a família e não o indivíduo se tornar a unidade básica da sociedade. Essas criaturas reaparecem em *Sobrados e mucambos*, *Nordeste* e *Ordem e progresso*. No primeiro retoma o tema mostrando as transformações decorrentes da urbanização – a vinda de

D. João VI e sua corte é o marco da ruptura que afetam as relações pai e filho, mulheres e homens, negros e brancos. Os novos ares alteraram a acomodação secular. Os conflitos aparecem. Configuram-se novas distâncias sociais. Com a separação público/privado surgiu o risco de desaparecerem, ou pelo menos serem destituídos de seu papel anterior, aqueles personagens que operavam como mediadores do pacto de equilíbrio social: a mulher, garantia da conservação das tradições; o menino, amenizando o despotismo do pai e absorvendo a influência dos costumes negros para transferi-los à sociedade; o escravo, o verdadeiro organizador do ambiente doméstico, garantia da paz na família; o amarelinho, figura ambígua, com compromissos simultaneamente com a família e com a esfera pública, trazendo mudanças alteradoras do desenho da sociedade, mas protetor contra as rupturas em seu seio.

Lembrar, na década de 1930, momento prenhe de mudanças – crescimento da industrialização, urbanização, centralização político-administrativa, para citar algumas –, o papel desempenhado pelos setores dirigentes rurais no sentido de manutenção da ordem social e ainda aquele das oligarquias regionais, confere um especial lugar à reflexão freyriana. Neste livro levanto a hipótese de ter sido a interpretação de Gilberto Freyre um elemento fundamental no equacionamento político daquele período, sem esquecer que esse arranjo acabou por marginalizar vastos setores da população nacional. Trata-se de uma polêmica a enfrentar. No entanto, existe unanimidade quanto à importância de sua reflexão que colocou em outro patamar o debate sobre a questão racial no Brasil. Ainda, com Gilberto Freyre, a sociologia ganha sistematização, alcança um discurso próprio e passa a ocupar um lugar especial no desvendamento dos meandros da sociedade brasileira.

Rica, ambivalente, várias vezes contraditória, a obra de Gilberto Freyre permite inúmeras leituras. Optei por uma, não pretendendo que seja a melhor, apenas uma entre outras. Busquei compreender a arquitetura interna da obra freyriana, suas linhas mestras e articulações principais. Ainda, a estrutura teórica e o âmbito de suas interpretações. Também preocupei-me em desvendar os diálogos, explícitos ou implícitos, que realiza com o pensamento brasileiro, aceitando ou rejeitando diferentes explicações sobre a formação nacional. Ainda, procurando mostrar que se localiza em um período de importantes transformações da sociedade brasileira, respondendo aos desafios históricos gerados pela ruptura ocorrida com a revolução de 1930. Busquei fazer, simultaneamente, uma reflexão sobre a sociologia freyriana e alguns aspectos do pensamento social brasileiro.

Acrescento, ainda, parte de entrevistas feitas em março de 1985 com o autor estudado. Naquela ocasião, e várias vezes posteriormente, Gilberto Freyre recebeu-me cordialmente, com a elegância que lhe era característica. Respondeu a minhas perguntas as mais importunas. Considerando que algumas críticas que fiz na ocasião sobre sua obra poderiam parecer impertinentes, lembrei-lhe que Bandeira diz ser o homem um bicho estranho que tortura os que ama.

Notas da Introdução

1 Jorge Coli ajudou-me a decidir sobre a utilização da obra de Beethoven como título do livro. Sua grande erudição e seu vasto conhecimento da história da arte muito me têm ajudado a refletir sobre os caminhos do pensamento brasileiro.
2 Veja-se esta discussão em: Gilberto FREYRE. *Como e porque sou e não sou sociólogo*. Brasília: Ed. da Universidade de Brasília, 1968. pp. 119-121.
3 Gilberto FREYRE. *Sobrados e mucambos*. São Paulo: Nacional, 1936. Cap. II, pp. 57-86.

Capítulo I

O Mito Gilberto Freyre

Conhecemos a imagem oficial de Gilberto Freyre que ele próprio, ao longo de muitos anos, teve o cuidado de administrar, de modo direto ou indireto. É claro que a essa imagem, em diferentes momentos, acrescentou dados novos, reais ou imaginários, não importa. É assim que se figuram os mitos e, sem dúvida, Gilberto Freyre é um mito da cultura brasileira. Através dessa mitologia, construída por ele e por seus intérpretes, recuperamos a relação entre a obra e a época, o presente e o passado.

Vários elementos compõem o mito. Uma de suas dimensões é a própria administração da imagem pública. Outra é a reação dos intelectuais, em diferentes posicionamentos, que compõem, também com a imagem que projetam, a mitologia. Uma terceira faceta é o diálogo que se estabelece entre as duas dimensões: Gilberto não fala sozinho, responde a um debate. Um exemplo interessante parece-me ser o narcisismo. Inúmeras vezes foi acusado, desde o início de sua carreira, de vaidoso. Não foge à provocação; antes, incorpora-a à sua figura: "Dizem que sou vaidoso. Acho que sou mesmo. Mas todo intelectual é um Narciso e eu tenho porque sê-lo"[1].

Não se deve esquecer, porém, que não é qualquer intelectual que se transforma em mito. Para a criação da mitologia é necessária a existência de algo real. É certo que a visão mitológica, considerada em si, é destituída de dinâmica. Nesse sentido, Gilberto tem uma visão estática de si próprio, subjetiva, única, mas que retrata uma das facetas da realidade. Embora procure definir os elementos que o levam a escrever e lhe permitem ser o escritor que é – seu papel social, sua situação de classe, seu desempenho político, sua formação intelectual – a verdade é que a obra de pensamento ultrapassa a intenção do autor e ganha uma outra dimensão.

Respeitando o mito, optei pela reconstrução de sua biografia através de suas próprias palavras, pois considero que a visão que Gilberto tem de si próprio e de sua carreira é componente fundamental de sua visão de mundo, e esta, substrato básico de sua interpretação do Brasil.

Autobiografia

Sucedeu-me ter tido uma meninice de neto de gente, além de patriarcal, rural, com sobreviventes, na convivência doméstica ou familial, de escravos ou de servos nascidos nos dias de escravidão: o último deles, o velho Manuel Santana que meus filhos cresceram considerando-o avô. E, na própria meninice, cresci ouvindo histórias da negrinha Izabel e aprendendo palavrões com o malungo Severino e ouvindo da negra velha Felicidade, outrora escrava de minha avó materna e por nós, meninos, como por minha mãe, chamada Dadade, suas experiências dos dias antigos. Embora todos esses afronegros, católicos devotos, de ouvirem missa ajoelhados e de se confessarem, soubessem restos de falas africanas e, quando a sós com os ioiozinhos, gostavam de lhes falar de Iemanjás e Exus. Afronegros assimilados às crenças católicas, tanto quanto de Carlos Magno, de princesas louras e de mouras encantadas. Sincretismo que foi trazido das casas-grandes para os sobrados e para as mansões urbanas, quando ainda patriarcais.

De vez em quando, sou acusado de saudosista, como se saudade fosse uma coisa vergonhosa. Eu confesso que sou um homem que tem saudade, saudade de outros entes humanos, saudade de épocas que eu não vivi, saudade de um Brasil que já era Brasil muito antes de eu ter nascido. Quando eu nasci já não havia escravidão no Brasil, mas eu ainda encontrei, na minha família, escravas que tinham sido e continuam a ser da família. De modo que, muito na intimidade, eu aprendi que houve, no Brasil, um relacionamento todo especial entre senhor e escravo. Eu me lembro da escrava particular de minha mãe. Chamava-se – vejam o paradoxo – Felicidade. Mas eu asseguro que nunca, em toda a minha longa vida, encontrei pessoa mais feliz da vida. Dela eu ouvi histórias e mais histórias. Dela e de uma negrinha por quem desconfio que tive um primeiro amor. Essa negrinha, neta de escravos, outra pessoa feliz que conheci na vida, Izabel, me contava histórias e eu gostava muito de ouvir histórias. Tanto as de Dadade como as de Izabel. Isto, depois, aparece em Casa-grande & senzala, *onde falo de escravas que davam o comer na boca dos meninos, que também repetiam palavras para meninos como que tirando os ossos das palavras.*

Eu sou um menino que custou muito a aprender a ler e escrever, inquietando minha família bastante, que diante de um menino que aos oito anos se recusava a ler e a escrever tinha motivos para julgar, como minha avó, que morreu convencida de que eu era um subnormal. Ela exagerava; nunca fui inteiramente subnormal. Atribuo essa recusa ao meu grande contato com ex-escravos que me contavam coisas, que me contavam histórias na sua linguagem, que modificavam a minha linguagem, que me ensinavam, portanto, de uma maneira que professor oficial nenhum poderia ter feito. Eu me lembro que a negrinha Izabel era uma elitista; suas histórias eram somente de reis e rainhas, príncipes e princesas, gigantes e anões, de entes extraordinários. Tudo isso contado de uma maneira que revelava nela uma artista anônima porque sabia dar valor às palavras. Ora, eu sabia, pelos meus irmãos, que os livros de leitura eram muito insípidos; não se comparavam com essas histórias que eu ouvia de Izabel e de Dadade. Foi grande a influência de Izabel sobre mim, sobre o meu estilo, porque ela me deu gosto pela oralidade, pelo escrever falado, pela palavra viva.

Eu preferia pintar. Ciúme de meu irmão mais velho, diz Madalena, cuja aplicação nos estudos concentrava os elogios pater-

nos. Foi um paradoxo que quebrou esse difícil estado de coisas. Foi um inglês. Numa de suas visitas foram-lhe mostrados meus desenhos e pinturas. Mr. George Williams, para espanto de minha família, chegou a uma conclusão diferente: "Vocês estão enganados, quem desenha e pinta como ele não tem nada de subnormal". E Mr. Williams, que quase não sabia português, como bom inglês com relação a línguas estrangeiras, disse: "Vamos aprender a ler a escrever em inglês, comigo". Tinha-me conquistado de tal maneira a simpatia de menino, por ter-se interessado pelos meus desenhos, que eu disse: "Vamos". E deu-se, então, este fato extraordinário: eu aprendi a ler e a escrever em inglês, esnobando os meus irmãos, que estudavam português nas escolas.

Realizado por minha mãe, inteligente e intuitivamente o transplante desse meu aprendizado em inglês às sílabas em língua portuguesa, tornei-me, como novo alfabetizado, ávido de rápidas intelectualizações. Passei a ler e a escrever como quem procurasse recuperar, quase aos saltos, acrobaticamente, tempos perdidos.

Aluno do Colégio Americano Gilreath, do Recife, espantei professores com a rapidez, quase mágica, dessas intelectualizações de neoalfabetizado. E juntei meu talento de desenhista à minha nova arte: a de escrever. Complemento do meu ler. Lia muitos livros e revistas, não me faltando gosto pelos jornais. Até que me surgiu a idéia de eu próprio tornar-me madrugadoramente jornalista, assumindo a direção do jornal do colégio. Grande ajuda de minha mãe, para quem eu lia discursos e artigos. Temia críticas do pai. Sabia que para o pai o grande saber era o dos números e não o das letras. Minha mãe era o meu refúgio. Ouvia o que eu escrevia, enternecida. Fazendo-me elogios às palavras que eu escolhia. Aos adjetivos que juntava a substantivos. Aos verbos com que movimentava as frases. Abria-me a respeito com minha mãe e somente com ela. Dizia-lhe que certas letras me pareciam gordas e, outras, magras. Que umas me pareciam azuis e outras amarelas. Que, dos verbos uns pareciam correr, pular, saltar e outros andarem como se tivessem preguiça ou estivessem com sono. Minha mãe sorria dessas minhas personificações até que notou que o filho juntava desenhos e pinturas a palavras, como que dava a algumas palavras toques de imagens. Mostrou dona Francisquinha – minha mãe – ao marido, entu-

siasta de matemática, essas combinações originais. O dr. Alfredo Freyre talvez estimasse que o filho correspondesse, mais do que vinha correspondendo, ao seu apreço por números. Mas não deixou de se impressionar com suas espontaneidades e intuições.

Meu Pai não era medíocre. Alguma inteligência, alguma cultura, bom conhecimento de Latim e excelente Português: das línguas e das literaturas. Tudo nele, no seu saber como na sua conduta, correto. Eu detesto o excesso de correção, o que não significa detestar o equilíbrio nos modos e nas atitudes das pessoas. Meu Pai era correto sem excesso de corretismo. Nele o que não havia era imaginação. Nem sensibilidade à beleza da natureza e das criações da arte. Sou de uma família inteira de gente de pouca imaginação. Mãe, neste particular, um tanto acima da média, embora não muito acima. Avós, neste particular, medíocres. Bisavós, antepassados, colaterais, todos medíocres, embora homens e mulheres de caráter: alguns dos homens, bravos. Heróis da Guerra do Paraguai.

Se superei os limites da alfabetização tardia, não me falta a consciência de que escrevo num português mais aparentemente do que realmente simples. Na verdade, complexo não porque seja, em vez de português do Brasil, sociologês ou antropologês ou economês, mas por ser um misto de erudito, de quem na meninice teve em casa, pai não só versadíssimo na língua portuguesa como na latina: latinista. Leitor de Horácio e de Virgílio por prazer. Capaz de redigir e de conversar em latim. E que ao Português e ao Latim estudados pelos filhos em colégios – e depois pelos netos – acrescentou o aperfeiçoado por ele, à mesa do café ou do almoço ou do jantar.

Com esses dados, que considero que me legaram alcances e limites, fui para o curso superior. Posso resumir minha impressão da Universidade de Baylor, para onde fui em 1918, em duas palavras: terrivelmente provinciana. Mas sendo universidade (e então não tínhamos uma só universidade no Brasil!) reduz o mau efeito do meio provinciano sobre os seus estudantes, tendo até toques cosmopolitas; por exemplo, o professor A. J. Armstrong, mestre de Literatura Comparada, cuja verdadeira pátria não me parece seja USA, mas a Literatura: a Literatura em língua inglesa, no centro, e as outras literaturas européias em redor, formando uma espécie de novo império romano de que Roma fosse Londres e o maior dos césares, não Shakespeare, porém o poeta-filósofo Robert Browning.

Esse cosmopolitismo pôs-me em contato com grandes figuras das letras. Ter ouvido William Butler Yeats e conversado com ele foi para mim uma experiência como eu não poderia ter maior. Ficou este meu encontro com o irlandês genial como um dos grandes momentos da minha vida. Grande impressão, também, a de Vachel Lindsay e de Amy Lowel.

Na Universidade, substituindo a língua alemã, então proibida, estudei o anglo-saxão, juntando esse estudo ao lastro latino e um pouco grego de minha cultura e de meu verbo. Foi um estudo esse que, como o do Grego, terá deslatinizado um pouco minha formação, projetando-se sobre o que viria ser, em mim, se não um estilo, um modo de escrever, além de uma maneira de ser.

Em 1920, terminadas as matérias – todas, ainda, com um sur-plus *– para o bacharelado em Baylor, segui para a Universidade de Columbia. Nenhuma outra da Europa ou da América tinha, àquela época, os mestres de Ciências Políticas, Jurídicas e Sociais que Columbia reunia em sua congregação. Ali existia um dos centros mais "criadores" na área da Antropologia, com Boas, além de grandes mestres tais como Seligman, Giddings, John Basset Moore, John Munro, Dewey, Hayes.*

O professor Franz Boas é a figura de mestre de que me ficou até hoje maior impressão. Conheci-o nos meus primeiros dias de Columbia. Creio que nenhum estudante russo, dos românticos do século XIX, preocupou-se mais intensamente pelos destinos da Rússia do que eu pelos do Brasil na fase em que conheci Boas. Era como se tudo dependesse de mim e dos de minha geração; da nossa maneira de resolver questões seculares. E dos problemas brasileiros, nenhum que me inquietasse tanto como o da miscigenação. Vi uma vez, depois de mais de três anos maciços de ausência do Brasil, um bando de marinheiros nacionais – mulatos e cafuzos. Deram-me a impressão de caricaturas de homens. Pareciam-me realmente uma negação das virtudes – se havia virtudes – na mistura de raças. Eram raquíticos, eram desengonçados, não sabiam, a meu ver, andar como deveriam andar. Aquilo me desanimou. Pensei: Será que o Brasil não tem realmente futuro? Faltou-me quem me dissesse então, que não eram simplesmente mulatos e cafuzos os indivíduos que eu julgava representarem o Brasil, mas cafuzos e mulatos doentes.

Foi o estudo de Antropologia sob a orientação do Professor Boas que primeiro me revelou o negro e o mulato no seu justo valor – separados dos traços de raça os efeitos do ambiente ou da experiência cultural. Aprendi a considerar fundamental a diferença entre raça e cultura; a discriminar entre os efeitos de relações puramente genéticas e os de influências sociais, de herança cultural e de meio. Nessa época li Sorel, Maurras, Santayana – que me reconciliou com o Catolicismo – Henry James, Pascal, Santo Agostinho, Nietzsche, William James, Bergson, Le Play, Fustel de Coulanges, Stanley Hall, Weber, Simmel, entre outros.

Parti para a Europa em 1922 ficando primeiramente em Paris, indo posteriormente a Berlim, Munique, Londres e estabelecendo-me em Oxford para estudar. Encontrei em Oxford meu ambiente como em nenhum lugar já meu conhecido. É certo que em Paris, as cidades francesas, alemãs e belgas deram-me a impressão de lugares mais que necessários, essenciais, para me curarem do que há anos sentia haver de incompleto em minha condição de americano. Em Oxford senti que além dessa cura, recebi "de quebra" uma alegria de espírito que tornou minha vida uma constante e festiva aventura de sensibilidade e não apenas de busca de cultura: aquela cultura que só se torna parte de um indivíduo quando ele e certos ambientes se defrontam como partes de um todo a ser aos poucos ou de súbito completado.

Não poderia ter-me acontecido nada mais favorável do que ter tido essa formação no estrangeiro. Mas não creio que eu seja fruto dessa formação. Sou fruto, principalmente, do meu talento e talvez do meu mais-que-talento. Mas esse talento e esse mais-que-talento foram completados por uma formação adequada que eu não poderia ter tido no Brasil. Eu diria que adquiri, nos Estados Unidos e na Europa, uma visão do ser humano que não teria adquirido se não tivesse saído do Brasil, se não tivesse tido os contatos que tive. Contatos sob a forma de estudos universitários e também extra-universitários, com pessoas do povo, em cafés e até em cabarés. Estudei na Universidade de Columbia, talvez na sua fase de maior esplendor, com mestres como Boas e Basset Moore, mas também aprendi muito nos teatros e nos restaurantes que freqüentei em Nova Iorque.

Em 1923, passando algum tempo em Lisboa, voltei ao Recife. Deixei Recife ainda menino para revê-lo como homem feito. Revê-lo com outros olhos: os de adulto. Adulto viajado pela América do Norte e pela Europa. Adulto, como se diz em inglês, sofisticado. Edifícios que aos meus olhos de menino pareciam grandiosos surgiram-me, então, tão mesquinhos que tive necessidade de reajustar-me não só a cada um deles como aos conjuntos de valores a que eles pertencem.

Fiz escândalo quando, ao voltar para o Brasil, destaquei a importância da culinária como expressão das culturas nacionais. Ao voltar em 1923, encontrei um Recife onde se valorizava muito a mulher européia, mesmo a prostituta européia, em detrimento da nativa. Minha atitude foi a de valorizar a mulher nativa, morena e até a mulher negra. E isso teve repercussão, foi talvez uma pequena revolução nativista. Nesse período senti-me repelido pelo Brasil, como se me tivesse tornado um corpo estranho ao mesmo Brasil. Incrível o número de artigos e artiguetes aparecidos contra mim; a insistência de todos sobre um ponto: a de ser eu um estranho, um exótico, um meteco, um desajustado, um estrangeiro.

O que escrevia então (artigos no Diário de Pernambuco) *mostrava o empenho do jovem com audácias de remar, por vezes, contra a maré, na defesa da conservação, sempre que possível, em países tropicais como o Brasil, de simples ruas, em vez da absoluta adoção de avenidas largas; a que se seguiria a defesa de arcadas nessas ruas, protetoras contra chuvas e sóis tropicais, na defesa de valores da arquitetura tradicional e regional brasileira; na defesa das árvores e plantas brasileiras ou tropicais nas ruas e nos jardins brasileiros; na defesa de assuntos e de linguagem atraentes para crianças, ao mesmo tempo que regionais, tradicionais, em livros brasileiros para meninos, em oposição aos livros de linguagem arrevesada e em torno de assuntos e ambientes estrangeiros; na defesa das cozinhas tradicionais e regionais do Brasil; na defesa da doçaria; a defesa de jogos e brinquedos tradicionais e regionais. O clamor em prol do encanto não só das velhas árvores como dos velhos portões recifenses de ferro rendilhado, de velhas varandas de sobrados coloniais do Nordeste, de velhíssimos abalcoados e janelas mouriscas de Olinda e do Recife como sugestões para arquitetos com imaginação capaz de os adaptar a novos modelos de edifícios regionais; a repulsa a uma então dominante exaltação, no Brasil, de motivos, temas ou modelos humanos europeus, na estatuária, na pintura, na literatura de ficção, inclusive a colocação desses modelos em ambientes também estritamente brasileiros, em vez de europeus e antibrasileiros; a defesa dos nomes regionais e tradicionais de ruas; a defesa do campus universitário como valor estético, lúdico, recreativo a ser incorporado às futuras e, ao meu ver, necessárias universidades brasileiras; a defesa de perspectivas brasileiras nas literaturas de ficção e nos estudos sociais brasileiros; a exaltação do Pátio de São Pedro do Recife como o mais estético e valioso da cidade; como a sua igreja até então admirada menos que a incaracterística e, até banal, da Penha; a exaltação dos arcaísmos – para a época escandalosa – de uma Salvador afro-brasileira como sendo mais característicos de uma cultura nacional do Brasil; o clamor a favor do rio Capibaribe e de sua valorização pelo Recife; o destaque dado à* História da civilização, *de Oliveira Lima, como novo e superior tipo de livro didático; o destaque dado a* Paraíba e seus problemas, *de José Américo de Almeida, como exemplo de um também novo e superior tipo de ensaio regional; o destaque dado a* Amazônia misteriosa, *de Gastão Cruls, como, em português, outro exemplo de novo tipo de literatura, este de ficção ao mesmo tempo científica e regional; a exaltação de Augusto dos Anjos que, como poeta, devesse ser situado dentre os maiores em língua portuguesa, dada sua audácia ao mesmo tempo regional e modernizante.*

Idéias com as quais, o autor hoje, nem sempre se conserva solidário. Afinal o eu, como diria Ortega, se altera com as circunstâncias. E as circunstâncias, com o tempo, são sempre outras. O que não significa deixar de haver no eu alguma coisa de irredutível.

Várias as idéias de hoje do autor que madrugaram no muito jovem ao escrever os artigos, expressas em palavras pela primeira vez aparecidas na língua portuguesa. Entre elas, a empatia. São artigos, portanto, em que já surgem, como antecipações, alguns dos pendores que se acentuariam no homem já de todo feito e permanecem no idoso. Artigos do autor que explicam seu "regionalismo" e o seu "tradicionalismo" em face do "modernismo" dos seus dias de estreante no jornalismo literário da província. Devo, entretanto, salientar as afinidades profundas que sentia desde 1926 – data da primeira via-

gem ao Rio e a São Paulo – com personalidades de "modernistas", como eu interessados no folclore luso-brasileiro, em coisas de negros, de caboclos, de mestiços do Brasil: Manuel Bandeira (poeta), Prudente de Moraes Neto, Rodrigo Mello Franco de Andrade, Carlos Drummond de Andrade, Sérgio Buarque de Hollanda, Couto de Barros, Rubens Borba de Moraes, Jayme Ovalle, Affonso Arinos de Mello Franco, e dois ou três outros, aos quais continuam a ligar-me preocupações e modos de ver comuns.

Decidi fixar-me no Recife, não seguindo o conselho de Oliveira Lima de arranchar-me em São Paulo. Creio que cada um deve ficar o mais possível no lugar onde nasceu. Nada de muita emenda ao soneto da vida: ou do destino, que é o mesmo

Em 1926 inicia-se o Governo Estácio Coimbra, que desde os seus dias de Vice-Presidente da República me distinguiu de modo excepcional. Toda gente sabe que ele me confiou o cargo de Oficial Chefe de seu gabinete para eu não ser Oficial nem Chefe de Gabinete: só para estar na intimidade do seu governo e ser por ele consultado sobre certos assuntos, como se fosse pessoa importante. Secretariava com o maior gosto as audiências públicas de Estácio como Governador de Estado.

Em 1928, fui convidado por Estácio para fundar a cátedra de Sociologia da Escola Normal do Estado no plano da Reforma Carneiro Leão. Foi a primeira cátedra de Sociologia Moderna no Brasil.

Em outubro de 1930 ocorreu-me a aventura do exílio. Levou-me primeiro à Bahia; depois a Portugal, com escala pela África. Por mais de um ano, após a vitória dos políticos – uns, autênticos homens de bem, outros velhacos fantasiados de catões – que em outubro de 1930 se apossaram do poder no Brasil, estabelecendo um novo tipo de governo, fui obrigado a conservar-me aventurosamente no estrangeiro. Vi-me, por algum tempo, na África: no Senegal. Contato, este, interessantíssimo. Depois da África, em Portugal, onde conheci, pela primeira vez, num duro inverno, aqueles rigores de frio que ali, quase tanto como noutras partes da Europa, só experimenta quem é pobre.

Veio-me então a idéia de escrever um trabalho que abrisse novas perspectivas à compreensão e à interpretação do Homem através de uma análise do passado e do ethos *da gente brasileira: trabalho que quatro anos antes, estando nos Estados Unidos e tendo à minha disposição manuscritos e obras raras da Brasiliana de Oliveira Lima, em Washington, eu já pensava tentar realizar. Mas conservando o meu plano em segredo quase absoluto. Tanto que, no Brasil, apenas o comunicara a Teodoro Sampaio, a Manuel Bandeira, poeta, a José Lins do Rego e a José Maria Carneiro Albuquerque.*

Essa primeira pesquisa resultara, desde 1926, e da minha permanência, naquele ano, em Washington, numa multidão de notas: cadernos e cadernos repletos de apontamentos, quase todos a lápis. Tal pesquisa eu a retomaria em Lisboa, de 1930 a 1931, dando maior atenção ao material que se referisse à mulher e ao escravo, dentro do complexo patriarcal-escravocrático que de Portugal se comunicara ao Brasil, ampliando-se imensamente em terra americana e em ambiente tropical.

Em Portugal foi surpreender-me, em fevereiro de 1931, o convite da Universidade de Stanford para ser um dos seus visiting professors *na primavera do mesmo ano. Deixei com saudade Lisboa, onde desta vez pudera familiarizar-me, em alguns meses de lazer, com a Biblioteca Nacional, com as coleções do Museu Etnológico, com sabores novos de vinho-do-porto, de bacalhau, de doce de freiras. Juntando-se a isto o gosto de rever Sintra e os Estoris e o de abraçar amigos ilustres.*

Igual oportunidade tivera na Bahia – minha velha conhecida, mas só de vistas rápidas. Demorando-me em Salvador pude conhecer com todo o vagar não só as coleções do Museu Afro-baiano Nina Rodrigues e a arte do trajo das negras quituteiras e a decoração dos seus bolos e tabuleiros, como certos encantos mais íntimos da cozinha e da doçaria baiana que escapam aos simples turistas. Certos gostos mais finos da velha cozinha das casas-grandes que fez dos fornos, dos fogões e dos tabuleiros de bolo da Bahia seu último e Deus queira que invencível reduto. A melhor lembrança que conservo da Bahia: a da sua polidez e a da sua cozinha. Duas expressões de civilização patriarcal que lá se sentem hoje como em nenhuma parte do Brasil. Foi a Bahia que nos deu alguns dos maiores estadistas e diplomatas do império; e os pratos mais saborosos da cozinha brasileira em lugar nenhum se preparam tão bem como nas velhas casas de Salvador e do Recôncavo.

Na Universidade de Stanford daqueles dias encontrei ambiente ideal para a continuação dos meus estudos sobre o complexo patriarcal-escravocrático brasileiro. Na biblioteca, achava-se, como que à minha espera, valiosa Brasiliana. Encontrei também completa coleção de documentos parlamentares ingleses relativos não só ao tráfico de escravos como às condições de trabalho servil no Brasil: outra mina quase virgem à espera de quem a desvirginasse. Foi na Universidade de Stanford que tomou corpo o meu projeto desse livro: um livro que fosse uma nova reconstituição, uma nova introspecção e uma nova interpretação de uma sociedade de origem européia desenvolvida com elementos extra-europeus de etnia e de cultura, em espaço tropical; e à base de uma organização patriarcal e escravocrática de economia, de família, de convivência.

Realizados os cursos que me foram confiados na Universidade de Stanford, regressei da Califórnia a Nova Iorque por um caminho novo para mim: através do Novo México, do Arizona, do Texas; de toda uma região que ao brasileiro do norte recorda, nos seus trechos mais acres, os nossos sertões ouriçados de mandacarus e de xiquexiques. Mas, regressando pela fronteira mexicana, visava menos a esta sensação de paisagem sertaneja que a do velho sul aristocrata. Região onde o regime patriarcal de economia criou quase o mesmo tipo de aristocrata e de casa-grande, quase o mesmo tipo de escravo e de senzala que no norte do Brasil e em certos trechos do sul; o mesmo gosto pelo sofá, pela cadeira de balanço, pela boa cozinha, pelas mulheres, pelo cavalo, pelo jogo; que sofreu, e guarda as cicatrizes, quando não as feridas abertas, ainda sangrando, do mesmo regime devastador de exploração agrária – o fogo, a derrubada, a coivara, a lavoura parasita da natureza. A todo estudioso da formação patriarcal e da economia escravocrata do Brasil impõe-se o conhecimento do chamado "deep South". As mesmas influências de técnicas de produção e de trabalho – a monocultura e a escravidão. Às vezes tão semelhante que só varia o acessório: as diferenças de língua, de raça e de forma de religião.

Fazia-me falta o material que recolhera em 1926; e que eu ignorava se ainda se conservava no Brasil nas caixas de papelão grosso em que o deixara. A casa da minha família, no Recife, já eu sabia ter sido saqueada e incendiada. Mas os meus livros e papéis haviam fica-

do quase todos na casa em que eu residira com meu irmão Ulysses. Teriam escapado ao saque de gatunos fantasiados de patriotas?

Dos Estados Unidos voltei, ainda em 1931, para a Europa, demorando-me na Alemanha para estudos antropológicos nos seus excelentes museus-laboratórios. Em Hamburgo comuniquei meu projeto de livro ao então Cônsul do Brasil, naquela cidade e já meu amigo de Londres, Antonio Torres. Não lhe pareceu que o livro viesse a interessar aos brasileiros: segundo ele, eu deveria escrevê-lo em inglês. O Brasil lhe parecia um país sem futuro intelectual. Eu, entretanto, confiava no Brasil e nos brasileiros.

Da Europa, em vapor alemão, regressei ao Brasil, ao Rio de Janeiro. Aí foi decisivo o estímulo que recebi de meu amigo Rodrigo Mello Franco de Andrade a favor do projeto de livro que eu trazia do estrangeiro. Sob esse estímulo continuei minhas pesquisas: na Biblioteca Nacional, no Arquivo Nacional, na Biblioteca e no Arquivo da Faculdade de Medicina, no Museu Nacional. Foi considerável o material que recolhi nesses dias, no Rio de Janeiro, hóspede, por algum tempo, de Assis Chateaubriand, no seu palacete da Avenida Atlântica, dos Santos Dias, no Edifício Olinda, e de certa altura em diante, instalado em pequena, quase mesquinha, pensão da Rua Paulo de Frontin.

Foi Rodrigo quem redigiu o contrato com o editor Schmidt pelo qual o então ainda não milionário intelectual se comprometeu publicar o mesmo livro. Tornava-se ele meu editor mediante o pagamento por mês, ao já considerado "autor", de 500 mil réis, pela edição do trabalho que se intitularia Casa-grande & senzala.

Com o trabalho ainda inacabado é que regressei ao Recife onde, do começo de 1932 ao começo de 1933, me entregaria intensamente à tarefa de redigir o livro. Foi um trabalho que realizei em condições difíceis – comendo uma vez por dia e morando só e isolado numa casa à Estrada do Encanamento, então de propriedade do meu irmão Ulysses, onde ele e eu, solteiros, residíramos durante alguns anos. Em 1932 ele já homem casado cedeu-me aquela casa meio abandonada e a família concordou que durante o dia ficasse a meu serviço o velho Manoel Santana, preto nascido ainda no tempo da escravidão e durante longo tempo membro, por assim dizer, da nossa família; e de certo modo meu colaborador, através de informações orais, na elaboração do livro Casa-grande & senzala.

Não pense que foram dias de todo tranqüilos, para o autor, os do último ano, passado todo no Recife, de elaboração de Casa-grande & senzala. *Comia – repito – uma vez por dia. Experimentei o sofrimento da fome. Quando vinha à cidade, de Casa Forte, era a pé. Voltava a pé. Vivia da venda das jacas, das mangas, dos jambos do sítio que rodeava a casa do meu irmão. Vida difícil. Além do que, a época era ainda de agitações.*

Concluída a redação do futuro livro, incumbiu-se de levar o vasto MS, ao Rio, a Senhorita Anita Paes Barreto. Enviados os originais de Casa-grande & senzala *celebraram, no Recife, os amigos do autor, o acontecimento, com uma dança na própria casa em que o trabalho fora concluído. À dança só foram admitidos amigos do autor que se apresentassem fantasiados de personagens típicos de casa-grande ou de senzala.*

Os primeiros artigos de crítica que apareceram acerca do novo livro – elogiando-o – foram os de Yan de Almeida Prado, Roquete Pinto, João Ribeiro e Agripino Grieco, em jornais do Rio e de São Paulo. Os primeiros ataques que lhe foram feitos partiram do Recife, onde uma revista chegou a especializar-se nessa espécie de agressão sistemática ao novo livro e ao seu autor.

Por que já 23 – ou 24 – edições de Casa-grande & senzala *em língua portuguesa e somente seis na mesma língua, da sua imediata continuação que é* Sobrados e mucambos *e três de* Ordem e progresso? *Parece que a resposta é que o primeiro é um livro carismático. Há livros, tanto como pessoas, carismáticos.*

Como autor dos três, não ponho Casa-grande & senzala *acima dos outros dois senão como livro, dentre os que já escrevi e publiquei, germinal. Ele está presente, em quase todos os que se sucederam, como gérmen. Como base de continuações, embora a essas continuações não falte, a cada uma, como livros, caráter autônomo.*

Ser uma pessoa polêmica, discutida e até criticada me dá uma sensação de vitalidade muito agradável. Eu temo muito ser considerado um bonzinho que agrada a todo mundo, um convencional que não arrepia nenhuma convenção. Tenho muito medo de chegar a ser benquisto por toda gente ao mesmo tempo. Creio que quem tem atitudes precisa se conformar com o fato de desagradar a alguns. Aliás, se eu tivesse vivido na época hippie *provavelmente teria sido um* hippie, *pois eles representam uma repulsa ao excesso de conven-*

ções, que considero prejudicial a qualquer sociedade, a qualquer cultura. Creio que naqueles tempos de meu regresso ao Recife fui um pouco hippie.

Sou muitas vezes acusado de conservador. Mas, o que eu quero conservar no Brasil? Valores brasileiros que estão encarnados principalmente nas formas populares de cultura, formas regionais, que dêem um sentido nacional ao Brasil. É, eu sou um conservador por ser um nacionalista, conservador de valores que exprimem uma nação brasileira através de uma cultura popular brasileira. A essa cultura popular tenho dado uma valorização máxima, embora não deixe de valorizar também uma cultura da elite.

Acho que a Semana de Arte Moderna representou uma introdução arbitrária, no Brasil, de modernices européias, sobretudo francesas. Sem dúvida, a cultura brasileira em geral e as artes brasileiras em particular precisavam na época de ser modernizadas, revigoradas – mas levando-se em conta a realidade regional brasileira, suas tradições características às quais se poderia adaptar inovações européias. Isso não se fez em São Paulo, mas sim no Recife, num movimento muito menos badalado do que a Semana de Arte Moderna de São Paulo. Esse movimento foi regionalista, tradicionalista e, a seu modo, modernista, ao qual estiveram ligados artistas como Vicente do Rego Monteiro, um renovador da pintura e da escultura.

Alguns me acusam de "reacionário". Os que usam tal palavra em relação a mim refletem uma real ignorância sobre o significado de minha obra, ou um sentido muito perverso do que seja "reacionário". O que sou é sensível às raízes. Mas não procuro imitá-las. Nelas busco inspiração para novas perspectivas em expressão literária, em percepção sociológica e na própria filosofia social que está presente em tudo o que escrevo. Sou um defensor do anarquismo construtivo. Em termos de idéias sou contra qualquer excesso governamental. Creio que os governos devam ser reduzidos ao mínimo. O atual Estado brasileiro não me agrada em nada, nada. Sobretudo o Estado brasileiro representado a partir de Brasília, cidade que é um exemplo acabado do estatismo ultracentralizador. Temos um tipo de centralização que só se comprara ao totalitarismo soviético (dados de 1984). A presença do Estado é sempre indesejável porque, invariavelmente, perdemos um pouco da liberdade.

Eu me defini a favor do movimento de 1964 sem que isso implicasse uma adesão política. Implicou uma adesão nacionalista. Não estava a par do que se tramava, mas meu sherloquismo *já captava alguma coisa do que se passava. O general Castelo Branco, então Comandante do IV Exército, freqüentava muito a minha casa, mas vinha para conversar e não para conspirar. Quando assumiu a Presidência da República convidou-me para ser o Ministro da Educação e não aceitei porque senti que não estava havendo uma revolução, mas sim uma substituição dos quadros governamentais, e isso não me interessava. A meu ver, 1964 era inevitável, tinha de vir, diante do caos a que o Brasil chegara, diante da infiltração russo-soviética no país. De modo que as Forças Armadas prestaram um grande serviço ao Brasil, em 1964. Mas a sua presença no governo talvez tenha se prolongado demais. No plano social a Revolução teve uma oportunidade única, que não foi aproveitada. E também não soube libertar-se do burocratismo, havendo ainda a tendência de certos assessores da Presidência para estabelecer um dirigismo da cultura. 1964 foi uma grande revolução fracassada. Os líderes do movimento tiveram a oportunidade de fazer uma revolução verdadeira, mas falharam. E fracassaram porque lhes faltou sensibilidade social e sobrou economicismo.*

O fato de sinceramente não me considerar mestre de ninguém nem de coisa alguma, guarda-me da pretensão de vir fazendo escola no Brasil ou fora dele. O que não deve ser encarado como modéstia ou elegância da minha parte. Sem de modo nenhum considerar-me mestre no sentido convencional de chefe de escola ou criador de sistema, considero-me pequeno iniciador de um também pequeno movimento de renovação intelectual, talvez não de todo desprezível entre os movimentos intelectuais da nossa época.

Sem pretensões a ser mestre ou ter formado escolas, não me repugna à vaidade supor que das minhas aventuras de experimentação intelectual alguma influência venha resultando sobre estudantes tanto quanto eu empenhados, hoje, dentro e fora do Brasil, no esclarecimento de problemas dos quais pareça defender melhor ou mais lúcida interpretação da natureza humana. Inclusive daquele passado íntimo do homem, até há pouco abandonado pelos historiadores acadêmicos aos antiquários ou aos cronistas.

Capítulo I – O Mito Gilberto Freyre

Sou muito acusado de vaidade, e reconheço que tenho alguma. Talvez seja uma maneira de neutralizar a omissão em torno de meus livros, mas a verdade é que tenho consciência do que minha obra vale. E a consciência desse valor está baseada nos numerosos testemunhos de grandes autoridades em vários países, em todo o mundo.

Detesto, devo dizer, que me chamem de mestre. Eu não me considero mestre, não. Eu me considero um indivíduo que chega aos 85 anos aprendiz, sempre aprendiz, sempre adquirindo novos conhecimentos, sempre achando necessário adquirir novos conhecimentos. Eu acho que o intelectual precisa ser sempre um insatisfeito, precisa sempre procurar novas visões, novas perspectivas, novos rumos de sua aproximação do que ele considera verdades a serem descobertas ou redescobertas. Porque as próprias verdades descobertas precisam ser redescobertas constantemente. É a minha experiência. E eu falo como quem chegou a uma idade bastante avançada para ter juntado aos seus saberes alguma experiência e de valer-se, muitas vezes, mais da experiência do que dos saberes. Eu chego a esta idade avançada duvidando muito dos racionalismos e das lógicas. Penso que existe um conflito entre a racionalidade absoluta e a não-racionalidade. Nosso conhecimento, quer da natureza, quer do homem pelo homem, deriva das aparentes irracionalidades.

Nunca me integrei no status de velho, nem nas suas vantagens nem nas suas desvantagens. Nunca aceitei a denominação de mestre, e é por isso que não formei escola. Não sou mestre de modo algum, nem quero que me tirem esta grande liberdade que é estar sempre aprendendo, renovando-me. E acho que Deus – eu creio na existência de um Deus, à minha maneira – me concedeu uma série de vantagens, entre elas a de estar já numa idade avançada e sem os achaques da velhice. Por exemplo, li muito a vida inteira e não uso óculos. Também não uso bengala.

Quando criança usava meus soldadinhos de chumbo para brincar de Deus; manejá-los e dispô-los em ordem dava-me uma sensação de poder que tinha uma marca divina na minha fantasia. Hoje acredito num Deus revelado que é Jesus Cristo e todas as noites eu rezo, ou melhor, converso com Deus a quem chamo também de meu deusinho.

Eu refletia muito mais sobre a morte quando era jovem. Mas confesso que a morte não deixa de me impressionar muito desfavo-

ravelmente. Conversando com Deus eu o acuso de não ter feito o homem, criado por ele, imortal.

Haverá, afinal, de modo absoluto, tempo morto? Ou o homem é que morre, como indivíduo biológico, para, como pessoa, por vezes sobreviver a si próprio e ao seu próprio tempo, num transtempo, este como que imortal? Imortal como superação do tempo apenas histórico.

NOTA: O presente capítulo foi montado a partir de trechos selecionados da obra e de entrevistas concedidas por Gilberto Freyre. Como estes foram escritos em momentos diferentes, havendo intervalo entre eles de mais de 50 anos, fui obrigada, às vezes, para conferir unidade ao texto, a introduzir algumas modificações.

a. mudar o tempo dos verbos do presente para o passado, principalmente quando utilizo o diário do autor, que registra os fatos dia-a-dia;

b. utilizar sempre o tratamento na primeira pessoa do singular, uma vez que o escritor fala, muitas vezes, de si próprio, na terceira pessoa;

c. incorporar, quando utilizo entrevistas, a pergunta à resposta dada;

d. omitir algumas palavras de ligação quando a frase utilizada resultava de argumentação anteriormente dada.

Os trabalhos de Gilberto Freyre consultados foram:

Casa-grande & senzala. 21. ed. Rio de Janeiro: José Olympio, 1981. pp. LV, LVI e LVII.

Sobrados e mucambo. 6. ed. Rio de Janeiro: José Olímpio, 1981. p. XXX.

Região e tradição. Rio de Janeiro: José Olímpio, 1941. p. 25.

Como e porque sou e não sou sociólogo. Brasília: Ed. da Universidade de Brasília, 1968. pp. 126, 127, n. 129, 130, 131, 132, 134, 135 e 136.

Tempo morto e outros tempos. Rio de Janeiro: José Olympio, 1975. pp. 19, 20, 30, 36, 40, 41, 42, 43, 104, 105, 125, 128, 192, 225, VIII e IX.

Tempo de aprendiz. São Paulo: Ibrase/MEC/INL, 1979. pp. 31, 32 e 33.

"Prefácio". In: Ernani Silva BRUNO. *História e tradições da cidade de São Paulo*. 3. ed. São Paulo: Hucitec, 1984. pp. III e IV.

Uma neo-alfabetização. In: *O Estado de S. Paulo*, 30/12/1984.

E ainda, de outros autores, limitando-me a entrevistas:

Ricardo NOBLAT. Playboy entrevista Gilberto Freyre. *Playboy*, março/1980, pp. 30, 34, 96 e 103.

Angela LACERDA. Na casa de Gilberto Freyre, relembrando nossas raízes. *Cláudia*, abril/1983, pp. 248 a 250.

Leo Gilson RIBEIRO. Gilberto Freyre: revelações do maior fã de Sônia Braga. *Jornal da Tarde*, 19/11/1983, p. 4.

Mauro BASTOS. O anarquista construtivo. *Veja*, n. 800, 04/01/1984, pp. 6 e 7.

Notas ao Capítulo I

1. Trecho da entrevista de Gilberto Freyre à autora, realizada no Recife, a 20 de março de 1985.

Capítulo II

Temas e Personagens

A Decadência

Antonio Candido já se confessou intrigado com o fato de, num país novo como o Brasil e no século XX, a maioria das obras de valor produzidas versar sobre a temática da decadência – social, familiar, pessoal[1]. Em Gilberto Freyre é um tema nuclear. Em artigos de jornais da década de 1920 tal traço aparece reiteradamente, quando lamenta as "modernices" que atingem o Recife de então. Derrubam-se sólidos casarões para se construírem no lugar casas "confeitadas" como bolos, descaracterizadas, copiadas, transplantadas. Residências de "novos ricos" incapazes de compreender a tradição. Ou devassadas avenidas largas em vez de íntimas e sombreadas ruas. Ainda, doces de confeitaria e refrigerantes industrializados a substituir produtos caseiros. O assunto encontrará sua expressão maior em *Sobrados e mucambos*, dedicado a apontar "mudanças de substâncias e de formas sociais e culturais a assinalarem começos de maior urbanização e mais evidente industrialização da vida brasileira. A marcarem o declínio de uma sociedade e de uma cultura predominantemente agrárias e rurais nos seus modos de serem patriarcais"[2].

É importante assinalar a revisão feita à primeira edição de *Sobrados e mucambos,* por ocasião da segunda edição[3]. Ressalto a Introdução, onde o autor explicita a articulação dos temas e mostra a continuidade das teses em relação a *Casa-grande & senzala.* É ali que Gilberto associa morte e decadência, sendo que a preocupação com a morte assume, às vezes, o lugar da reflexão sobre a decadência. Morte como metáfora da decadência. Morte do indivíduo como metáfora da decadência social. Embora inúmeros símbolos indiquem a ruína do patriarcalismo – o moleque que mija no sobrado, mostrando que a rua vale mais do que a casa – nenhum mais acabado do que o túmulo patriarcal. Assim, anuncia o livro inacabado *Jazigos e covas rasas* – que pretendia fosse o último volume da série *Introdução à história da sociedade patriarcal no Brasil*[4]:

> como estudo de ritos patriarcais de sepultamento e da influência de mortos sobre vivos, aquelas várias fases de desenvolvimento e de desintegração – desintegração na qual ainda se encontra a sociedade brasileira – do patriarcado, ou da família tutelar, entre nós. Patriarcado a princípio quase exclusivamente rural e até feudal, ou parafeudal; depois, menos rural que urbano. (...) O túmulo patriarcal, o jazigo chamado perpétuo, ou de família, o que mais exprime é o esforço, às vezes pungente, de vencer o indivíduo a própria dissolução integrando-se na família, que se presume eterna através dos filhos, netos, descendentes, pessoas do mesmo nome. E sob esse ponto de vista, o túmulo patriarcal é, de todas as formas de ocupação humana do espaço, a que representa maior esforço no sentido de permanência ou sobrevivência da família: aquela forma de ocupação de espaço cuja arquitetura, cuja escultura, cuja simbologia continua e até aperfeiçoa a das casas-grandes e dos sobrados dos vivos, requintando-os, dentro de espaços imensamente menores que os ocupados por essas casas senhoriais, em desafios ao tempo[5].

Esses jazigos são defendidos por imagens que representam a *imortalidade,* símbolos que – guardiões dos túmulos – teriam como intenção sua defesa contra ataques, numa clara simbologia da necessidade de proteção contra a decadência. Decadência associa-se à humilhação. Humilhação que não tem seu ponto final nem mesmo com a morte.

Não era sem razão que a gente antiga do Recife chamava ao beco que ia do centro da cidade ao Cemitério de Santo Amaro de 'Quebra-Roço'. 'Roço' é brasileirismo que quer dizer – ensina Mestre Rodolfo Garcia – 'presunção, vaidade, orgulho'. E é como o tempo – e através do tempo, a dissolução das instituições, e não apenas a dos indivíduos – age sobre as casas e os túmulos – mesmo os monumentais, e não apenas os modestos: quebrando-lhes o roço. O roço do que o patriarcado no Brasil teve de mais ostensivo, isto é, a sua arquitetura característica – casas-grandes, sobrados, monumentos fúnebres: criações de pedra e de cal, de mármore, de bronze com que as famílias patriarcais ou tutelares pretenderam firmar seu domínio não só no espaço como no tempo – vem sendo quebrado à vista de toda a gente[6].

Poder-se-ia até pensar na humilhação como estratégia de destruição, criando uma fenda num corpo sólido, que, fatalmente irá destruí-lo. Essa imagem aparecerá reiteradamente nos símbolos que assume o diálogo público/privado na obra de Gilberto Freyre: a casa e a rua, o engenho e a praça, a ordem e o progresso, o homem e a mulher.

Mas ao processo de destruição pode corresponder, na visão freyriana, uma *estratégia de sobrevivência*[7]. É o momento de *transição*, da acomodação dos velhos costumes às novas formas sociais e, portanto, das *alianças* entre os diferentes setores da sociedade. "Marca essa alteração nos volumes arquitetônicos e nos espaços ocupados por eles, a desintegração final do patriarcado em nossa sociedade e a organização da mesma sociedade sobre bases novas, ainda que impregnadas de sobrevivências patriarcais"[8]. A transição tem seu rito marcado pelo momento de passagem da forma monárquica de governo para a republicana. Nesse processo empenharam-se alguns membros dos setores tradicionais rurais.

> Eram esses republicanos – alguns deles senhores de casas-grandes ou homens de sobrados – brasileiros do tipo mais 'progressista', à maioria dos quais repugnaria, entretanto, uma República que fosse incapaz de assegurar ao país a ordem necessária ao desenvolvimento material das cidades e à mecanização de indústrias e lavouras: progressos por eles ardentemente desejados para o Brasil. (...) Não é inexpressivo o fato de, fundada a República, vários de seus principais líderes – alguns deles mestiços com sangue fidalgo ou de origem plebéia mas já aristocratizados pela instrução acadêmica ou pelo casamento com iaiá ou

moça de sobrado — terem se distinguido como chefes de polícia particularmente enérgicos na defesa da Ordem, isto é, da ordem já burguesa mas ainda patriarcal, que constituía a segurança da sociedade brasileira daqueles dias[9].

Estratégia de mudança que garantiu a permanência. Nem sempre tais alianças foram destituídas de conflitos. O momento da passagem é também o momento da *incompreensão*. A adesão dos *filius familiae* ao abolicionismo e ao republicanismo representou a transição sem mudanças, mas que se fez com sofrimento e conflitos familiares.

> É curioso constatar que as próprias gerações mais novas de filhos de senhores de engenho, os rapazes educados na Europa, na Bahia, em São Paulo, em Olinda, no Rio de Janeiro, foram-se tornando, em certo sentido, desertores de uma aristocracia cujo gênero de vida, cujo estilo de política, cuja moral, cujo sentido de justiça já não se conciliavam com seus gostos e estilos de bacharéis, médicos e doutores europeizados. Afrancesados, urbanizados e politizados. O bacharel (...) o médico (...) os dois, aliados da Cidade contra o Engenho. Da Praça contra a Roça. Do Estado contra a Família[10].

Gilberto chama a essas figuras "parricidas", pois teriam concorrido para a desintegração do sistema patriarcal que, no Brasil, estava ligado de maneira íntima à escravidão do africano e à monarquia hereditária, tendo sido estas instituições as mais visadas na luta dos bacharéis. Menos que parricidas, os liberais das casas-grandes e dos sobrados tentavam ensinar a seus maiores o caminho das mudanças, muitas vezes sem resultado. Isto porque os patriarcas sempre teriam se arrogado o direito de julgar sobre o bem e o mal, independentemente das novas normas que regiam a sociedade. Tal traço teria tornado dolorosa a admissão do avanço do público sobre o privado.

> Diz-se que até o gesto célebre de Salomão chegou a ser imitado por um desses velhos de casa-grande. Velhos ásperos para quem julgar e justiçar a própria família era uma das imposições tristes, porém inevitáveis, da autoridade de patriarca. Tal o chamado Velho da Taipa, grande senhor de Pitangui, na capitania das Minas, onde nos princípios do século XVIII levantava no alto de um morro sua casa de taipa, daí rei-

nando patriarcalmente sobre toda a região. Conta-se que um rapaz português, vindo do Reino, casara-se com uma menina, filha do Velho, chamada Margarida. Um dia – quem de repente chega a Pitangui? A esposa portuguesa do genro do patriarca. (...) Foi quando, diz a tradição, o Velho da Taipa tendo de decidir a questão, repetiu o gesto do rei hebreu: e ele próprio – contam em Minas – partiu pelo meio, a machado, o corpo do rapaz, entregando uma metade à filha, a outra metade à mulher vinda do reino, em busca do marido[11].

Aliás, excedeu Salomão! Mas, é justamente nestas atitudes extremas, violentas, que, ao discutir a decadência, Gilberto Freyre aponta também a dignidade perdida e a perda de um elo fundamental que, segundo ele, funcionava como cimento da sociedade. Mas, desse passado, muitos elementos teriam permanecido. Foram eles, segundo o autor, que garantiram no passado, mas também no presente, a unidade nacional, a ordem pública e a coesão social no Brasil.

Malgrado as alianças que teriam permitido essa permanência, muito desse passado ficou perdido, o que justificaria, da parte de Gilberto, certo traço de *saudosismo*. "Eu confesso que sou um homem que tem saudade, saudade de outros entes humanos, saudade de épocas que eu não vivi, saudade de um Brasil que já era Brasil muito antes de eu ter nascido"[12]. Porém, se foi perdido o e*ncanto*, restou um *plural de encantos*[13] do passado, como podemos perceber pela declaração:

> Esta própria nota é escrita em ambiente a que não faltam sugestões do mil e novecentos brasileiro: um tinteiro, representando a então gloriosa Sarah Bernhardt – recebida, a que se diz, com tanto entusiasmo pelos estudantes de Direito de São Paulo, que não permitiram os rapazes à atriz francesa rodar pelas ruas da capital em carro puxado prosaicamente por cavalos – afastaram os cavalos e eles próprios puxaram o carro triunfal de *Madame*; tinteiro que foi de Joaquim Murtinho e nos foi oferecido em ano já remoto por dona Laurinda Santos Lôbo, cujo salão de Santa Teresa tivemos ainda o gosto de freqüentar; um pegador de papel que foi de Joaquim Nabuco – presente com que nos honrou, também há anos, a viúva do grande brasileiro; um original de caricatura de Emílio Cardoso Ayres; uma fotografia de Estácio Coimbra de chapéu-do-Chile e fato branco de senhor de engenho, montado num dos cavalos preferidos para seus passeios rurais em Morim; outra

fotografia de Joaquim, Cardeal Arcoverde, oferecida logo após sua ascensão ao principado da Igreja, a pessoa amiga de Pernambuco. Mais: é escrita à luz de um candeeiro dos chamados belgas, tão característicos dos interiores brasileiros de residências, no fim do século XIX e no começo de XX. Luz elétrica, é certo, mas em candeeiro fabricado para luz de querosene. Acomodação do passado com o futuro[14].

No plural de encantos, encontra-se o gesto, vislumbra-se a figura, descobre-se o mito.

O TEMPO

Para Gilberto, como para vários autores das décadas de 1920 e 1930, o século XX inicia-se em 1918. Muitos já demarcaram esse início na mesma data, colocando o fim da Primeira Guerra Mundial como marco da divisão. Mas, para ele, não se trata de tal acontecimento. O que define a passagem é o fim do governo Wenceslau Brás.

> O que para os republicanos do Manifesto fora futuro – e futuro messiânico – era agora começo de um passado que principiava a confundir-se com o monárquico. A formar com o monárquico um só passado verdadeiro: o nacional. Mais do que isto: o brasileiro. (...) Mais de um republicano, dos chamados 'históricos', isto é, vindos dos dias românticos do manifesto de São Paulo, chegou ao fim daquela Presidência, vendo dissolvido em passado igual aos outros do Brasil (...) um futuro que sua imaginação idealizara em época sempre cor-de-rosa. (...) Não que a República de 89 não tivesse significado uma experiência nova para o Brasil: significara. Mas menos do que imaginara o messianismo dos seus propagandistas mais cândidos[15].

Segundo o autor, as mudanças, a busca do respeito à Constituição, o novo Código Civil pouco significara. Os costumes permaneceram, embora os homens não mais andassem de cartola, nem houvesse quase carros puxados a cavalo nas ruas do Rio de Janeiro. O século XIX invadiu o século XX: a Igreja cresceu em prestígio; Dom Pedro II foi visto quase como um santo nacional; o positivismo não teve mais sedução para os intelectuais, militares ou civis. A particularidade da análise de Gilberto é que procura mostrar que os elementos do passado, os quais, no Brasil, racionalmente haviam sido banidos da vida pública e oficial, continuaram a desenvolver-se, não se retraíram para o privado, não permaneceram na periferia da vida dos indivíduos. Continuaram constitutivos do social. Isto faz dele um intelectual que busca a compreensão daquelas forças sociais que têm raiz no passado. Por esse motivo tem sido apontado por vários autores como um *romântico,* portanto conservador[16]. Fernando de Azevedo já apontou tal traço em seu pensamento como resultado do seu *regionalismo tradicionalista,* segundo ele, caminho direto ao romantismo. O próprio Gilberto já refletiu sobre tal rotulação.

> A caracterização pura e simples de 'romântico' não me ofende; ao contrário, agrada-me. E com Pio Baroja, mestre no assunto, não a considero incompatível com a de realista; nem mesmo – acrescentarei a Baroja – com a de clássico, a não ser que se pretenda fazer o clássico coincidir com o aristotelicamente ordenado. Sempre me inclinei a certa desordem na apresentação da matéria sociológica ou antropológica que tenho reunido e procurado interpretar em livros, como que instintivamente certo de que a muita ordem é, nos livros que lidem com a natureza humana, inimiga da vida: a vida que procuro com o maior afã conservar nos mesmos livros[17].

Assim como morte e decadência andam juntas, em Gilberto Freyre, *vida e permanência* formam um todo[18]. Por isso, vida aparece como sinônimo simultaneamente de *concreto* e *presente*. Mais, vida e tempo apresentam-se como termos correlatos. Para ele, o presente é terra sagrada, tal como para Whitehead. Parece estranho que eu faça tal afirmação sobre um autor que dedicou suas pesquisas à reconstituição do passado. É que ele encontra no passado a chave para decifrar os enigmas do presente, por esse motivo dedica-se à "análise de um passado ainda recente da sociedade brasileira, para melhor compreensão do seu presente e do seu futuro, com os três tempos às vezes considerados, quando possível, nas suas interpenetrações"[19]. A retomada que faz dos costumes para analisá-los não significa, necessariamente, retornar a formas superadas de relacionamento humano. Significa tentar compreendê-las, para perceber o sentido de sua persistência, para torná-las inteligíveis, negando-se a aceitar explicações abstratas que justifiquem modificações na ordem social. A ordem social *é* a que nos foi legada pela história e não aquela sobre a qual teorizam seus pensadores. Em outros termos, Gilberto Freyre quer mostrar como a ordem pretérita é constitutiva da ordem presente através das relações sociais, das atitudes de vida e dos modos de pensar, explícitos, submersos ou latentes que teriam sobrevivido às mudanças. Mais ainda, pergunta-se: quem dá vida a essas formas? Qual o "locus" da tradição? Qual seu papel social? Sua obra dedica-se a mostrar que existem outras formas de *saber* no social e sobre o social além do conhecimento racional. Seu objeto é o não tipicamente racional. Talvez seja por isso que sua obra parece colocar-se além da ciência. Ele assim a define e é também definida por vários analistas.

> Ele tem o estilo de sua personalidade e não o estilo de sua sociologia. Penetra os assuntos e às vezes resolve com seu poderoso instinto criador o que talvez não resolvesse com os instrumentos comuns do especialista. Vence a técnica com os poderes de seus dons poéticos. Foi assim sempre. E será sempre assim. Porque quem se dirige como ele pelas marés da vida, quem põe como ele, acima das teorias e dos partidos, a vida, o homem, a pessoa, a terra, o céu, as águas, os bichos, as árvores, será mais que um sociólogo, mais que um político, mais que um cientista, será o poeta que sobreviverá a tudo mais[20].

Vida tem, para ele, antes um sentido coletivo do que individual. Ao recuperar a tradição como objeto de análise, como cerne da vida social, o faz como reação ao individualismo, contra o avanço do poder público que coloca de forma abstrata os direitos políticos, civis e sociais do indivíduo. Sua obra busca mostrar que, se admitirmos direitos gerais, estes têm como limite as diferenças grupais, regionais, de organização do social, ou seja, a diversidade é a fronteira que se coloca à abstrata aplicabilidade da noção de cidadania. Mas, longe de menosprezar a diversidade, como o fizeram vários analistas sociais nas décadas de 1920 e 1930, vai mostrar sua riqueza e sua beleza. É certo que ao mesmo tempo abre mão da aplicabilidade de vários desses princípios como direitos, o que seria imprescindível para enfrentar a questão da desigualdade.

Porque o passado é o espaço da tradição, a insistência na análise da *comunidade*, da *família*, da *hierarquia*, da *religião* e da *autoridade*, em sua gênese e evolução. São estes temas centrais de *Casa-grande & senzala*, *Sobrados e mucambos* e *Ordem e progresso*, livros dedicados a reconstruir o processo social nos períodos colonial, imperial e republicano, temática que se repetirá ao longo de toda a sua produção intelectual. Tais trabalhos, principalmente os dois últimos, apontam para o desequilíbrio provocado pela retirada dos indivíduos do contexto de seus valores pela força das mudanças ocorridas na estrutura social. Há, para Gilberto, a prioridade da comunidade e das instituições tradicionais face ao indivíduo.

Mas, como falar de tradição num país tão novo como o Brasil, com um tão recente passado nacional? Voltando-se a um passado pré-nacional; é o que explica o *lusismo* de Gilberto Freyre, presente de forma tão marcante em *Casa-grande & senzala*. Inaugura-se, nessa obra, um processo de *invenção de tradições*, no sentido que Eric Hobsbawm confere ao termo[21]. Essas tradições parecem pertencer à categoria dos termos "que estabelecem ou simbolizam a coesão social ou as condições de admissão de um grupo ou de comunidades reais ou artificiais"[22]. De certo modo é a fabulação sobre um período onde os conflitos ganham uma conotação épica: é a utopia de uma idade de ouro, onde a acomodação ocupa o lugar da luta, onde o dominado domina, de fato, aquele que se propõe como dominante. É por isso que o método eleito para a reconstrução da história é a *empatia*. Isso explica também o fato da história, em Gilberto, não ser datada. Ele próprio diz que os acontecimentos relatados ocorrem num transtempo. O que é claramente definido é o espaço: a casa-grande. *O tempo é espacial*.

De certa forma, é através do *lusismo* que Gilberto Freyre dialoga com os autores de sua época, influenciados pela Europa não lusitana, industrializada, portadora de idéias liberais. Por essa via, exorciza, de certa forma, o real presente: o Brasil a caminho da industrialização.

A invenção das tradições preenche o vácuo político resultante do desgaste de vínculos sociais e hierárquicos que estiveram presentes numa ordem social anterior e que não foram substituídos e que têm por base o patriarcalismo. De certo modo, a tradição vem a ser o rito e o acessório que encobrem a substância das relações sociais. É a forma pela qual atenua-se a presença dos conflitos na sociedade. Isso explica, em parte, o retumbante sucesso de *Casa-grande & senzala*, e talvez as polêmicas desenvolvidas em torno de *Sobrados e mucambos*[23].

Estranho sucesso. A invenção, ou a revalorização das tradições, aparece num momento quando os setores dominantes tradicionais, ligados à agricultura do açúcar, estão claramente em decadência. Momento em que seu poder político é questionado. Mais uma vez teve razão Hegel, ao afirmar que a coruja de Minerva retorna ao crepúsculo. Nunca, antes da década de 1930, os setores dominantes agrários tiveram tão grande ideólogo. E, nunca, uma interpretação sobre os mesmos tão grande sucesso.

UM ROTEIRO SENTIMENTAL

O que leva Gilberto a tamanho apego ao Recife, de modo a dedicar-se, imediatamente à publicação de *Casa-grande & senzala*, à elaboração de um guia sobre a cidade, que vem à luz ainda na década de 1930? Outros trabalhos seguir-se-ão sobre o Recife e Olinda – cidades gêmeas. Ao empreender um roteiro sentimental pelas ruas e praças, parece sugerir que "a identidade do lugar resiste ao fluxo do tempo"[24]; busca mostrar que mesmo na mudança o substantivo permanece. Ao descrever o panorama, transmite, como que pairando no ar, o espírito de homens pretéritos. Ao mesmo tempo aparecem aos nossos olhos casas e assombrações: o presente eivado de passado.

A ida ao estrangeiro, seu retorno com nova formação em ciências sociais e novas experiências, parecem lhe dar olhos novos para ver o já visto. "Em 1923 havia ele chegado da Europa. E andava em verdadeiras núpcias com a terra, após quase seis anos de ausência. Todo o Brasil lhe aparecia numa festa de luz, de cor, num deslumbramento"[25]. Gilberto Freyre lembra a vantagem dessa situação.

> Já houve quem desse como condição ideal do pesquisador sociológico – ou do intérprete da realidade social – precisamente esta: o indivíduo ter sido participante íntimo e ativo da vida e dos valores do

grupo e ter se afastado deles por muito tempo. No regresso – dado, é claro, que reunisse a essa vantagem as de preparo técnico – estaria singularmente apto àquela interpretação. O autor (não por nenhum mérito de sua parte, mas pelo favor das circunstâncias) teria voltado ao Brasil nessa condição ideal para estudá-lo e interpretá-lo, se nessa questão de método nos estudos sociais o principal não fosse, afinal, o próprio pesquisador: seu conjunto de qualidades pessoais, intelectuais e científicas[26].

Recife é visto por ele como a metrópole sentimental do Nordeste inteiro e não apenas de Pernambuco[27]. Cidade recatada, que não se deixa conhecer de pronto; afirma ser preciso amá-la para compreendê-la: conquistá-la aos poucos. Isto porque existem dois Recifes: um, facilmente visível, do sol, do mar, da vegetação, das pontes, das gentes morenas; outro, romântico e mal-assombrado, que passa despercebido a olhos pouco atentos, edificados epicamente por católicos, protestantes e judeus, por louros, morenos, pardos e negros, na convivência cotidiana, nas criações culturais, nos momentos pacíficos e nas revoluções, nos crimes e nas assombrações.

Duas cidades numa só: o Recife e Olinda. Recordando versos de Manuel Bandeira, compara-as a uma mulher que de frente apresenta um rosto gordo – Olinda; mas, de perfil magro – o Recife.

> As duas cidades formam uma cidade que só se torna duas aos olhos do adventício quando ele compara a que vê de frente com a que avista de lado. Olinda é a menor mas é a que insiste em ser olhada de frente, como se fosse a principal. O Recife é a maior mas procura evitar que o adventício a contemple face a face: prefere ser olhada de lado. Obliquamente. Indiretamente. Furtivamente, até. Olinda se oferece aos olhos dos turistas, dos fotógrafos, dos pintores. Como que exige deles que a admirem[28].

O masculino Recife e a feminina Olinda, num mesmo corpo. O Recife viril, onde se agudizaram as crises políticas e de onde partiram, algumas vezes, as revoluções. "Talvez por isto mesmo seja tão significativo dizer-se 'o Recife' – Recife macho, Recife varão, Recife homem – em vez de simplesmente 'Recife'"[29]. Olinda feminina, ao mesmo tempo ascética e erótica, com a religiosidade das igrejas e com a volúpia dos segredos de convento. Alimentando o intelecto e a carne, com criações culturais e com "doces de freiras". Minerva – com seus montes tocados pelo vento; Iara – acariciada pelo mar.

Macho e fêmea a se completarem sem conflito. Uma única cidade. Mas, nem tudo é tão simples. No varão existiria uma face feminina! Na mulher viveria também o homem. O Recife é viril,

> o que não exclui ser esse Recife, assim valente, noutros dos seus aspectos, cidade anfíbia, com alguma coisa de sereia; e, portanto, de mulher. Cidade meio-terra, meio água. Cidade mãe d'água, boa para os que procuram refugiar-se na sua ternura. Cidade sereia que atrai, seduz, fascina homens de outras cidades e de outras terras, de outros países, fazendo-os inteiramente seus[30].

Olinda é feminina, mas fez-se virilmente palco de denúncias populares contra as injustiças, tendo no solar dos bispos,

> espécie de tribuna aberta aos clamores do povo onde outrora deve ter ido muito cristão desesperado da justiça do século queixar-se à do bispo: (...) "Onde estão os irmãos da Santa Casa de Misericórdia, que vendo a justiça ser já morta de todo em Pernambuco sem haver quem a enterre, não acodem eles a dar-lhe sepultura?"[31].

Recife/Olinda, como Gilberto a(s) vê: cosmopolita e provinciana; democrática e autoritária; popular e aristocrática; republicana e monárquica; libertária e escravocrata; liberal e conservadora. Eis a marca da proposta freyriana simbolizada na descrição do espaço: em todas as coisas há o aparente e o escondido: em todos os fenômenos, os contrários se encontram, convivem pacificamente. O que vale para o lugar estende-se às relações sociais: branco e negro; senhor e escravo; homem e mulher; adulto e menino. Essa dualidade aparentemente excludente encontrará sempre o equilíbrio: antagonismos em equilíbrio.

No tratamento da cidade, a oposição aparece também na reconstrução do tempo. O passado está no presente, porém o presente destrói em parte o passado. O mistério é a mediação entre o tempo pretérito e o atual. "O mistério continua conosco, homens do século XX, embora diminuído pela luz elétrica e por outras luzes"[32].

Confessa não saber desprezar o mistério. A crença nos fantasmas é uma maneira dos mortos se fazerem lembrados pelos vivos[33]. Foram os homens antigos que fizeram da cidade o que ela é. Tanto os heróis conhecidos, concretos e datados – Joaquim Nabuco, Dom Vital, José Mariano, Vauthier – como os desconhecidos, imaginados e vagos – José Maria, dona Sinhá, Paulo, o Papa-figo, o Cariri, Branca Dias, o Boca-de-Ouro.

Além disso lembra os tipos populares da cidade, como uma reminiscência arcaica, destruída pelo progresso. "Ainda há tipos populares no Recife? Parece que nem isso. Também deles é inimigo o progresso – ou certa espécie de progresso que parece dar vergonha às cidades que crescem desordenadamente de serem diferentes das já crescidas e grandiosas"[34]. Mas esses tipos são recuperados em um nível abstrato como instituições públicas a caracterizar o panorama psíquico do Recife num mundo de transição.

> Bonifácio Barbicha e Sacramento Mulato. Foram talvez menos tipos populares do que instituições ligadas ao velho sistema recifense de convivência burguesa-aristocrática, em sua derradeira época de estabilidade ou nos seus primeiros tempos de desintegração. Eram eles que se encarregavam de dirigir o serviço de copa nas festas elegantes de casamento, batizado, aniversários; em banquetes; em jantares. (...) Apresentavam-se sempre de casaca, que nem Senadores da República ou conselheiros do Império, gravata branca, camisa de peitilho duro e punhos reluzentes de goma. Sacramento era um mulatão alto e de boas maneiras, mesmo porque, homem de boa origem, tinha algum sangue azul. Bonifácio, porém, o excedia no aspecto fidalgo: (...) esse mestre de copa parecia às vezes menos o servo que o rei das festas de gente menos sinhá. Era como se ilustrasse alguma parábola bíblica em jantares de novos-ricos a arremedarem fidalgos: o fidalgo era o servo[35].

O "flaneur" Gilberto Freyre passeia pelo Recife com olhos críticos, um tanto desesperançado com a vida vindoura dos habitantes da grande cidade, "grande demais para conservar ingenuidades pitorescas"[36]. Encontra-se nos umbrais tanto da grande cidade como de uma nova ordem social. Só que num contratempo. "Isto aconteceu nos fins do século passado, que ninguém sabe ao certo nem na Europa nem no Brasil, quando acabou"[37].

Os antagonismos em equilíbrio são figurados na cidade: o religioso e o erótico sempre de mãos dadas. O carnaval e a procissão, o carnaval não só alegria, mas também tristeza, guarda ritos religiosos,

> guarda muita reminiscência dos cantos e das danças dos antigos escravos; a marcha de carnaval recifense tem alguma coisa de banzo africano no meio de sua alegria quente e contagiosa; os clubes que saem pelas ruas e praças, com seus estandartes bordados a ouro, conservam alguma coisa de velhos cultos totêmicos e animistas[38].

Assim, o carnaval é visto não só como brincadeira. Ilustra com aquele organizado pelo *Club Carnavalesco Cavalheiros da Época* em 1889, uma verdadeira consagração do Abolicionismo, onde havia até uma carruagem com o dito "todos somos iguais depois da Lei de 13 de Maio", trazendo "um grupo crítico de dois fazendeiros e dois libertos, que em completa familiaridade esquecem os sórdidos preconceitos sociais"[39]. O tom fica entre a descrição do acontecido e a ironia. Contraponto outra vez. A procissão com seus santos carregados de jóias, com os devotos pagando promessas, vestindo-se os meninos de anjos – como o pequeno José Maria que nunca descobrirá sua homossexualidade. Religiosidade perpassada de erotismo, como o da velhinha que amava profundamente *seu* Menino-Jesus, imagem rara anatomicamente perfeita, à qual "não faltava piroca: uma piroquinha cor-de-rosa. Uma piroquinha em que as pontas dos dedos da velha tocavam com a sua leveza de plumas, fazendo-lhe uma doce festa"[40].

A contraposição reaparece na descrição, feita por Gilberto Freyre, dos tipos característicos da cidade. Nhô Quim, nada menos que Joaquim Nabuco, o viril combatente das tribunas, ao mesmo tempo apontado como o belo Joaquim Aurélio, acusado por alguns de seus contemporâneos em jornais recifenses de "excessivamente dengoso no porte e nos modos. Havia no Recife quem o acusasse de pedante, de adamado, de taful. Quem não lhe perdoasse a elegância de usar pulseira"[41]. Ou Dom Vital, frade duro que não se curvava à prepotência, "que perfumava as barbas de capuchinho com frascos de cheiro mandados vir dos perfumistas mais elegantes de Paris (...) vaidoso e cioso de sua figura e voltado para as frivolidades e glórias do mundo"[42].

Aponta, também, a ambígua relação trabalho/cidade. Capta, com maestria, o pitoresco presente nos vendedores de rua – negras de fogareiro, muleques de midubi, vendedor de caranguejo, homem dos passarinhos, negras das rendas – com seus inspirados pregões musicais. De certo modo, resgata o trabalho como um processo entre a natureza e o homem, encontrando a beleza de cada situação. Mas, ao fixar a alegria presente, deixa em segundo plano o caráter árduo da situação. Ambigüidade como traço, como recurso ou como fuga ao debate?

As Criaturas de Prometeu

O escravo negro, a mulher, o menino, o amarelinho: *personae* da escritura freyriana, anti-heróis face ao patriarca, o grande herói civilizador. Somam alegria e tristeza, silêncio e música, paz e doce rebeldia; outra vez os antagonismos. O oposto da lógica da dominação. Figuras à margem da lógica da história. Segundo Gilberto, como estão fora dessa lógica, só são perceptíveis ao intelectual através de método não convencionalmente histórico, uma nova forma de compreender o social: a *empatia*.

O escravo negro "o maior e mais plástico colaborador do branco" na construção da nova civilização, exercendo "missão civilizadora" junto ao índio e ao português. "Verdadeiro dono da terra", dominando a cozinha, a vida sexual, as profissões técnicas, a música, alterando a língua, amante e confidente. Letrado, "felizes dos meninos que aprenderam a ler e a escrever com professores negros, doces e bons". O verdadeiro colonizador do Brasil. A mulher, submissa, "criada em ambiente rigorosamente patriarcal", "vivendo sob a mais dura tirania dos pais – depois substituída pela tirania os maridos"; só chamando o marido de "senhor". O menino, em casa judiando das negrinhas e dos moleques, "mas na sociedade dos mais velhos o judiado era ele", conservando-se calado, ar seráfico, tomando a benção aos mais velhos, dizendo "senhor meu pai" e "senhora minha mãe". Os três aliados; os escravos defensores "dos filhos contra os 'senhores pais', das mulheres de quinze anos contra os 'senhores maridos' de quarenta e cinqüenta, de sessenta e setenta"[43].

O amarelinho, menino mimado, franzino, acalentado pelas mucamas, pelas mães e pelas madrinhas, sem gosto pelas lides do engenho, sem pulso para o mando de *senhor*, saindo de casa para estudar nos seminários ou nas escolas das capitais do Brasil e da Europa, voltando imbuído de novas idéias, pronto a lutar contra a dominação.

Para compreendê-los, o autor propõe que o intelectual se desdobre em cada uma dessas figuras, assuma seu lugar, pois só ele é capaz de sair de sua personalidade para tomar a dos outros. Ao tomá-los como personagens Gilberto busca mostrar que estão *apenas aparentemente* fora da lógica da história.

Notas ao Capítulo II

1 Antonio CANDIDO. "Prefácio". In: Sérgio MICELI. *Intelectuais e classe dirigente no Brasil (1920-19450)*. Rio de Janeiro: Difel, 1979. p. XII,
2 Gilberto FREYRE. *Sobrados e mucambos*. 6. ed. Rio de Janeiro: José Olympio, 1981. p. XXXI.
3 No prefácio à segunda edição, Gilberto Freyre assinala: "Além de acréscimos substanciais ao texto dos capítulos primitivos, repetimos que muitas foram as notas acrescentadas ao ensaio que aparece agora em segunda edição. E não apenas isto: aparece ele com cinco capítulos inteiramente novos." *Op. cit.*, p. LIII.
4 A série é composta pelos livros: *Casa-grande & senzala;. Sobrados e mucambos; Ordem e progresso*. Foi anunciado um quarto livro para compor a série, *Jazigos e covas rasas*, este inacabado, do qual se conhecem fragmentos.
5 Gilberto FREYRE. *Sobrados e mucambos. Op. cit.*, pp. LIX e LX.
6 *Ibid.*, p. LXII.
7 A questão da aceitação de alianças para deter a decadência é expressa no diálogo do príncipe de Salina em *O leopardo*: "Não somos cegos, meu caro padre, somos apenas homens. Vivemos numa realidade móvel à qual procuramos adaptar-nos como as algas que se dobram sob o ímpeto das ondas do mar. À Santa Madre Igreja foi explicitamente prometida a imortalidade, mas a nós, como classe social, não. Para nós, um paliativo que nos garanta mais cem anos de vida equivale à eternidade. Poderemos porventura preocupar-nos com os nossos filhos, talvez com os netos: mas para além daquilo que esperamos poder acariciar com estas mãos não temos obrigações". Tomasi di LAMPEDUSA. *O leopardo*. Trad. Rui CABEÇADAS. São Paulo: Abril Cultural, 1974. p. 54.
8 Gilberto FREYRE. *Sobrados e mucambos. Op. cit.*, p. LXX.
9 *Ibid.*
10 Gilberto FREYRE. *Op. cit.*, p. 18.
11 Gilberto FREYRE. *Op. cit.*, p. 70.
12 Leo Gilson RIBEIRO. "Gilberto Freyre: revelações do maior fã de Sônia Braga". *Op. cit.*, p. 4.
13 Roland BARTHES. *Roland Barthes*. São Paulo: Cultrix, 1977.
14 Gilberto FREYRE. *Ordem e progresso*. Rio de Janeiro: José Olympio, 1959. p. XXX.
15 *Ibid.*, p. 688.
16 Não enfrento a discussão contida na afirmação desses autores, a qual articula diretamente os dois termos, o que já foi contestado em larga bibliografia. Nem mesmo discutirei a morfologia do pensamento freyreano. Assim, deixarei de lado a reflexão sobre as categorias presentes em sua obra, fixando-me apenas no significado que Gilberto Freyre lhes confere.

17 Gilberto FREYRE. *Como e porque sou e não sou sociólogo.Op. cit.*, p. 64. A temática da não ordenação na apresentação do pensamento freyriano é magistralmente tratada em Ricardo Benzaquen de ARAÚJO. *Guerra e paz*: Casa-grande & senzala e a obra de Gilberto Freyre nos anos 30. Rio de Janeiro: Editora 34, 1994.
18 Assinalo a influência, sobre o pensamento de Gilberto Freyre, do pensamento espanhol das gerações de 1898 e 1914, o qual faz a mesma aproximação. O autor que se destaca nesse debate é José de Ortega y Gasset.
19 Gilberto FREYRE. *Ordem e progresso. Op. cit.*, p. XXIII.
20 José Lins do REGO. "Prefácio". In: Gilberto FREYRE. *Região e tradição*. Rio de Janeiro: José Olympio, 1941. p. 21.
21 Eric HOBSBAWM e Terence RANGER. *A invenção das tradições*. Trad. Celina Cardim CAVALCANTE. Rio de Janeiro: Paz e Terra, 1984, principalmente cap. I, pp. 9-23.
22 *Ibid.*, p. 17.
23 Ressalto aqui as críticas dirigidas ao texto por Sérgio Buarque de HOLANDA, principalmente em *Tentativas de mitologias*. São Paulo: Perspectiva, 1979. Os artigos foram escritos em datas anteriores e reunidos posteriormente em livro.
24 Thomas MANN. *Doutor Fausto*. Trad. Herbert CARO. Rio de Janeiro: Nova Fronteira, 1984. p. 49.
25 José Lins do REGO. "Notas sobre Gilberto Freyre". In: Gilberto FREYRE. *Região e tradição*. Rio de Janeiro: José Olympio, 1941. p. 9.
26 Gilberto FREYRE. "Introdução do autor". In: *Região e tradição. Op. cit.*, pp. 38-39.
27 *Id., Guia prático histórico e sentimental da cidade do Recife*. 3. ed. revista. Rio de Janeiro: José Olympio, 1961. p. 30.
28 *Id., O Recife, sim! Recife, não!* Recife: Arquimedes Edições, [1967], p. 51.
29 *Ibid.*, p.18.
30 *Ibid.*
31 *Id., Olinda, segundo guia prático, histórico e sentimental de cidade brasileira*. 5. ed. Rio de Janeiro: José Olympio, 1980. p. 6.
32 *Id., Assombrações do Recife velho*. 3. ed. Rio de Janeiro/Brasília: José Olympio/MEC, 1974. p. XXXIV.
33 *Id., Olinda, segundo guia prático, histórico e sentimental de cidade brasileira. Op. cit.*, p. 100.
34 *Ibid.*, p. 86.
35 *Ibid.*, pp. 87-88.
36 *Ibid.*, p. 88.
37 Gilberto FREYRE. *Assombrações do Recife velho.Op. cit.*, p. 39.
38 *Id., Olinda, segundo guia prático, histórico e sentimental de cidade brasileira. Op. cit.*, pp. 105-106.
39 *Id., Doná Sinhá e o filho padre*. 2. ed. Rio de Janeiro: José Olympio/INL, 1971. p. 106.
40 *Id., Assombrações do Recife velho. Op. cit.*, pp. 70-71.
41 *Id., Guia prático, histórico e sentimental de cidade brasileira. Op. cit.*, p. 93.
42 *Ibid.*
43 Gilberto FREYRE. *Casa-grande & senzala. Op. cit.*, pp. 289, 290, 417, 420 e 421.

Capítulo III

O Ensaísmo dos anos 20

É certo que Gilberto Freyre, ao abordar a temática que atravessa sua obra, expressa a problemática colocada pelo seu tempo. Assim, dialoga com aqueles intelectuais que, nas décadas imediatamente anteriores, buscaram apontar os problemas do país e procurar soluções para os mesmos. No sentido de mostrar esse diálogo, buscarei resgatar alguns temas da produção ensaística das décadas de 1920 e 1930, procurando apontar os pontos comuns e os afastamentos da visão freyriana em relação a esses autores.

Para realizar o balanço desse debate parto de dois princípios. Primeiro, resultaria em uma visão equivocada discutir uma obra de caráter social em si mesma, levando em conta apenas a sua coerência interna, sem localizá-la historicamente. Segundo, seria simplificar demasiadamente a análise tomar uma obra apenas como produto de uma época. Tentarei, de modo breve, desenvolver uma reflexão que combine e desenvolva as duas perspectivas, embora esteja ciente da dificuldade da tarefa e dos limites para empreender esse procedimento.

Para desempenhar a tarefa, trabalharei com a idéia proposta por Mannheim, de que em cada época tende a formar-se um estilo de pensamento. O que significa reconstruir uma obra a partir da idéia de estilo de pensamento? Segundo Mannheim, para realizar um estudo não apenas descritivo, mas substantivo, da história das idéias, é fundamental tratar os pensadores de uma época como representantes de um estilo de pensamento. Mais ainda, é necessário percebê-los como reflexão sobre as perspectivas de mudança que estão ocorrendo, em dado momento, na sociedade em que vivem. Neste sentido, embora existam diferenças às vezes profundas entre pensadores de um período, pode-se perceber uma unidade interna entre eles, caracterizando-se um estilo de pensamento. É possível constatar a existência de diferenças no aparato conceitual utilizado pelos autores que se dedicam a estudar a situação social brasileira na passagem da década de 1920 a 1930, em relação aos momentos anteriores. De fato, há uma transformação no instrumental analítico disponível, que corre paralela às mudanças na sociedade. Mas a utilização desse aparato está profundamente ligada às opções teóricas dos autores, ao mesmo tempo que às suas posições no âmbito dos interesses em jogo na sociedade. Isto é, as mudanças nas idéias respondem e, também, refletem transformações de caráter social que desafiam ou conquistam seus portadores. Assim, uma chave para a compreensão do pensamento pode ser encontrada nas circunstâncias sociais de mudança, no destino dos grupos sociais produtores e portadores do estilo do pensamento.

Não entrarei no debate que as formulações mannheimianas abrem e só utilizarei essas propostas como provocações para ancorar o contraponto que busco estabelecer entre Gilberto Freyre e os ensaístas dos anos 20 e que pode ser a chave para a descoberta do estilo do pensamento que se formava. Um estilo de pensamento que expressa muito daquele tempo: e que ressoa bastante nas décadas posteriores.

QUE PAÍS É ESTE?

Buscarei, assim, retomar os temas em debate na obra dos ensaístas[1] dos anos 20. Parto da consideração inicial de que muitos desses autores estão preocupados em estabelecer as relações existentes entre o Estado e a Sociedade e que, para realizar tal intento, buscam ampliar as bases do debate sobre a questão social. Muitos deles estão menos preocupados em analisar as instituições políticas do que as forças sociais em jogo. É por esse motivo que trabalho com autores e textos que procuram ultrapassar a discussão restrita às questões da constituição do Estado.

Encontrei nesses ensaios, como pontos temáticos principais, dois elementos – a questão da *cultura* e a busca da *identidade nacional* – elementos estes que lhes dão unidade. Em outros termos, os autores buscam resposta à indagação: afinal, que país é este? Os textos são marcados pela necessidade de discutir o problema da formação, característica da produção intelectual das regiões de constituição nacional recente.

Esses trabalhos assumem, no contexto em que são produzidos, um caráter imaginário: procuram "inventar" a cultura para legitimar a "invenção" da identidade nacional. O autor que conseguir articular estes dois elementos terá decifrado o dilema e dará o salto para uma nova etapa dos estudos sociais. Levanto a hipótese de que tal proeza será realizada por Gilberto Freyre.

Aponto para o caráter imaginário da criação da cultura e da identidade no mesmo sentido que Hobsbawm utiliza a expressão "invenção de tradições"[2]. Em outras palavras, a invenção da cultura e da identidade nacionais realizada pelos ensaístas assume, no momento de sua criação, o papel de símbolo de coesão social. Mas ainda, em alguns casos, trata-se da integração, à "comunidade criada", de grupos sociais "marginalizados", no caso em questão, principalmente os negros e os índios[3].

O momento é marcado por várias transformações alterando o perfil da agricultura, intensificando-se a urbanização, compreendendo a formação de oficinas e fábricas, com o surgimento de concentrações operárias. A Primeira Guerra Mundial e a grande crise econômica mundial iniciada em 1929 constituem conjunturas críticas que favorecem a industrialização incipiente. Multiplicam-se os movimentos sociais, que se desdobram em greves rurais e urbanas, bem como na formação de sociedades de auxílio mútuo, sindicatos e partidos políticos. Na década de 1920, o tenentismo, a fundação do

Partido Comunista e a realização da Semana de Arte Moderna revelam uma parte importante das transformações sociais, econômicas, políticas e culturais que se encontram em andamento. Entra em crise o poder do bloco agrário que predomina durante a Primeira República, simbolizado na política dos governadores e na aliança São Paulo-Minas Gerais. Ao mesmo tempo, no entanto, subsistem interesses agrários anteriores, bastante fortes. As transformações sociais põem em causa a prevalência do mundo agrário na sociedade nacional: mas não a supera de todo, apenas em parte. Subsistem condições pretéritas mescladas com as emergentes. Muitos interesses predominantes durante a Primeira República – e mesmo anteriores – não chegam a desbaratar-se maiormente. Uma parte da garantia do presente beneficia-se do recurso ao passado. É através da invenção das tradições que se tentará estabelecer um equilíbrio entre as constantes inovações do presente e a tentativa de estruturação de alguns aspectos da vida social. Em poucas palavras, esse é o quadro mais geral do debate intelectual que se encontrava em andamento nas décadas de 1920 e 1930[4]. Com a peculiaridade de que, enquanto alguns concentravam suas reflexões sobre o estado, outros examinavam a cultura, a identidade nacional. Mais do que todos é Gilberto Freyre que se debruça sobre a sociedade, mas tratando, ao mesmo tempo, de resolver ou incorporar os dilemas postos pela cultura, a identidade nacional e o Estado.

Ao apontar para esse aspecto do ensaísmo da década de 1920, isto é, quando utilizo o termo invenção, não estou interpretando os trabalhos buscando lê-los em suas entrelinhas. Um *bovarismo* exacerbado salta aos olhos. José Antonio Nogueira[5], por exemplo, em artigo de 1924, ao discutir o que deve ser o ideal nacional, afirma:

> Consiste ele na faculdade que têm os indivíduos e os povos de se imaginarem maiores, mais belos e poderosos do que de fato o são e de forcejarem realizar tal imagem de si mesmos. (...) E note-se bem que não são somente os homens considerados individualmente que devem trazer no fundo da alma semelhante 'escala de grandeza', um como estalão íntimo, ou tipo superior diverso de tudo que os cerca. São também as nações. (...) Podemos conceber uma nacionalidade que se reflita em mui poucas consciências, mas tão vastas, tão nobres, tão profundamente lúcidas, que valham por si sós cem milhões de cons-

ciências elementares. (...) Toda obra de Gustave Le Bom aí está para mostrar qual é o papel da repetição insistente dos mesmos ideais na formação da consciência do povo. É preciso repetir anos e anos, com pertinácia obsessora a afirmação de uma necessidade social, para se chegar a obter a convicção generalizada, necessária à sua realização[6].

Vicente Licínio Cardoso no mesmo ano diz:

Os povos só possuem *nacionalidade* constituída, suficientemente evoluída, quando sabem criar um *idealismo diretor* de seus almejos, de suas crenças e de suas necessidades orgânicas. (...) Em nenhum momento, talvez, da nossa história, foi tão necessário pensar o Brasil, como atualmente. A nenhuma geração, mais que a nossa, terá cabido a responsabilidade de sustentar o primado do espírito[7].

"Descobrir" a cultura brasileira, ou mesmo inventá-la, significa abandonar a imitação, volver às raízes, como apontava, então, Ronald de Carvalho:

As novas gerações do nosso país devem pôr todo o empenho no fecundo trabalho de aproximação entre os povos latino-americanos. Confinados em nossas fronteiras, só temos olhos para ver a insidiosa Europa. Sofremos de um particularismo nefasto. Coloquemos acima do livro francês ou inglês o conhecimento mútuo das possibilidades americanas. A nossa literatura ainda é, na generalidade, produto de enxertias. Ao revés de lermos, para escrever, urge vermos, analisarmos, palparmos os elementos ativos do meio em que obramos. Basta de fecundação artificial! Não tenhamos receio que nos taxem de bárbaros. Amemos a nossa barbárie, da qual os europeus não podem mais prescindir. (...) Se quisermos criar uma civilização, arranquemos, desde já, as máscaras postiças que encobrem as nossas verdadeiras fisionomias[8].

Paulo Prado[9] se afasta do quadro geral dessas interpretações, vindo a exercer influência muito mais na década de 1930 do que nos anos 20. Tenta uma crítica ao bovarismo exultante.

Para fugir à influência do bovarismo paulista, talvez desculpável pecado de mocidade, quem escreveu estas linhas adotou, como se fosse artista, o processo goetheano na criação das obras de arte: isolou-se. (...) A mim, esse isolamento provinciano deu-me perspectiva suficiente para alongar a vista pelo Brasil todo, pelos outros Brasis, onde com freqüência se encontra o segredo do passado e a decifração dos problemas de hoje[10].

Porém, cai no outro extremo: pinta o caráter nacional, a partir de interpretação psicológica da história do Brasil, como marcado pela tristeza da qual somente uma guerra ou uma revolução poderiam arrancar. Esse pessimismo, que pretende ser resultado de uma visão *realista*, é representativo *in extremis* de uma característica do ensaísmo dos anos 20: sua vocação em voltar-se à realidade, por mais dura que ela seja.

Fixemos o olhar por um instante na realidade visível, palpável e viva desse Hoje que surge, se transforma e desaparece num relance. (...) Damos ao mundo o espetáculo de um povo habitando um território, que a lenda – mais que a verdade – considera imenso torrão de inigualáveis riquezas, e não sabendo explorar e aproveitar o seu quinhão. Dos agrupamentos humanos de mediana importância, o nosso país é talvez o mais atrasado. O Brasil, de fato, não progride; vive e cresce, como cresce e vive uma criança doente no lento desenvolvimento de um corpo mal organizado. Se esta terra fosse anglo-saxônica, em 30 anos teria 50 milhões de habitantes (...). Ao contrário, espalham-se pelo nosso território grupos humanos incertos, humildes, salvo um ou outro foco de expressão nativista, abafados e paralisados em geral por uma natureza estonteadora de pujança, ou terrivelmente implacável[11].

Lamenta que a população de "caranguejos" agarre-se ao litoral, deixando os sertões ao cangaço, entregue primitivamente a crendices e fantasmas. "O paludismo, a cachaça, a sífilis, o amarelão, a indolência desanimada, completam o quadro. E assim vegetam no nosso grande Planalto Central, mais de 5 milhões dos nossos 8.500.000 quilômetros quadrados"[12]. Aponta como responsáveis por esse quadro a incompetência do poder público, a ambição dos grupos privados, a ausência de uma infra-estrutura econômica, o desestímulo governamental à iniciativa privada séria, o analfabetismo, a "bacharelice romântica do que se chama a intelectualidade do país", a mania de importação das modas mais recentes.

> Passa pelas nossas alfândegas tudo que constitui as bênçãos da civilização: saúde, bem-estar material, conhecimento, prazeres, admirações, senso estético. (...) Sobre este corpo anêmico, atrofiado, balofo tripudiam os políticos. É a única questão vital para o país – a questão política. Feliz ou infelizmente, não há outro problema premente a resolver: nem social, nem religioso, nem internacional, nem de raças, nem graves casos econômicos e financeiros. Somente a questão política, que é a questão dos homens públicos[13].

Além do traço ufanista ou pessimista, os autores denunciam o caráter mimético da cultura brasileira. Essa imitação tem sua raiz no próprio transplante de nossa legislação, como acusa Oliveira Vianna.

> Dos males que nos têm afligido desde a nossa emancipação em 22, uns resultam das condições mesmas da nossa formação social, mas outros são simples translações dos males alheios em vernáculo: e os idealistas republicanos, os construtores da Constituição de 24, infelizmente parece terem-se devotado mais aos males desta última espécie do que aos males da primeira categoria. Excelentes tradutores de males estranhos: péssimos intérpretes dos nossos próprios males[14].

Conforme apontam esses ensaístas, transplante resultante de um processo de educação da elite dirigente que se fez fora da realidade nacional, como diz Gilberto Amado ao discutir a época de esplendor da monarquia.

> Ilustrados nos publicistas europeus, versando temas que não tinham relação com o meio, os mais brilhantes estadistas não eram por certo os mais úteis. O seu trabalho político consistia em bordar sobre os assuntos do dia – empréstimos externos, reformas da legislação criminal ou civil, direito orçamentário, questões partidárias e eleitorais, grandes e belos discursos que poderiam figurar pelos assuntos nos 'Anais' parlamentares da França e da Inglaterra. (...) É claro que a todos eles faltava uma educação científica necessária à compreensão de um país que mais do que nenhum outro precisava de uma política construtiva. Tendo todos os hábitos peculiares aos legistas educados à

abstrata, sem um entretenimento forte com a vida material do país levantado nos braços da escravidão para as alturas de um sistema político nascido na Inglaterra, (...) era natural que esses homens se surpreendessem do mau funcionamento desse sistema sobre tribos mais ou menos selvagens, sobre negros escravos, sobre filhos de índios e de negros, sobre filhos de portugueses, sem instrução, sem idéia nenhuma também do que fosse representação popular, direitos políticos, deveres cívicos, etc. Por falta de capacidade construtiva do povo politicamente inexistente, os estadistas pouco advertidos diante dos problemas eram levados por educação a procurar nos exemplos estrangeiros os moldes a aplicar, as normas a seguir sem cogitar das peculiaridades do meio, das suas condições típicas[15].

Ou ainda, conforme indica Pontes de Miranda, as instituições brasileiras são cópias resultantes de uma política apriorística, marcada por um racionalismo misto, que não é absolutamente brasileiro, que substituiu nosso empirismo inicial, marca da tradição portuguesa.

Tudo isto cópia do estrangeiro, do que nada tem conosco: a eletividade dos juízes, o júri, o municipalismo, o federalismo, os princípios abstratos de liberdade, etc. Quase desmontamos o país em menos de um século de racionalismo, desgraçadamente ainda dominante e culminante na República. Tínhamos o milagre da unidade e quisemos dividir-nos como estavam os norte-americanos que batalhavam pela União, que não a tinham como a tivemos e por imitação e apriorismo superficial sacrificamos[16].

A acusação do mimetismo levou o ensaísmo dos anos 20 a buscar no nacionalismo uma solução política. Além disso, a crítica à imitação envolve a recusa a certo progressismo que nada tem a ver com as raízes brasileiras; e, por isso, os autores propõem um retorno às tradições. "Um vício nacional, porém, impera: o vício da imitação. Tudo é imitação, desde a estrutura política em que procuramos encerrar e comprimir as mais profundas tendências da nossa natureza social, até o falseamento das manifestações espontâneas do nosso gênio criador"[17]. Essa denúncia envolve uma recusa ao industrialismo crescente que deixaria de lado, em nome do progresso, aspectos importantes da sociedade, como indica a carta de Paulo Prado a seu filho Paulo Caio em janeiro de 1929. "Você está embriagado por certos aspectos da vida americana. Há muito mais coisas no mundo do que Wall Street, Fordismo e dinheiro. Leia, de vez em quando, a *Nation*, e os artigos do Mencken e a sua *Americana*. Há também pessimistas nos Estados Unidos"[18].

Poderia multiplicar os exemplos, mas parece-me já ter indicado alguns traços constantes na produção dos autores do período: a invenção da cultura e a busca da identidade nacional. Em sua reflexão dois elementos conflitantes podem ser salientados: de um lado, o bovarismo, expresso na tentativa de figuração de uma identidade e de uma cultura nacionais capazes de garantir o lugar do Brasil no concerto das nações: de outro, a perseguição de um realismo, visto como o único caminho a um diagnóstico verdadeiro da sociedade, capaz de apresentar o Brasil "tal qual ele é".

Nesse processo aparecem dois momentos críticos. O primeiro, a acusação do mimetismo como um traço nacional característico que deve ser superado. A solução será um retorno ao *nacionalismo*. O segundo, a indicação de que existe um aspecto da organização da sociedade que não pode ser descurado e que deve ser resgatado: todo progresso só será possível se nos mantivermos "colados" à realidade. A saída para o impasse seria um retorno a um empiricismo atávico, de raízes portuguesas, em que Idéia e Ação não correm paralelas[19]. Essa será a "tocha olímpica" que os ensaístas da década de 1920 legarão aos da década de 1930.

Tal traço para compreensão do país foi marcado por Paulo Prado na epígrafe de *Retrato do Brasil*. O autor, citando Capistrano de Abreu, indica o *jaburu* como símbolo da *psiquê* nacional. O jaburu – ave grande, de asas possantes e pernas grossas, por isso preso à terra – e não o albatroz – pássaro de altos e longos vôos. Segundo essa visão, no Brasil, o povo e seus dirigentes são orientados para um sentido positivo da ação, para uma forma concreta de pensamento. Estava, assim, marcada pelos ensaístas dos anos 20 uma norma de conduta para a reflexão sobre os problemas nacionais.

O NACIONALISMO

Nos ensaístas de 1920 e 1930 existe um comum traço nacionalista, alimentado prioritariamente pela acusação do mimetismo. Todavia, há características diferenciadas entre os autores de cada década, acentuadas pelo rompimento representado pela Revolução de 30.

Um problema coloca-se inicialmente, representado pela definição dos critérios de avaliação dessas características: como classificar o nacionalismo? Para operacionalizar a discussão, utilizarei a tipologia de Girardet[20] como instrumento de análise. Sem entrar no mérito da discussão, buscarei critérios que permitam a compreensão das formas pelas quais o nacionalismo aparece nos diversos autores. Nesse trabalho, Girardet mostra que existe uma diferença entre um nacionalismo amplo, que surge antes da constituição do Estado-Nação, e um nacionalismo específico, dentro do quadro de um Estado-Nação já constituído. O segundo, no plano político, dá prioridade à defesa da independência e da afirmação da grandeza do Estado-Nação: no plano moral-ideológico, tem atrás de si a exaltação do sentimento nacional. Creio que a abordagem do momento moral-ideológico constitui-se no plano mais importante para a análise dos ensaístas indicados.

Segundo o autor, existem temas que aparecem reiteradamente no debate nacionalista: a soberania, a unidade, o historicismo e a pretensão à universalidade[21]. Nesse sentido, nacionalismo corresponderia à vontade de ver coincidir a realidade jurídico-política do Estado com a realidade sociológica que o grupo nacional representa, isto é, um grupo que tomou consciência de sua própria individualidade. *Soberania* e *unidade* andam juntas, na medida em que expressam uma vontade essencial de defesa e reforço da coesão do grupo nacional. Isto se dá a partir de uma série de procedimentos dos quais os mais importantes são: o retorno a valores históricos da sociedade e a afirmação do *conteúdo universal da civilização* nacional.

Parece-me que essas características surgem na obra dos ensaístas brasileiros dos anos 20. O retorno a valores históricos é ressaltado de forma ampla a partir de uma revalorização da influência lusitana na formação nacional. Este traço aparece em vários autores e será retomado fortemente por Gilberto Freyre ainda na década de 1920[22]. A afirmação do valor universal da civilização nacional formula-se incisivamente de várias formas nos autores apontados. Poderia ser resumida na seguinte afirmação: *no momento que ultrapassarmos o espírito negativista da descrença nas potencialidades do país, resgataremos seu poder, riqueza e idéias. É então que o mundo curvar-se-á diante do Brasil, reconhecendo sua importância.*

De outro lado, podemos perceber que nesses autores o sentimento de superioridade, que poderíamos denominar de *nacionalismo ofensivo* está pouco presente. Antes, notamos a presença de um *nacionalismo defensivo*, isto é, a defesa e preservação da unidade da sociedade nacional e de uma organização política que lhe seja adequada. Isso explica, em parte, a forte presença do debate nacionalista no período.

Girardet indica seis critérios para a compreensão das formas de manifestação do nacionalismo: a situação histórica, a evolução econômica, a motivação doutrinária e ideológica, a atitude social, a atmosfera de civilização, a atitude religiosa. Malgrado os limites de toda a tipologia, aceitando esse quadro, creio ser o debate sobre o *clima de civilização* o que caracteriza o nacionalismo dos ensaístas dos anos 20 e início dos 30. Os autores buscam mostrar – ressaltamos os debates dos modernistas – que as diferentes formas que assume a cultura nacional podem ser incorporadas ao grande movimento civilizatório mundial. Gilberto Freyre, já nos trabalhos da década de 1920, mas principalmente naqueles de 1930, trará uma das mais ricas contribuições a essa reflexão.

É certo que ao ler os textos do período percebemos que, embora de inspiração diferenciada, o que caracteriza o debate nacionalista dessa época é sua marca conservadora. É claro que há articulações entre as diferentes tendências, mas poderíamos dizer que o *conservadorismo transforma-se no estilo de pensamento da época*, marcando fortemente os encaminhamentos dados à política. As formulações em torno da centralização, que propõem a necessidade de um Estado forte para viabilizar a consolidação da sociedade, ou as proposições sobre as tarefas das elites, ressoam essa tendência.

Mas, mesmo apresentando diferentes posições no espectro ideológico, os ensaístas de 20 buscam, como um todo, a criação de uma atmosfera de civilização, tendência que ganha corpo principalmente ao se voltarem à tarefa de levar a sociedade brasileira a *apossar-se integralmente de si mesma*. Nesse processo há um retorno aos valores da civilização através dos quais ela se define, se reconhece e se distingue das outras sociedades. É nesse clima que se retoma o debate sobre *raça e civilização*. É este o pano de fundo para a discussão de *educação e cultura*. A sociedade assumir-se tal qual é e diagnosticar os entraves que isso representa: eis o segredo da *compreensão da sociedade brasileira*.

Tasso da Silveira é autor significativo do caminho que assume a discussão, articulando os dois problemas.

> Todo e qualquer estudo sobre a arte, o pensamento, a inteligência brasileira, deveria partir da consideração inicial de nosso problema étnico. Porque os dados deste problema é que nos darão a razão do formidável contraste entre o tumulto criador do nosso mundo íntimo e a relativa exigüidade do que até agora conseguimos realizar; entre o perpétuo adiamento da manifestação integral do que somos e a nossa infatigável esperança. Uma grande arte e um grande pensamento só podem provir de uma raça definitivamente cristalizada. Enquanto permanece um povo no período dos profundos caldeamentos, não podemos esperar dele a serenidade fecunda de que nascem as grandes manifestações espirituais. (...) Não se deu no Brasil, como em outros jovens países, a transplantação de uma velha raça européia que se conservasse quase intata, (...) Nós viemos verdadeiramente do princípio, começamos a constituir uma raça verdadeiramente nova. Mas, por isso mesmo, teremos de suportar mais longa espera, mais longa aprendizagem[23].

De certo modo, criar uma atmosfera de civilização significa, para esses autores, assumir o papel que o Brasil representa no conjunto das nações e imbuir-se do sentido da tarefa a desempenhar: a integração do país é peça fundamental ao equilíbrio da civilização ocidental. Esse equilíbrio não se faria através de um processo de uniformização, mas mantendo-se as particularidades locais, raciais e históricas.

> Há, certamente, e seria absurdo que não houvesse, pontos numerosos de semelhança entre o nosso grupo nacional e os outros grupos nacionais do mundo civilizado. Herdamos o mesmo cabedal de elementos

civilizadores, a mesma cultura, os mesmos ideais, as mesmas instituições políticas e sociais e continuamos a respirar dentro do ambiente cultural, em que eles respiram, e a vibrar, tanto quanto possível, ao ritmo das suas aspirações, sentimentos e idéias. Somos parte integrante de um grande todo: nele estamos e dele participamos por milhares de dependências claras e visíveis umas, obscuras e invisíveis outras, mas não menos sensíveis e eficientes. Mas, embora todas essas atinências e afinidades, dependências e semelhanças, não nos confundimos: somos diversos por muitos aspectos, distintos por muitos lados, peculiares e exclusivamente nós mesmos por muitos modos de ser e de existir[24].

A retomada de um novo clima de civilização aparece, nos ensaístas de 20, antes como uma inquietação do que através de propostas que possibilitem à sociedade assumir-se integralmente. A partir dos novos critérios para a análise sociológica introduzidos por Gilberto Freyre na década de 1930, este processo tomará corpo de modo diverso, levará a outra direção as sugestões do ensaísmo dos anos 20 e alterará a reflexão sobre o social. *Casa-grande & senzala* marca definitivamente a necessidade de assumirem-se os valores culturais em torno dos quais gira o social, os quais levam a sociedade brasileira a se distinguir das outras. É nesse ponto de inflexão que se coloca a obra freyriana.

A idéia de o Brasil alcançar um nível de civilização que o torne par das Nações Ocidentais está presente no debate sobre a *ilustração*, a qual segundo os ensaístas de 20 deveria iniciar-se nas camadas "superiores" mas pretendendo atingir os estratos "inferiores" da sociedade. A metáfora de José Antonio Nogueira exemplifica a posição ao comparar o fenômeno nacional com o sol nas regiões montanhosas. "Doura primeiro os píncaros mais arrojados, para depois ir gradualmente iluminando as quebradas, os vales e os abismos. Chegará por certo um momento em que a luz, caindo do alto, dissipará as mais espessas cerrações e inundará os mais sombrios recessos"[25].

No quadro da "ilusão ilustrada", surge a proposta da educação, forma através da qual a sociedade poderia assumir-se integralmente. O que marca o debate é seu caráter de transformação política: ao lado da difusão da instrução, coloca-se a necessidade do voto secreto, forte golpe nos setores oligárquicos[26].

A esta cena Gilberto Freyre adicionará novo elemento que se tornará ponto de retomada da discussão da questão nacional: mostrará que existem valores da cultura que têm sido menosprezados pelos intelectuais, os quais devem ser retomados para a manutenção do equilíbrio social. Isto marca o caráter do nacionalismo freyriano. Ilustração desse traço é a forma pela qual discute a extensão da alfabetização como uma resolução tensa: de um lado, como componente fundamental à passagem para uma nova etapa técnica necessária ao progresso; de outro, como elemento homogeneizador, demolindo ricas sobrevivências culturais que, destruídas, empobreceriam sobremaneira o legado da civilização universal[27].

Mais dois elementos indicados por Girardet devem ser lembrados como critérios à compreensão do nacionalismo dos anos 1920 e início dos 1930: a situação histórica e a evolução econômica. O Brasil, às vésperas da Revolução de 30, encontra-se numa situação histórica favorável à mudança no caráter do nacionalismo. Sem estabelecermos relação mecânica, é possível constatar que existe correspondência entre as diversas etapas de desenvolvimento econômico e as diferentes formas de nacionalismo. O país via-se, naquele momento, num ponto de transição econômica, política, social e cultural que impunha a mobilização da sociedade em torno de um novo projeto político.

Inaugura-se, assim, um novo momento de "civilização": nem o "velho" modo de organizar a sociedade, nem somente as "novas" formas de encarar o social. O que passa a ser buscado é uma ordem fundamental à consolidação da "nova Nação". É nesse cenário que se desenvolve o debate sobre a questão racial, componente fundamental da questão nacional.

A QUESTÃO RACIAL

A abolição da escravatura colocou a sociedade brasileira face a um problema: como inserir o negro nos quadros sociais? Florestan Fernandes[28] aponta para o impasse definido pela dualidade *igualdade perante a lei/desigualdade real*: à nova condição jurídico-política dos ex-escravos não correspondeu imediatamente o exercício das prerrogativas sociais que a situação propiciava. A manutenção de tal situação garantia-se pelo domínio, nos meios intelectuais, do chamado "racismo científico" que se apresentava como uma tentativa de conferir à discriminação racial um cunho legal, procurando-se provar, através de uma linguagem científica, a desigualdade entre as raças[29].

O ensaísmo da década de 1920 herda este pano de fundo. A partir da aceitação das análises sobre a inferioridade física, psicológica e moral das raças "não-brancas", e sobre as conseqüências disso sobre a mestiçagem, constrói-se uma visão sobre a formação nacional. Oliveira Vianna, que nesse período procurou analisar a associação entre a evolução da raça, da sociedade e das instituições políticas, é o expoente máximo da tendência. Convencido de que "o valor de um grupo étnico é aferido pela sua maior ou menor fecundidade em gerar tipos superiores, capazes de ultrapassar pelo talento, pelo caráter ou pela energia da vontade, o estalão médio dos homens da sua raça ou do seu tempo"[30], lança-se à pesquisa antropossociológica para buscar as características da formação étnica do povo brasileiro e seus conseqüentes traços psicossociais. Seguindo o caminho da fusão das três raças originárias de nossa população, conclui que este processo ainda estava em curso e que seu melhor caminho seria direcionar-se à arianização.

> O tipo antropológico do brasileiro só poderá, pois, surgir com a sua definitiva caracterização depois de uma lenta elaboração histórica, quando o trabalho de fusão das três raças originárias se tiver completado e as seleções étnicas e naturais tiverem ultimado a sua obra simplificadora e unificadora. Por enquanto, os tipos cruzados estão ainda muito próximos das suas origens. Demais, das duas raças bárbaras ainda se conservam, no seio da massa nacional, grandes contingentes, que ainda não se fundiram inteiramente e guardam intacta a sua pureza primitiva. Ora, a absorção desses contingentes bárbaros pela massa mestiça obedece a um processo seletivo de lenta e laboriosa realização. Entretanto, podemos já analisar, nos movimentos desses caos em elaboração, uma tendência que cada vez mais se precisa e define: a tendência para a arianização progressiva dos nossos grupos regionais. Isto é, *o coeficiente da raça branca eleva-se cada vez mais em nossa população*[31].

As palavras do autor ganham caráter oficial quando se constata que o texto constitui-se em parte introdutória do censo de 1920. Segundo ele, o branqueamento seria a meta a que o conjunto do sistema social brasileiro deveria tender, orientado por uma política de imigração que buscasse tipos adaptáveis ao clima e meio geográfico brasileiros. O produto resultante do caldeamento das "raças superiores" com alguns tipos africanos aqui vindos poderia gerar "mestiços eugênicos".

> Em regra, o que chamamos mulato é o mulato inferior, incapaz de ascensão, degradado nas camadas mais baixas da sociedade e provindo do cruzamento do branco com o negro de tipo inferior. Há, porém, mulatos superiores arianos pelo caráter e pela inteligência ou, pelo menos, suscetíveis da arianização, capazes de colaborar com os brancos na organização e civilização do país. São aqueles que, em virtude de caldeamentos felizes, mais se aproximem, pela moralidade e pela cor, do tipo de raça branca. Caprichos de fisiologia, retornos atávicos, em cooperação com certas leis antropológicas, agindo de um modo favorável, geram esses mestiços de escol. Produtos diretos do cruzamento de branco com negro, herdam, às vezes, todos os caracteres psíquicos e, mesmo, somáticos da raça nobre. Do matiz dos cabelos à coloração da pele, da moralidade dos sentimentos ao vigor da inteligência, são de uma aparência perfeitamente ariana[32].

A discussão sobre a raça, naquele momento, transforma-se em debate dos mais importantes porque é componente fundamental da definição do *povo* e das instituições que lhe são convenientes. Gilberto Amado exemplifica largamente essa tendência. Analisa as instituições políticas e o meio social no Brasil, em discurso de estréia como deputado na Câmara dos Deputados em 1916 e editado em 1924. Faz balanço sobre a composição racial da população brasileira na qual predominam os mestiços, negros e índios sobre uma população branca que não atinge um terço do total. Pergunta-se, então, se

> teria sido possível sobre essa população tornar efetiva a prática de um sistema originário dos próprios costumes dos mais políticos dos povos, e não apenas 'adaptado' como nós o adaptamos, sobre uma

'gens' adventícia, sem hábitos de organização e de trabalho, pouco fixada ao solo, de todo inapta à iniciativa mais comezinha na ordem dos seus interesses privados, entregue ao muçulmanismo de uma imprevidência poética relacionada com o sobrenatural das superstições pueris dos selvagens e dos negros, com um espírito afeito ao devanear das contemplações no deserto, uma população enfim que dos seus deveres não podia ter senão uma noção vaga e cujos direitos desconhecia de todo? (...) Povo propriamente não o temos. Sem contar o das cidades, que não se pode dizer seja população culta, a população do Brasil politicamente não tem existência[33].

Tendo essa visão, justifica a tutela, ressalta o papel das elites, legitima o autoritarismo.

Podemos acusar a República (...) de não ter, principalmente, compreendido logo o seu papel educador. Refiro-me ao papel educador, porque o dever máximo dos políticos em um país como o nosso, em que as realidades sociais estão abaixo das instituições, é exercer justamente essa tutela. (...) Enquanto não se formar no Brasil pela preponderância das inteligências construtivas uma 'elite' de diretores mentais que saibam menos discutir questões 'jurídicas' e mais questões 'políticas', que mostrem menos erudição de constitucionalistas americanos e mais conhecimento das realidades práticas do Brasil, uma 'elite' conjugada ativa e energeticamente em agremiações partidárias ou em torno de figuras excepcionais, de modo a suprir pelo influxo da sua ação as deficiências de um meio ainda incapaz de se dirigir a si próprio, enquanto não se conseguir organizar os elementos de direção de uma sociedade que não sabe se guiar por si mesma – a confusão, o tumulto, o malbarateamento de belas energias, o caos moral, político, administrativo, caracterizará o Brasil[34].

Porém, o mito das três raças entra na discussão dos anos 1920 com sinais trocados se comparada ao debate correspondente da virada do século. Neste, tratava-se de buscar uma interpretação da sociedade, na medida em que a problemática da mestiçagem aliada ao problema do meio ambiente apresenta-se como um dilema, de certo modo, insolúvel, que levava a perspectivas pessimistas quanto à "viabilidade do Brasil como Nação"[35]. Na década de 1920, as colocações sobre a raça compreendem uma tentativa de modificar a sociedade. Usando expressão de Renato Ortiz, o mito está em vias de ritualizar-se. É seu último momento como linguagem; o início da década de 1930 será o tempo de sua celebração[36].

Assim, conforme foi dito anteriormente, a questão racial é componente fundamental da questão nacional. Embora seu debate restrinja-se aparentemente ao nível psicossocial, a questão da raça é o modo pelo qual se apreende a realidade social. Em outros termos, o discurso sobre a raça é a forma pela qual se expressam os problemas nacionais. Se na passagem do século era a linguagem pela qual se exprimia um dilema de caráter econômico-social – a impossibilidade de transformação do escravo em trabalhador livre e a assimilação do imigrante à sociedade em transição – na década de 1920 indica um problema que atinge, além daqueles, o nível político expresso nas indagações: quais as possibilidades de estender efetivamente os direitos de cidadania à totalidade da população? Qual a viabilidade da admissão do direito de associação aos trabalhadores em geral?

Gilberto Freyre, ao colocar sob outra luz a questão, permite o equacionamento do problema em outro patamar. A raça vista como um "problema", um obstáculo à integração, perde sua força. A redefinição do problema passará pela discussão do regionalismo e ao papel desempenhado pelo patriarcado na gênese e consolidação da sociedade brasileira.

Notas ao Capítulo III

1 A produção intelectual nas ciências sociais compreende principalmente duas formas: o ensaio e a monografia. O ensaio pode ser considerado uma dissertação livre sobre um tema; livre no sentido de não revelar maiores compromissos com a fundamentação empírica nem com a sistemática teórica. Ao passo que a monografia caracteriza-se por esses compromissos. Mas a distinção não implica privilegiar esta ou aquela forma. As ciências sociais contam com ensaios e monografias clássicos e modernos da maior relevância.
2 Eric HOBSBAWM e Terence RANGER. *A invenção das tradições. Op. cit.*
3 *Ibid.*, p. 17.
4 Limito-me a indicar brevemente essas transformações e os movimentos que a acompanham pois a bibliografia sobre o período tem-se dedicado largamente a discuti-las.
5 José Antonio NOGUEIRA. "O ideal brasileiro desenvolvido na República". In: Vicente Licínio CARDOSO. *À margem da história da República*. Brasília: Ed. da Universidade de Brasília, 1981. Tomo I, pp. 70-82.
6 *Ibid.*, pp. 70, 71 e 82.
7 Vicente Licínio CARDOSO. "À margem da República". In: *À margem da história da República. Op. cit.*, tomo II, p. 105.
8 Ronald de CARVALHO. "Bases da nacionalidade brasileira". In: Vicente Licínio CARDOSO. *À margem da história da República. Op. cit.*, tomo II, pp. 36-38.
9 Paulo PRADO. *Retrato do Brasil: ensaio sobre a tristeza brasileira*. 5. ed. São Paulo: Brasiliense, 1944. (A 1ª edição é de 1928.)
10 *Ibid.*, p. 160.
11 *Ibid.*, pp. 175-176.
12 *Ibid.*, pp. 176-177.
13 *Ibid.*, pp. 181-182.
14 Oliveira VIANNA. "O idealismo da Constituição". In: Vicente Licínio CARDOSO. *À margem da história da República. Op. cit.*, tomo I, p. 105.
15 Gilberto AMADO. "As instituições políticas e o meio social no Brasil". In: Vicente Licínio CARDOSO. *À margem da história da República. Op. cit.*, tomo I, p. 49.
16 Pontes de MIRANDA. "Preliminares para a revisão constitucional". In: Vicente Licínio CARDOSO. *À margem da história da República. Op. cit.*, tomo II, p. 4.

17 Paulo PRADO. *Op. cit.*, p. 180.
18 *Ibid.*, p. VI.
19 Essa será a "tocha olímpica" que os ensaístas da década de 20 legarão aos da década 30. O trabalho de João Cruz Costa sobre as idéias no Brasil mostra essa relação como traço fundamental de garantia da respeitabilidade da reflexão. Fora desta perspectiva, a filosofia será apenas fantasia sem proveito. João Cruz COSTA. *Contribuição à história das idéias no Brasil*. Rio de Janeiro: José Olympio, 1956.
20 Raoul GIRARDET. "L'ideologie nationaliste". In: *Science et politique*, XV (3): 423-445, junho/1965.
21 Note-se que Girardet utiliza estes termos numa concepção bastante ampla.
22 Gilberto FREYRE. *Vida social no Brasil nos meados do século XIX*. Trad. Waldemar VALENTE, 2ª edição, Rio de Janeiro: Artenova; Recife: IJNPS, 1977. (O original inglês é escrito em 1922.)
23 Tasso da SILVEIRA. "A consciência brasileira". In: Vicente Licínio CARDOSO. *Op. cit.*, tomo II, pp. 39-40.
24 Oliveira VIANNA. *Evolução do povo brasileiro*. Rio de Janeiro: José Olympio, 1956. pp. 40-41. (A 1ª edição do livro é de 1922.)
25 José Antonio NOGUEIRA. "O ideal brasileiro desenvolvido na República". In: Vicente Licínio CARDOSO. *Op. cit.*, tomo I, p. 72.
26 Refiro-me em primeiro lugar às propostas de reforma dos anos 20, circunscritas aos estados: Sampaio Dória, em São Paulo (1920), Lourenço Filho, no Ceará (1924) e Francisco Campos, em Minas Gerais (1927). Posteriormente à Reforma realizada durante o Governo Provisório, por Francisco Campos, de caráter nacional (1930).
27 Gilberto FREYRE. *Tempo de aprendiz: artigos publicados em jornais na adolescência e na primeira mocidade do autor – 1918-1926*. São Paulo: Ibrasa; Brasília: INL, 1979. pp. 305-306. (O artigo é de 1923.)
28 Florestan FERNANDES. *A integração do negro na sociedade de classes*. São Paulo: Dominus /Edusp, 1965 – principalmente nos itens "O negro e a revolução burguesa" e "O mito da democracia racial'".
29 Maria Alice de Aguiar MEDEIROS. *O elogio da dominação; relendo Casa-grande & senzala*. Rio de Janeiro: Edições Achiamé, 1984. pp. 22-23.
30 Oliveira VIANNA. *Evolução do povo brasileiro. Op. cit.*, p. 153.
31 *Ibid.*, pp. 169-170.
32 Oliveira VIANNA. *Populações meridionais do Brasil*. 5. ed. Rio de Janeiro: José Olympio, 1952. p. 153. (A primeira edição é de 1918.)
33 Gilberto AMADO. "As instituições políticas e o meio social no Brasil". In: Vicente Licínio CARDOSO. *Op. cit.*, tomo I, p. 53.
34 *Ibid.*, pp. 57-58.

35 Veja-se, por exemplo, a obra de Euclides CUNHA, principalmente *Os sertões*. O trabalho de Renato ORTIZ, "Memória coletiva e sincretismo científico: as teorias raciais do século XIX". In: *Cultura brasileira & identidade nacional*. São Paulo: Brasiliense, 1985, pp. 13-55, desenvolve tal questão, aprofundando-a.
36 Renato ORTIZ. "Da raça à cultura: a mestiçagem e o nacional". *Op. cit.,* pp. 39 e 41.

Capítulo IV

O Patriarcalismo

A concepção histórica da sociedade brasileira de Gilberto Freyre que desponta em seus escritos da década de 1920 e ganha sua formulação definitiva nos trabalhos da década de 1930 – *Casa-grande & senzala, Sobrados e mucambos* e *Nordeste* – funda-se na articulação de três elementos: o patriarcado, a inter-relação etnias/culturas e o trópico. Os três marcos definidores da formação nacional aparecem correlacionados, de modo que cada um deles encontra sua explicação na convergência com os dois outros.

Na leitura que proponho, ressalto o papel do patriarcalismo como elemento de encontro dos outros dois. Essa tese, ou melhor, a tese sobre a família, será componente fundamental da articulação de seu pensamento e terá efeitos políticos importantes no momento de sua enunciação.

Família e Sociedade

O que está em questão no debate freyriano são as relações entre a família e o Estado, mostrando o autor que este resulta de modificações ocorridas no plano do poder familiar. Esta gradualmente se altera resultando, assim, num *continuum*; a esfera familiar se amplia e seu efeito é o Estado.

Trata-se de discussão que tem por objetivo analisar a passagem do poder privado ao público, mostrando que o crescimento deste em detrimento daquele não se processa de forma linear. Antes, tem a conformação de um labirinto. A obra freyriana é a reconstrução desses *vaivéns* sinuosos. O estudo da família patriarcal está presente em vários trabalhos; porém, a tese sobre o patriarcalismo, em especial a passagem do poder privado ao público, aparece de forma mais acabada em *Sobrados e mucambos*.

A família patriarcal ou tutelar[1] está marcada pelo seu caráter conciliador. Através da discussão sobre sua configuração, Freyre discute a formação nacional, mostrando que o equilíbrio da primeira tem como conseqüência a estabilidade da segunda. Em outros termos, a ordenação da sociedade é função da ordenação da família patriarcal. Mas a reflexão sobre essa distribuição de forças será feita de modo singular: independentemente do tempo cronológico, é estudada em definido espaço – o regional e a casa. É ali que a família patriarcal aparece como ponto de encontro dos outros dois elementos fundamentais à formação da sociedade brasileira: as etnias/culturas e o trópico. Essa convergência é marcada pelo equilíbrio. Mesmo que a organização social se desvie momentaneamente de sua posição inicial, retorna necessariamente a ela depois de algumas oscilações.

Considera a família como unidade social básica e, a partir desta consideração, pretende demonstrar a permanência do sistema social. Detém a marcha do tempo histórico, uma vez suposto que o indivíduo passa mas a família persiste.

> Dentro de uma sociedade patriarcal e até feudal, isto é, com espaços ou zonas sociais sociologicamente equivalentes às das sociedades chamadas feudais, como foi o Brasil durante o tempo quase inteiro da escravidão entre nós, não eram cidadãos nem mesmo súditos que aqui se encontravam como elementos básicos ou decisivos da população, porém famílias e classes. E estas famílias e classes, separadas, até certo ponto, pelas raças que entraram na composição da gente brasileira

com suas diferenças de tipo físico, de configuração de cultura e, principalmente, de *status* ou de situação inicial ou decisiva. Tomaram também, com o tempo essas raças, cores regionais diversas conforme as condições físicas da terra, de solo e de configuração de paisagem ou de clima e não apenas as culturais, de meio social[2].

Formação e Consolidação

Freyre discute a formação da classe dominante no Brasil a partir da afirmação de que as mudanças sociais não são repentinas, fazem parte de um processo que se estende ao longo do tempo. Reconstrói no estudo do patriarcado brasileiro o percurso de sua formação, consolidação e decadência, mostrando como se alternam e muitas vezes se superpõem os momentos de fortalecimento e enfraquecimento.

Tal recurso analítico constitui-se em abordagem extremamente rica para o estudo das classes sociais. A uma crise enfrentada pela classe dominante corresponde imediatamente um enfraquecimento de seu poder; porém, no bojo do processo residem as forças às quais recorre para rearticular-se, muitas vezes utilizando tais elementos para a consolidação daquele poder aparentemente perdido. Ao descrever o caminho, Gilberto Freyre toca em pontos fundamentais, acentuando um aspecto do processo que resulta na *ordem social*. É a partir dessa visão que aponta para a formação do patriarcado[3] e para as crises que o levam à decadência[4].

Mostra a formação da família patriarcal no Brasil como uma decisão consciente do português. Tendo aqui aportado depois de já um século de contato com o trópico, precisamente no início da decadência de seu poderio e já tendo testado sua adaptabilidade, opta por uma colonização sobre bases mais sólidas. "A base, a agricultura; as condições, a estabilidade patriarcal da família, a regularidade do trabalho por meio da escravidão, a união do português com a mulher índia, incorporada assim à cultura econômica e social do invasor"[5].

O português cosmopolita e plástico, bicontinental – povo situado entre Europa e África – dividido entre uma formação de feição rural e um poderio mercantil, mas marcado fundamentalmente pelo pragmatismo que conforma seu caráter, é o colonizador *ideal* para os desígnios da Coroa Portuguesa[6]. Adaptou-se, assim, às duas formas fundamentais que assumiu a fundação da nacionalidade: a *horizontal* e a *vertical*. As duas formas convivem no tempo e assumem funções diferentes no processo de consolidação da nacionalidade. A primeira, passageira, necessária à expansão territorial, desempenhada por homens nômades, homens de fronteira: os bandeirantes e o sertanistas. A segunda, a definitiva, através da qual se consolida a posse da terra, executada por colonos sedentários e marcada pelo aristocratismo: os plantadores de cana-de-açúcar, os senhores de engenho[7]. Estes se tornam poderosos na medida em que tiveram nos três primeiros séculos apoio da Coroa.

> Com os privilégios concedidos pelo rei, acabaram verdadeiros senhores feudais e deste modo incumbidos de defender as causas e interesses de Portugal contra, de um lado, os índios e, de outro, as potências européias rivais dos portugueses. Toda vez que um plantador agia *pro domo sua* ele estava agindo também em favor do poderio português na América. É o que explica que as casas-grandes se tornassem, mais mesmo do que os edifícios públicos, símbolos da estabilidade portuguesa na costa do Brasil. Tornaram-se também a expressão física de um novo tipo de poder feudal ou patriarcal, chegando, pela sua situação de isolamento e a sua auto-suficiência, a ostentar um forte espírito de independência e até de rebelião contra a Coroa. (...) Os privilégios concedidos pela Coroa aos senhores de engenho explicam porque as casas-grandes acabaram não só mais importantes mesmo do que a maioria dos edifícios públicos, mais importantes mesmo do que as catedrais, do que as igrejas particulares e do que os mosteiros puramente religiosos[8].

Além desse apoio, beneficiaram-se os portugueses de sua "singular predisposição para a colonização híbrida e escravocrata dos trópicos", explicada em grande parte pelo "seu passado étnico, ou antes, cultural, de povo indefinido entre a Europa e a África"[9]. A aclimatabilidade do português permitiu que o Brasil fosse "a primeira sociedade moderna constituída nos trópicos com características nacionais e qualidades de permanência"[10]. A predisposição à miscigenação levou-o a suprir o problema representado pela falta de gente branca ao processo colonizador.

> (...) por todas aquelas felizes predisposições de raça, de mesologia e de cultura (...) não só conseguiu vencer as condições de clima e de solo desfavoráveis ao estabelecimento de europeus nos trópicos, como suprir a extrema penúria de gente branca para a tarefa colonizadora unindo-se com mulher de cor[11].

Assim, o português no Brasil tornou-se o primeiro colonizador moderno a deslocar a base da colonização tropical da pura extração de riqueza para a criação local de riqueza, caracterizada pela base agrícola e pela permanência do colono na terra. Tais inovações levaram-no a que encaminhasse uma organização também inovadora: a exploração far-se-iá sempre através do capital e do esforço particular; a gente nativa incorporada ao processo não apenas como fator de trabalho, mas também no processo de formação da família. Isso explicaria por que

> a sociedade colonial no Brasil, principalmente em Pernambuco e no Recôncavo da Bahia, desenvolveu-se patriarcal e aristocraticamente à sombra das grandes plantações de açúcar, não em grupos a esmo e instáveis; em casas-grandes de taipa ou de pedra e cal, não em palhoças de aventureiros. (...) A família, não o indivíduo, nem tampouco o Estado nem nenhuma companhia de comércio é, desde o século XVI, o grande fator colonizador no Brasil, a unidade produtiva, o capital que desbrava o solo, instala as fazendas, compra escravos, bois, ferramentas, a força que se desdobra em política, constituindo-se na aristocracia colonial mais poderosa da América[12].

Neste ponto a reflexão de Gilberto Freyre mostra a presença de duas forças antagônicas. De um lado, enfatiza a ausência do Estado e a onipresença da família patriarcal; de outro, mostra que a decisão sobre a forma que se instala é anterior ao desenvolvimento do processo de colonização. Isto é, aponta para a existência do controle externo da sociedade colonial brasileira, que a leva a organizar-se de modo a possibilitar que Portugal readquira parte de seu brilho social e poder político em decadência.

Ao decidir povoar os ermos da América, seguiu efetivamente el-Rei (D. João III) o critério agrário e escravocrata de colonização, já esboçado nas ilhas do Atlântico. Tudo deixou-se, porém, à iniciativa particular. Os gastos de instalação. Os encargos de defesa militar da colônia. Mas também os privilégios de mando e de jurisdição sobre terras enormes. Da extensão delas fez-se um chamariz, despertando-se nos homens de pouco capital, mas de coragem, o instinto da posse; e acrescentando-se ao domínio sobre terras tão vastas, direitos de senhores feudais sobre a gente que fosse aí mourejar. A atitude da Coroa vê-se claramente qual foi: povoar sem ônus os ermos da América[13].

Do sucesso alcançado pelos senhores de engenho dependeu o fortalecimento da política colonial portuguesa, que compreendeu a riqueza possível advinda do açúcar. Ao mesmo tempo, para a continuidade da fonte de riqueza, foi fundamental "prestigiar-se a cultura do açúcar na pessoa quase feudal do senhor de engenho"[14]. Das concessões que fez a Coroa portuguesa aos senhores de engenho tem-se dois resultados: "de vantajoso, o desenvolvimento da iniciativa particular estimulada nos seus instintos de posse e mando; de maléfico, a monocultura desbragada"[15]. Resumindo, para Gilberto Freyre, a família patriarcal brasileira formou-se de modo original, produto da colonização portuguesa no trópico e não como forma transplantada de Portugal. Ela será, segundo o autor, o núcleo gerador de todas as relações sociais, que, no Brasil, assumem caráter amistoso afastando o risco dos conflitos resolverem-se por rupturas trazendo transformações estruturais à sociedade. A tese dos antagonismos em equilíbrio, ponto central da interpretação desenvolvida em *Casa-grande & senzala*, e posteriormente em outros textos, já aparece desde o início de sua formulação, quando coloca a família patriarcal como objeto privilegiado de sua análise.

Gilberto Freyre enumera os fatores de consolidação do patriarcalismo nos diferentes momentos de sua história. Primeiramente, os favores da Coroa.

A lavoura no Brasil gozara nos primeiros tempos – principalmente nesse extraordinário século XVI, que marcou o esplendor da atividade criadora de Portugal, ou antes, do colono português na América – de favores excepcionais. Favores com que a Coroa prestigiou a iniciativa particular dos colonos de posse, concedendo-lhes grandes privilégios políticos e, à sombra desses, privilégios econômicos. Os desbravadores de mato virgem, os desvirginadores de sertões, os fundadores de grandes lavouras viram-se, por mais de um século – por dois séculos inteiros, pode-se dizer – rodeados de mercês dando-lhes o domínio político dos Senados das Câmaras. E com esse domínio, os contratos, a arrecadação de impostos, as obras públicas. Viram-se ao mesmo tempo resguardados dos credores menos pacientes, que se pusessem com afoitezas para os lados das casas-grandes[16].

A predominância dos interesses agrários sobre todos os outros favoreceu a situação que mudaria com a descoberta das minas. De outro lado, a unidade das famílias patriarcais favoreceu seu domínio, a ajuda mútua sendo fundamental por tratar-se sempre de empreendimentos privados. Mesmo morando em regiões distantes, os senhores de engenho reuniam-se em Olinda "para suas festas de igreja e de casamentos, suas cavalhadas, seus jogos, suas danças, suas representações de comédias, seus recitativos"[17]. Unidade garantida por casamentos endogâmicos,

> casamentos entre primos ou de tios com sobrinhas: a endogamia patriarcal. Casamentos que foram fazendo das várias famílias iniciadoras do povoamento quase uma só; e tornando tão claros os limites para as relações matrimoniais que os aventureiros do Reino e os mulatos da terra, ansiosos de se limparem pelo casamento, com dificuldade e só por exceção, conseguiam unir-se a moças afidalgadas[18].

Unidade reiterada pela ação unificadora da língua feita através dos colégios de padre ou do padre-mestre-capelão.

> Por menor que seja nossa simpatia pelo purismo de língua, com sacrifício de sua espontaneidade, não deixamos de imaginar com certo horror os excessos que teriam corrompido o português das casas-grandes e dos sobrados patriarcais em diferenciações e particularismos quase de família, o pessoal de uma casa quase sem entender o da outra, se a favor da pureza da língua, e por conseguinte, de sua unidade, e da unidade de toda a cultura brasileira, não tivesse agido desde o século XVI o ensino dos colégios de padre. Foi principalmente por esse ensino que se conservou vivo e ativo aquele nervo de integração[19].

Além disso, a confraternização dos *filius familiae* que privavam da mesma educação superior fora de sua região familiar – na Europa, no Rio de Janeiro ou São Paulo –, possibilitou o reforço dos laços entre as diferentes famílias patriarcais.

O próprio complexo patriarcal era propício à preponderância dos interesses particulares de cada grupo ou região sobre os gerais da sociedade. Tal intercâmbio ajudou na correção dos excessos a que o processo teria levado se impedisse a ordem e a universalidade que, segundo Freyre, os novos tempos pediriam e que seriam a garantia da continuidade do poder patriarcal, embora transformado.

> Nunca será exagerado acentuar o valor que tiveram para a sociedade brasileira nos seus períodos mais difíceis de integração (...) os seminários e os colégios de padres. Foi das mais poderosas, no sentido daquela integração, sua influência sobre os filhos dos ricos e sobre os meninos caboclos[20].

Mas o principal elemento que garantiu a permanência do sistema patriarcal foi sua plasticidade, seu ecletismo, permitindo a conciliação de interesses aparentemente conflitantes: conservadores e liberais. Gilberto salienta 'a ação criadora de homens de engenho e de fazenda em nossa vida política e administrativa e até na literária. Ação não só no sentido chamado conservador (...) como no sentido liberal e revolucionário'[21]. Isto foi possível porque muitas vezes a ação política aparece com os sinais trocados.

> Não se pode generalizar a respeito do Brasil (...) afirmando que a aristocracia rural, entre nós consolidada principalmente, até o meado do século XIX, nas casas-grandes de engenho, e só subsidiariamente nas de fazenda de café ou nas de estância, encarnou sempre os interesses conservadores e de ordem, enquanto as cidades, os sobrados burgueses, as próprias ruas, teriam sido sempre os focos de revoluções democráticas e de movimentos liberais. (...) É verdade que durante certa fase do império, o Engenho do Açúcar e principalmente a Fazenda de Café viviam a ligar-se de maneira efetiva com certos interesses conservadores e de ordem, às vezes contra a demagogia das cidades, isto é, das ruas, das praças e dos mucambos. Mas mesmo durante essa fase de maior união com o Império, a casa-grande de engenho defrontou-se às vezes com o Imperador, com o chefe de polícia da capital, com o bispo da diocese[22].

A plasticidade que marca a família patriarcal teria levado a que reestruturasse sua própria inserção econômica, passando num primeiro momento de produtora a intermediária de produtos. Nas cidades onde a alimentação era escassa, o comprador

> tinha que enfrentar não um atravessador apenas, mas toda uma série de intermediários. E esses intermediários não eram judeus nem ciganos – cabeças-de-turco para todo comércio desonesto; nem gente bengala fumenga. Eram cristãos-velhos dos mais puros, gente das casas nobres e até militares em quem se encarnavam algumas das virtudes mais cavalheirescas da classe dominante[23].

E, numa segunda etapa, com o declínio da lavoura, passará ao comércio. Assim, "o sistema comercial brasileiro tornou-se uma como expressão urbana do sistema agrário, isto é, foi também, a seu modo, patriarcal e até endogâmico"[24].

Segundo o autor, o ecletismo, que é sua virtude, permitiu ao patriarcalismo a harmonização dos contrastes: uma economia marcada pelo progressismo – a industrialização – e um sistema de trabalho arcaico – a escravidão. "Realmente sucedeu, no Brasil, verificar-se a transigência da parte intelectualmente mais avançada da nobreza rural com as indústrias, com as artes, com o próprio comércio – com ingresias e até com francesias essencialmente burguesas – sem que se verificasse o abandono do sistema de trabalho escravo"[25].

O Processo de Decadência

Freyre aponta três momentos de crise na história do patriarcalismo brasileiro: a invasão holandesa no século XVII; a vinda de D. João VI, em 1808; a abolição da escravatura e a proclamação da República, no final do século XIX.

O tempo dos holandeses no Brasil constitui-se no primeiro marco do fortalecimento do urbano, momento de diferenciação que será superado com a expulsão dos invasores, mas que deixará marcas profundas na estrutura social. É que nesse processo surge "o primeiro esboço de povo e de burguesia miúda que houve entre nós", e que experimenta o sabor, o gosto físico, a experiência de alguma coisa de diferente, a contrastar com a monotonia tristonha de vida, de trabalho, à sombra das casas-grandes; o gosto da vida de cidade – não daquelas cidades antigas, do século XVI e dos princípios do século XVII, dependências dos engenhos, burgos de família onde os senhores vinham passar as festas, reunindo-se para as cavalhadas e os banquetes – mas o gosto de cidades com vida própria; independentes dos grandes proprietários de terras. Provavelmente, deixara ainda o 'tempo dos flamengo', como elemento de revolta e de diferenciação, entre o futuro povo – que era então apenas um aglomerado de mestiços independentes junto com mecânicos e mascates de origem européia – o gosto pelo bem-estar material, experimentado durante as administrações holandesas – neste sentido mais eficientes que a maioria das portuguesas. O flamengo, vindo de uma civilização mais urbana do que rural, trouxera para uma colônia de matutos – excetuada a quase metropolitana Bahia – novidades de um efeito quase de mágica: conhecimentos e recursos da nova técnica européia, isto é, a burguesa-industrial[26].

Esses acontecimentos teriam provocado um nítido enfraquecimento do patriarcado. O *povo* "insignificante como realidade, mas considerável pelo potencial", retorna, passados os 30 anos de domínio holandês "à rotina agrícola e à uniformidade católica, aos vagares da integração social, no sentido português católico", mas conserva "daquela aventura de diferenciação uma lembrança quase de sonho"[27]. O que restou da mudança foi um traço profundo no caráter do povo brasileiro, o germe de questionamento do modo pelo qual viviam a vida.

A vinda da família real ao Brasil em 1808 marcou o fim de um ciclo atravessado por sucessivas crises e o início de uma nova organização do poder: a centralidade. O patriarcado rural deixara de ter no desenrolar do terceiro século o apoio integral da Coroa, pois, pela descoberta das minas, perdera o lugar de sustentáculo colonial do poderio português. Nesse período, o antagonismo dos interesses se explicitara em vários acontecimentos, dos quais o mais ilustrativo é a Guerra dos Mascates.

Em Pernambuco definira-se o antagonismo entre o praticiado rústico das casas-grandes da zona chamada da 'mata' e a burguesia dos sobrados do Recife – esta prestigiada pelo Rei, já desunido dos senhores de engenho, seus aliados de outrora, e aquela pelo alto clero – na guerra civil chamada dos Mascates. Guerra que terminaria com a vitória, embora uma vitória aos pedaços, incompleta, pela metade, dos interesses burgueses sobre os privilégios da nobreza rural, tão forte e resistentes na capitania dos Albuquerques[28].

Este conflito, segundo Freyre, aponta para a oposição clara entre os interesses de duas camadas distintas do setor dominante: os senhores rurais e o setor ligado à comercialização.

O conflito entre Olinda, cidade eclesiástica e de senhores de engenho, e o Recife, cidade até então de gente burguesa e mecânica que, no século XVII, reunira a população mais heterogênea da colônia, não terá sido apenas a reação nativista de que falam as histórias oficiais: brasileiros natos contra portugueses e reinóis. Terá sido principalmente um choque, que os antagonismos políticos e, confusamente, os de raça, ainda mais dramatizaram, entre os interesses rurais e os burgueses. 1710, tudo nos leva a crer que tenha sido um movimento distintamente aristocrático e um tanto antimonárquico – contra o Rei de Portugal – rural e anti-urbano, o interesse nacional ostensivamente identificado com os da nobreza agrária: as grandes famílias proprietárias de terras e de negros e a quem convinha o mínimo de intervenção da parte del-Rei e das Câmaras dominadas por portugueses ou influenciadas por mecânicos, nos negócios da colônia. Pela vontade dessas famílias de patriarcas rurais, a legislação municipal seria sempre obra sua ou a seu favor, como as provisões régias que haviam proibido execuções contra senhores de engenho. Franca proteção dos interesses dos devedores rurais contra os credores urbanos. Ou dos interesses feudalmente agrários contra os capitalistas[29].

Para o autor, a Guerra dos Mascates é simbólica da ascensão ao poder de *parvenus* que terão sua situação consolidada pela vinda da corte portuguesa ao Brasil, esta organizada em torno de um príncipe aburguesado: D. João VI.

Nos documentos brasileiros do século XVIII, já se recolhem evidências de uma nova classe, ansiosa de domínio: burgueses e negociantes ricos querendo quebrar o exclusivismo das famílias privilegiadas de donos simplesmente de terras, no domínio sobre as Câmaras ou os Senados.

Aventureiros enriquecidos nas minas, alguns deles reinóis, dos chamados pés-de-chumbo, bem-sucedidos nos negócios, "marinheiros" que começaram vendendo alho e cebola, ou mascateando pelo interior e pelas ruas, para terminarem *mercadores de sobrados* – são os novos elementos brancos, ou quase brancos, ansiosos de domínio [30].

Assim, já no quarto século,

> com a chegada de Dom João VI ao Rio de Janeiro, o patriciado rural que se consolidara nas casas-grandes de engenho e de fazenda (...) começou a perder a majestade dos tempos coloniais. (...) A presença no Rio de Janeiro de um príncipe com poderes de rei; príncipe aburguesado, porcalhão, os gestos moles, os dedos quase sempre melados de molho de galinha, mas trazendo consigo a coroa; trazendo a rainha, a corte, fidalgos para lhe beijarem a mão gordurosa mas prudente, soldados para desfilarem em dia de festa diante do seu palácio, ministros estrangeiros, físicos, maestros para lhe tocarem música de igreja, palmeiras-imperiais a cuja sombra cresceriam as primeiras escolas superiores, a primeira Biblioteca, o primeiro Banco. (...) Uma série de influências sociais – principalmente econômicas – algumas anteriores à chegada do príncipe mas que só depois dela se definiram ou tomaram cor, começaram a alterar a estrutura da colônia no sentido do maior prestígio do poder real. Mas não só do poder real (...); também das cidades e das indústrias ou atividades urbanas. (...) A intervenção mais direta da Coroa nos negócios do Brasil (...) há tempo que vinha preparando o ambiente para a maior centralização do governo e avigoramento do poder real[31].

A abolição da escravidão e a proclamação da República, para Gilberto, representam o fechamento de um ciclo, quando se acelerou a decadência do patriarcalismo brasileiro, marcado profundamente pela política de urbanização, centralismo e ordem do Segundo Reinado. O imperador fundava sua força política em homens jovens e de cultura literária e jurídica em detrimento do antigo poder dos senhores. "Política contrária aos excessos de turbulência individual e de predomínio de família. (...) Contrária, por conseguinte, aos interesses mais caros das oligarquias agrárias que formavam ainda as grandes montanhas da nossa paisagem social ao iniciar-se o reinado de certo modo antipatriarcal de Pedro II"[32].

Uma série de transformações de caráter econômico, principalmente a revolução técnica em marcha na terceira década do século XIX, teriam levado a uma transição de caráter irreversível na sociedade brasileira. Essa transição encontra seu ponto mais alto no momento da cessação do tráfico legal de escravos.

> É do maior interesse para a compreensão do período de transição que foi, nas principais áreas de nosso País, a primeira metade do século XIX, destacar-se que várias das modificações que sofreram então paisagens e instituições ligam-se direta ou indiretamente à cessação do tráfico legal de escravos. (...) Os capitais foram tomando, assim, outros rumos. (...) É certo que a adaptação de capitais, concentrados em escravos, máquinas, fábricas, animais de tração e de leite e prédios urbanos, não se fez docemente, mas através de crises profundas que (...) afetaram a sociedade em costumes ou estilos de vida; e não apenas a economia brasileira[33].

Aponta o autor para o fato de o processo de quebra do poderio patriarcal desenvolver-se aos poucos: há Palmares, a rebelião de 1798 na Bahia, os vários movimentos liberais com sua bandeira republicanista, a crescente despersonalização das relações senhores e escravos, a transformação dos engenhos em grandes fábricas de açúcar.

> A compressão do patriarcado rural por um conjunto poderoso de circunstâncias desfavoráveis à conservação do seu caráter latifundiário e, sociologicamente, feudal, fez que ele, contido ou comprimido no espaço físico como no social, se despedaçasse aos poucos; que o sistema casa-grande/senzala se partisse quase pelo meio, os elementos soltos espalhando-se um pouco por toda parte e completando-se mal nos seus antagonismos de cultura européia e de cultura africana ou cultura indígena. Antagonismos outrora mantidos em equilíbrio à sombra dos engenhos ou das fazendas e estâncias latifundiárias[34].

O golpe final, que define a decadência do patriarcalismo, foi a abolição da escravatura e sua conseqüência, a proclamação da República.

O 15 de novembro no Brasil não foi senão o periquito sociológico em relação com o papagaio: o 13 de maio. As alterações de natureza sociológica que trouxe foram mínimas, em comparação com as já causadas pelo 13 de maio: este é que verdadeiramente comeu o milho da tradição social ou da organização econômica brasileira, provocando distúrbios sociais e sobretudo econômicos atribuídos por observadores levianos à neste particular quase inocente República[35].

O enfraquecimento do patriarcalismo, para Gilberto Freyre, deu-se lentamente. Nesse processo, perdeu espaço o *poder privado* familista e alargou-se e consolidou-se o *poder público*. A família transformou-se e surgiu o Estado. *A alteração da casa é testemunha e símbolo desse processo*. Por isso o autor ressalta a importância da reconstrução da história do complexo residencial patriarcal, pois no Brasil o poder que

> se exprimiu em tipos de residência harmonizados com a terra e com o meio como a casa-grande, o sobrado ou o próprio mucambo, não foi apenas um sistema de economia ou de família ou de cultura: foi também o homem brasileiro, isto é, o homem de várias origens que aqui precisou de vencer a hostilidade do trópico àquelas formas já altas de civilização cristã e de civilização muçulmana trazidas para a colônia americana de Portugal, não só por europeus como, em muito menor escala, por africanos[36].

A transformação é marcada pela ambigüidade, pois o novo opõe-se ao velho, mas absorve alguns de seus valores, perdendo, porém, algumas de suas virtudes: "uma sociedade que se coletiviza, por um lado, e por outro se individualiza, em oposição ao privatismo da economia ou da organização patriarcal, a um tempo personalista e solidarista, dada a absorção do indivíduo pela família e a subordinação do Estado à pessoa nobre"[37].

A transição se faz lentamente, sem rupturas, primeiramente passando o poder do patriarca rural ao patriarca urbano, da lavoura para o comércio;

> embora nem sempre seja fácil estabelecer a distinção entre tais senhores. Pois os antigos senhores de casas-grandes de fazendas ou enge-

nhos quase sempre tinham sobrados nas cidades mais próximas onde passavam com as famílias os meses de chuva. E os senhores de sobrados, enriquecidos no comércio ou na mineração, quase sempre adquiriam, logo que sua fortuna o permitia (...) fazendas, sítios ou engenhos. (...) Confundia-se assim, nas exterioridades, o patriarca da cidade com o do campo. (...) A transferência de poder de um a outro se fez, muitas vezes, pelo casamento e, por conseguinte, tão suavemente que, à distância de um século ou dois, quase não se distinguem diferenças de forma, de estilo de vida ou de função patriarcal entre tais patriarcas, diversos apenas na substância[38].

Nesse processo foi a Igreja, antes mesmo que o Estado, que assumiu parte das funções até então exercidas pelos senhores rurais, principalmente encarregando-se da assistência social e da saúde. O padre Ibiapina com suas obras sociais

> parece ter compreendido como ninguém a necessidade da Igreja, em nosso país, substituir moralmente por formas maternais de organização social e de formação de personalidade, o patriarcado das casas-grandes, por tanto tempo centro absorvente da sociedade brasileira. Substituí-lo moralmente levantando casas de caridade que fossem a continuação das casas-grandes. (...) Tudo isso doce e pacificamente. Sem os conflitos em que se deixaram envolver bispos ilustres porém ásperos como Dom Vital e Dom Antônio de Macedo Costa, para quem, na paisagem social brasileira, eram as catedrais que deviam aumentar de proporções de modo a sobrepujarem em majestade tanto as casas-grandes como os sobrados[39].

Ao tentar compreender o fenômeno da transformação/decadência do patriarcado, Gilberto Freyre quer mostrar o fenômeno como multifacetário, atingindo várias facetas: a econômica, a social, a política e a cultural.

> Simples fenômeno econômico, dirá um materialista histórico, intransigente ou sectário, em suas maneiras de considerar tais transferências de poder. Quando a verdade é que esta se verificou sob influências complexas e várias e não apenas sob a ação, na verdade considerável, do puro ou simples motivo econômico[40].

Mas, mesmo sem que seja essa sua intenção, Gilberto Freyre, principalmente em *Sobrados e mucambos*, cujo objeto é a análise da transição, descreve o *processo de avanço do capitalismo*, a conseqüente liberalização e o predomínio do público sobre o privado que o acompanha. Mais ainda, descreve a desigualdade do processo, mostrando como se realiza diferentemente nas diversas regiões do país[41].

Ao comentar a conferência de Joaquim Nabuco, proferida em 1884, aponta para a transferência dos resultados obtidos na produção agrícola para o setor bancário já no início do século XIX. Sob a direção de Dom João VI, acentua-se "a gravitação de riqueza e de energia para as capitais, particularmente para a Corte. Para as capitais e para os capitalistas, pode-se dizer, sem receio de prejudicar a verdade com o trocadilho fácil"[42].

O financiamento fácil à lavoura, por parte da Coroa, "interessada nos lucros dos grandes proprietários e necessitando deles e de seus cabras e índios de arco e flecha, para a segurança da colônia contra as tentativas de invasão de estrangeiros", acaba com o desenvolvimento das minas, atraindo agiotas que se dedicaram ao mesmo tempo à importação de escravos para as plantações e à exploração do ouro.

Segundo Gilberto, nos séculos XVIII e XIX, cresce a força do intermediário, processo já iniciado no XVII. "Sua figura acabou enobrecida na do correspondente, na do comissário do açúcar ou de café, na do banqueiro"[43]. Dependente de financiamentos, o senhor de engenho tornou-se permanentemente endividado, o que o levou, a ele próprio ou a seus filhos e parentes, a funcionarem como intermediários, principalmente na comercialização de víveres para o abastecimento das cidades. Contra essa estratégia adotaram-se algumas medidas nas Câmaras "que defenderam os povos das capitanias, particularmente a gente mais pobre das cidades, contra a exploração de intermediários, de atravessadores e exploradores do comércio de carne e de farinha. Intermediários, muitas vezes, a serviço de grandes senhores de terras e escravos"[44].

Primeiro, a descoberta das minas e, depois, o desenvolvimento da agricultura cafeeira, precipitaram a decadência do setor açucareiro. A isso se somou o aumento da utilização das máquinas, que colocou em cena um novo personagem social, o trabalhador livre, principalmente o técnico estrangeiro, posteriormente o maquinista mestiço.

A máquina vinha diminuir a importância tanto do escravo como do senhor. Tanto do proprietário branco como do servo preto. Vinha valorizar principalmente o mestiço, o mulato, o meio-sangue; e também o branco pobre, sem outra riqueza ou nobreza que a da sua técnica necessária ou essencial aos proprietários de terras ou de fábricas e à comunidade. A máquina vinha concorrer para fazer de uma meia-raça uma classe média[45].

A revolução técnica permitia cada vez mais a importação – barcos a vapor, trilhos, locomotivas, vagões, canos, aparelhos sanitários. Tornou-se arcaico o antigo estilo de vida. O esgoto, a água encanada, a eletricidade, substituíram o chafariz, o negro carregador de água ou tochas. "Toda uma revolução técnica que assumiria aspectos de renovação não só da economia como da organização social e da cultura brasileira"[46]. Máquinas e colonos são inseparáveis. A escravidão estava condenada a desaparecer.

A "pá de cal", no enterro do sistema escravocrata, foi a mudança nas relações entre senhores/escravos. Estas se transformaram de relações *pessoais* a *impessoais*, graças à extensão dos empreendimentos agro-industriais, a substituição do engenho pela usina. Tal alteração levou à insatisfação os trabalhadores e à insubordinação.

> À despersonalização das relações entre senhores e escravos é que principalmente se deve atribuir a insatisfação da maioria de africanos e descendentes de africanos, no Brasil, com o seu estado de escravos ou de servos. E essa despersonalização, tendo se verificado desde que aqui se expandiram os primeiros engenhos em grandes fábricas, com centenas e não apenas dezenas de operários-escravos a seu serviço, acentuou-se com a exploração das minas e, já no século XIX, com as freqüentes vendas de escravos, da Bahia e do Nordeste para o Sul, ou para o extremo Norte; para cafezais e plantações de caucho, exploradas às vezes por senhores ausentes ou por homens ávidos de fortuna rápida; e nem sempre por senhores do antigo feitio patriarcal. Já habituados, como pessoas e até crias de casa-grande, ao sistema de convivência patriarcal dos engenhos de açúcar, os negros assim vendidos a estranhos que não sabiam tratá-los senão como animais ou máquinas,

foram se sentindo diminuídos à condição de bichos ou de coisas imundas, pelas vendas humilhantes; e no meio do novo é natural que, como outros adventícios (...) se comportassem como indivíduos desenraizados do meio nativo; e como todos os desenraizados, mais fáceis de resvalar no crime, no roubo, na revolta, na insubordinação, do que os indivíduos conservados no próprio ambiente onde nasceram e se criaram[47].

Assim, para o autor, a decadência do patriarcado trouxe consigo um aumento das tensões sociais e, mais, o crescimento dos conflitos. Por isso, Gilberto Freyre descreve transformações de caráter social e cultural que acompanharam a decadência do patriarcalismo. O senhor de engenho desenvolvia uma agricultura predatória, enfraquecendo suas terras, de um lado por não dispor de fundos senão para empregar na escravaria, mas de outro, por adotar técnicas como a coivara, o fogo, o machado, herdadas dos indígenas.

> Nada de adubo nem de gasto ou cuidado com a terra: esta, tornando-se maninha, era abandonada quase sem saudade, principalmente nas regiões de casas-grandes menos estáveis. (...) Em toda parte, o processo de agricultura destruidora da natureza dominou com maior ou menor intensidade no Brasil patriarcal[48].

Este teria sido um dos vícios da monocultura praticada em terra abundante, ambiente propício para o isolamento do senhor de engenho que se afastava das idéias novas, das novas técnicas e das mudanças sociais[49]. Levou a que a família se fechasse tanto dentro de si que se quebrou até mesmo a relação entre o homem e a natureza. Por esse motivo, as idéias liberais, tentando restabelecê-la de outro modo, acabaram por exercer um grande fascínio sobre os filhos dos senhores.

> A monocultura, devastando a paisagem física, em torno das casas, o ensino do colégio de padre jesuíta, devastando a paisagem intelectual em torno dos homens, (...) quebrara no brasileiro, principalmente no da classe educada, não só as relações líricas entre o homem e a natureza (...) como a curiosidade de saber, a ânsia e o gosto de conhecer, a alegria das aventuras de inteligência, de sensibilidade e de exploração científica da natureza[50].

Segundo Gilberto Freyre, esse gosto pelo conhecimento, resultado da ação de mestres franceses e ingleses, através dos quais os jovens teriam tido contato com os Enciclopedistas, levou-os a uma posição intelectual ambígua. De um lado, ampliando seus conhecimentos; de outro, sugerindo o transplante de idéias inadequadas à realidade do país.

Por essa via o patriarcalismo urbanizou-se, alargando suas fronteiras, suavizando seus contornos. Assim, dentro da família patriarcal coexistiram dois perfis: o *tradicional* – ligado ao engenho – e o *moderno* – ligado à cidade. Suavizou-se o autoritarismo do patriarca, tomando novas formas. O autor aponta o período da urbanização como um

> período de equilíbrio entre as duas tendências – a coletivista e a individualista – nele se acentuando alguns dos traços mais simpáticos da fisionomia moral do brasileiro. O talento político de contemporização. O jurídico, de harmonização. A capacidade de imitar o estrangeiro e de assimilar-lhe os traços de cultura mais finos e não apenas os superficiais. De modo geral, o brasileiro típico perdeu asperezas paulistas e pernambucanas para abaianar-se em político, em homem de cidade e até em cortesão[51].

A perda de asperezas aparece numa nova delicadeza de maneiras: "a mulher de sobrado foi, no Brasil, criatura mais frágil que a de casa-grande. Acentuou-se nos sobrados a delicadeza feminina do seu corpo como acentuou-se a delicadeza do corpo do fidalgo, homem ou mulher, com o maior conforto urbano para a gente rica ou pobre"[52].

Os casamentos não-endogâmicos alargaram o círculo familiar e lhe trouxeram novos valores[53], casamentos que se tornam possíveis também pelo decreto da maioridade de 1831, pela ascensão do "mulato que vinha aos poucos desabrochando em bacharel, em padre, em doutor, o diploma acadêmico ou o título de capital de milícias servindo-lhe de carta de branquidade"[54].

A ampliação das relações sociais permitiu o contato com o estrangeiro, acentuado pela vinda da família real no início do século XIX. Mas os valores importados não eram os mesmos do período de formação. Tratava-se já de um Portugal que sofrera as transformações ocorridas na Europa.

A colônia portuguesa da América adquirira qualidades e condições de vida tão exóticas – do ponto de vista europeu – que o século XIX, renovando o contato do Brasil com a Europa – que agora já era outra: industrial, comercial, mecânica, a burguesia triunfante – teve para o nosso País o caráter de uma reeuropeização. Em certo sentido, o de uma reconquista[55].

O choque das duas culturas – a brasileira, plena de valores orientais e a recentemente transplantada, marcadamente Ocidental – feriu de morte o sistema patriarcal, sendo que a luta se dá no seio da própria família. Os filhos dos engenhos, educados na Europa, na Corte, em São Paulo, tornam-se "desertores de uma aristocracia cujo gênero de vida, cujo estilo de política, cuja moral, cujo sentido de justiça já não se conciliavam com seus gostos e estilos de bacharéis, médicos e doutores europeizados"[56].

Isso afetou a própria base do sistema, fundado na posse/propriedade da terra, pois

> os inferiores em inteligência, ou os sem saúde para emigrar ou seguir a vida militar, é que foram, em numerosos casos, sucedendo os avós na administração dos domínios rurais; e estes reduzindo-se em importância e extensão; dividindo-se entre herdeiros inconstantes, indiferentes à agricultura e fixados nas cidades[57].

Grandemente responsáveis pela decadência do patriarcado foram os fatores *políticos*. O problema "dos abusos da grande propriedade" levaram a que o governo do Segundo Império interviesse "a favor dos homens de trabalho e da redução do poder feudal dos grandes proprietários não só de escravos como de terras igualmente cativas"[58]. A Igreja, através dos colégios de padres, também funcionou nessa direção, denunciando a preponderância dos interesses particulares sobre os interesses gerais da sociedade. Tal influência no sentido da integração dos jovens, que desse modo podiam fugir ao poderio do patriarca, acentua-se no governo de Pedro II.

> Sua ascensão social e política não se fez sem a hostilidade, ou, pelo menos, a resistência dos mais velhos. Eles foram impostos aos mais velhos pela vontade do imperador que viu talvez nos homens de sua

geração e de sua cultura literária e jurídica, os aliados naturais de sua política de urbanização e de centralização, de ordem e de paz, de tolerância e de justiça. Política contrária aos excessos de turbulência individual e de família: às autonomias baseadas, às vezes, em verdadeiros fanatismos em torno de senhores velhos[59].

Na medida em que a formação tornou-os diferenciados, propiciou-lhes um espaço que se abriu em oposição ao poder do patriarca.

O absolutismo do *pater familias* na vida brasileira – *pater familias* que na sua maior pureza de traços foi o senhor de casa-grande de engenho ou de fazenda – foi se dissolvendo à medida que outras figuras de homem criaram prestígio na sociedade escravocrata: o médico, por exemplo; o mestre-régio; o diretor de colégio; o presidente de província; o chefe de política; o juiz; o correspondente comercial. À medida que outras instituições cresceram em torno da casa-grande, diminuindo-a, desprestigiando-a, opondo-lhe contrapesos à influência: a Igreja pela voz mais independente dos bispos, o governo, o banco, o colégio, a fábrica, a oficina, a loja. Com a ascendência dessas figuras e dessas instituições, a figura da mulher foi, por sua vez, libertando-se da excessiva autoridade patriarcal, e, com o filho e o escravo, elevando-se jurídica e moralmente[60].

Gilberto lembra que o fim do século XIX foi marcado pelo rompimento da Igreja com o patriarcalismo, representado por uma Circular do Internúncio condenando a subordinação do padre-capelão ao patriarca.

O simples fato de sua publicação é característico do declínio do sistema patriarcal, com o qual tanto contemporizara a Igreja[61]. Mais ainda, os aldeamentos de caboclos em torno de uma igreja católica, característicos do final do século XVIII e início do XIX, guardando sobrevivências do excessivo paternalismo dos jesuítas – quase sempre os fundadores ou organizadores de tais aldeias – afastavam-se das normas ortodoxas do patriarcado das casas-grandes e dos sobrados e concorriam para o desprestígio do sistema patriarcal[62].

A ascensão do bacharel – filho legítimo ou não do senhor de engenho, ou filhos e netos de "mascates" – que se faz rapidamente nos meios políticos, levou a um "romantismo jurídico" que veio substituir no Brasil o "bom senso dos velhos", pelo "senso jurídico dos moços"[63]. Segundo Gilberto, embora tal visão esteja marcada por um "liberalismo falso"[64], enfraquece grandemente o poder do patriarca.

O Patriarcalismo e a Unidade Nacional

Para Gilberto Freyre, uma sociedade que tem por base a família patriarcal ou tutelar difere, fundamentalmente, de uma organizada sobre bases feudais. Nesse sentido, para ele seria um equívoco admitir-se a existência de um feudalismo brasileiro, porque uma sociedade feudal é caracterizada pela fixidez da estrutura social, enquanto é exatamente o patriarcalismo que permite, no Brasil, a mobilidade social, a adaptação racial e cultural e que confere um caráter conciliador aos conflitos sociais, isto é, possibilita à sociedade brasileira transformar-se sem rupturas. Se o patriarcalismo, como forma social, tem certa rigidez, permite de outro lado flutuações de conteúdo e substância[65]. Isto porque, paralelamente a uma estrutura hierárquica inquebrantável na sua aparência, ocorre um

> amalgamento de raças e culturas, principal dissolvente de quanto houve de rígido nos limites impostos pelo sistema mais ou menos feudal de relações entre os homens às situações não tanto de raça como de classe, de grupos e indivíduos. Os dois processos sempre se interpenetravam entre nós. Raramente entraram em choque ou conflito violento, embora tais conflitos tenham se verificado. Desde os primeiros dias de colonização portuguesa da América, a tendência foi para os dois processos operarem, interpenetrando-se. Até que o que havia de mais renitentemente aristocrático na organização patriarcal de família, de economia e de cultura foi atingido pelo que sempre houve de contagiosamente democrático ou democratizante e até anarquizante, no amalgamento de raças e culturas e, até certo ponto, de tipos regionais, dando-se uma espécie de despedaçamento das formas mais duras, ou menos plásticas, por excesso de trepidação de conteúdos[66].

A família patriarcal, neste sentido, é vista como o espaço/tempo do exercício político e social onde se dá o amálgama das culturas. Se este papel é privilegiado na consolidação do patriarcalismo, que desse modo informa a sociedade brasileira, é também o caminho para seu declínio.

A possibilidade da transição, segundo Gilberto Freyre, reside no fato de aparecerem, como forças sociais, indivíduos híbridos, isto é, por sua situação social, racial e cultural, nem *senhores* nem *escravos*. É exatamente na esfera cultural que encontra a explicação para as transformações políticas. Tais personagens, começando a introduzir dados novos à organização da sociedade, possibilitam uma revolução em termos de poder. É o que confere o caráter singular à formação social brasileira. Apareceram novas

> formas por alguns chamadas particularistas ou individualistas de organização da família, de economia, de cultura. Apareceram mais nitidamente os *súditos* e depois os *cidadãos*, outrora quase ausentes, entre nós, tal a lealdade de cada um a seu pai natural ou social, que era o patriarca, o tutor, o padrinho, o chefe de família[67].

Reconhecido ou não pelo pai, embora em situação social ambígua, foi o mulato o fator de intermediação, peça fundamental ao processo de democratização no Brasil. A formação social brasileira deveu às obrigações de paternidade assumidas

> da parte de alguns patriarcas, considerável influência na interpenetração das condições de *raça* e *classe* que desde os começos da colonização do Brasil vêm se verificando no nosso país e resultando em constantes transferências de indivíduos de cor, da classe a que pareciam condenados pela condição da raça materna e, até certo ponto, deles – a condição de dominados – menos para a condição de dominadores que para a de marginais ou intermediários entre dominadores e dominados[68].

Tais indivíduos desempenharão papel fundamental nos movimentos sociais do século XIX, uma era de revoluções no Brasil[69]. Reconstituindo a ação dos mesmos, Gilberto procurará reconstruir a correlação existente entre o crescimento dos conflitos sociais e a decadência do patriarcado. A este processo de decadência correspondeu o fortalecimento do Estado, gestado na Europa e transplantando para cá suas instituições. As formas políticas impostas através de legislação que reprimia manifestações populares, serviam ao "interesse só de um grupo, ou apenas de uma classe, de uma raça ou de uma cultura de minoria e de região – raramente no interesse do público ou do grosso da maioria da população nacional"[70]. Essa opressão, caracterizada pelo não respeito às especificidades culturais, explica o porquê desses grupos se conservarem no estado

> de crispação, no de ressentimento e no de insurreição, grupos aos quais se proibiam de modo tão simplistamente policial expansões de fervor religioso e de ardor recreativo à maneira de suas velhas tradições e de velhos costumes de sua cultura materna. (...) Como esperar que a primeira metade do século XIX fosse, entre nós – nas nossas áreas social ou culturalmente decisivas – um período diverso do que foi? Foi um período de tão freqüentes conflitos sociais e de cultura entre grupos da população – conflitos complexos com aparência de simplesmente políticos – que todo ele se distingue pela trepidação e pela inquietação[71].

O que Gilberto Freyre encaminha como tese é que o patriarca teve uma sabedoria que o Estado impessoal não pudera ter. A conciliação só se torna possível na medida em que entra em jogo a compreensão daquelas relações tradicionais e singulares que marcam nossa formação. O setor capacitado a essa compreensão é aquele "treinado" nas relações patriarcais. "Nos séculos anteriores, houvera, talvez, maior sabedoria, mais agudo senso de contemporização da parte das autoridades civis (quando não também das eclesiásticas) e dos grandes senhores patriarcas, com relação à cultura e a populações consideradas por eles inferiores"[72]. Gilberto transfere a explicação dos conflitos à esfera cultural e social.

Discutir a sociedade patriarcal é, segundo Gilberto, refletir sobre as formas que ela assume nas diferentes regiões e nos diferentes tempos. Essas formas diversas permitem que a sociedade patriarcal adquira, de modo diferenciado em cada espaço nacional em que se realize, a qualidade de democratizadora das relações sociais e assuma o caráter de equilíbrio que a caracteriza.

A sociedade patriarcal no Brasil (...) em vez de um começo só, teve vários em espaços e datas diversas. Em vez de desenvolver-se linear e uniformemente, no tempo ou no espaço, desenvolveu-se em ambos desigual e até contraditoriamente, amadurecendo numas áreas mais cedo do que noutras, declinando no Norte, ou no Nordeste (...) quando apenas se arredondava, por iguais motivos, em formas adultas no Brasil meridional; e de tal modo variando de substância do extremo Norte ao extremo Sul do país, a ponto de estudiosos que, em Sociologia, se orientam mais pelo conteúdo do que pela forma dos acontecimentos ou dos fatos perderem, diante dessa diversidade antes etnográfica, geográfica ou econômica que sociológica (...) o sentido da unicidade sociológica de forma e de processo[73].

Assim, mostra que são vários os elementos que se articulam e que marcam o tempo: existe um *tempo* econômico, um *tempo* político e um *tempo* civil. Embora temporal e espacialmente a sociedade patriarcal se comporte de forma diversificada, resultado da diversidade dos elementos geográficos e econômicos, existe uma *unicidade* que é dada pela sociabilidade orquestrada pela família. É através da família tutelar ou patriarcal que os diferentes elementos sociais encontram sua articulação e explicação: a terra, a produção, o trabalho, a locomoção, as formas de vida. É por isso que a família para Gilberto deve ser compreendida como um complexo e o patriarcalismo como um sistema, sistema que elucida a formação brasileira.

> Desse complexo a amplitude pode ser apenas sugerida, nunca perfeitamente definida, com os qualificativos de que vimos nos utilizando desde a publicação do nosso primeiro estudo sobre o sistema patriarcal brasileiro: *patriarcal, monocultor, latifundiário, escravcrático* e, sociologicamente, *feudal*, embora já misto, semifeudal, semicapitalista, em sua economia. Interpenetração desses vários caraterísticos até formarem um conjunto predominantemente patriarcal (...) acreditamos ter sido o primeiro a esboçar, numa tentativa menos de descrever que de interpretar (...) a formação brasileira[74].

É a unidade da formação social que garante a unidade política.

A nossa verdadeira formação social se processa de 1532 em diante, tendo a família rural ou semi-rural por unidade (...). Vivo e absorvente órgão da formação social brasileira, a família colonial reuniu, sobre a base econômica da riqueza agrícola e do trabalho escravo, uma variedade de funções sociais e econômicas. Inclusive (...) a do mando político: o oligarquismo ou nepotismo, que aqui madrugou, chocando-se ainda em meados do século XVI com o clericalismo dos padres da Companhia. (...) Pela presença de um tão forte elemento ponderador como a família rural ou, antes, latifundiária, é que a colonização portuguesa do Brasil tomou desde cedo rumo e aspectos sociais tão diversos da teocrática, idealizada pelos jesuítas[75].

A família patriarcal, simbolizada pela casa-grande e pelo sobrado, é o espaço onde ocorre a confluência das diferentes tendências socioculturais brasileiras, onde as mesmas anulam-se e finalmente conciliam-se. Isso explica o critério utilizado para a reconstrução histórica,

> critério sob que procuramos há anos desenvolver nossa tentativa de reconstituição e de interpretação da sociedade patriarcal ou da família tutelar brasileira: o de estudá-la dentro dos seus principais contrastes de tipos e estilos de habitação, principais reflexos de tipos e estilos diversos de vida e de cultura tanto quanto expressões e, ao mesmo tempo, condições, da convivência, da interpenetração e até da sintetização que se processaram, entre nós sob o sistema ou a organização patriarcal, embora com sacrifício da sua pureza e, afinal, de sua integridade. Pois dentro desse sistema muita comunicação houve entre casas-grandes e senzalas, entre sobrados e mucambos e não apenas separação ou diferenciação. Síntese e não apenas antítese. Complementação afetiva e não apenas diversificação economicamente antagônica[76].

Em outros termos, para Gilberto, é o patriarcalismo que confere unidade nacional ao país. A forma pela qual se conseguiu a convivência pacífica das culturas foi a existência e a permanência do patriarcado. Este seria a garantia da interpenetração de valores sociais de caráter diversificado; a síntese não conflituosa que impediu rupturas.

> Com ou sem favor do Estado ou da Igreja – com os quais entrou mais de um vez em conflito – esse sistema foi a mais constante e a mais

generalizada predominância de poder ou de influência – influência econômica, política, moral, social – em nossa formação. (...) Diferenças de intensidade, mas não de qualidade de influência: a da pessoa, a da família, a da casa maior, mais nobre ou mais rica, sobre as demais. Diferenças de conteúdo mas não de forma de domínio social: sempre o domínio da família, da economia, da organização patriarcal que raramente teve outro tipo de família, de economia ou de organização que lhe disputasse a predominância sobre a formação brasileira. Houve Palmares, é certo: mais foi vencido. Vencidas pelo sistema patriarcal brasileiro, ou pelo familismo turbulento dos paulistas e dos maranhenses e paraenses, foram as reduções jesuítas, o sistema jesuítico de organização ou economia paternalista-coletivista. Um Palmares teocrático. Um Quilombo teologicamente organizado. Vencidas foram outras erupções de caráter, se não coletivista, antipatriarcalista: a Balaiada, no Maranhão, a Revolta Praieira, em Pernambuco[77].

Todavia, Gilberto Freyre lembra que o "unionismo" se deve não apenas à forma impressa à organização social, mas à comunicação que entre si celebravam os membros da classe dominante no Brasil. Esta aproximação deve-se em grande parte ao sistema de educação que receberam os *filius-familiae* e que os transformou em senhores de engenho-bacharéis[78].

Assim, para o autor, tanto na conservação quanto na renovação os setores dominantes estiveram em permanente trânsito de idéias e costumes e é por isso que a família tutelar *foi* e *é* uma força social permanente no Brasil.

> Em torno dela é que os principais acontecimentos brasileiros giram durante quatro séculos; e não em torno de reis ou de bispos, de chefes de Estados ou de chefes de Igreja. Tudo indica que a família entre nós não deixará de ser a influência, se não criadora, conservadora e disseminadora de valores, que foi na sua fase patriarcal. O personalismo brasileiro vem de sua formação patriarcal ao mesmo tempo que cristã – um cristianismo colorido pelo islamismo e por outras formas africanas de religiosidade inseparáveis da situação familial da pessoa; e dificilmente desaparecerá de qualquer de nós[79].

Tal posição expressa na década de 1930 assume função política de grande importância, o que abordarei mais adiante.

Segundo Gilberto Freyre, é porque os tempos de consolidação e decadência se cruzam, que o método histórico convencional torna-se insuficiente para dar conta da análise da família patriarcal no Brasil bem como o convencionalmente sociológico. É preciso "estudá-la nas suas intimidades mais sutis e esquivas", pois "algumas delas só se abrem ao conhecimento ou a estudo psicológico; várias só ao conhecimento poético, vizinho do cientificamente psicológico"[80]. Tal procedimento possibilita o rompimento dos limites do espaço e do tempo. E isso torna "possível a um só indivíduo tentar compreender, e não apenas conhecer, o que foi no Brasil a família patriarcal considerada em seus traços principais e em alguns dos seus pormenores mais significativos[81].

Notas ao Capítulo IV

1. Gilberto FREYRE prefere, como Zimmermann, a expressão "tutelar" a "patriarcal", pois aquela indicaria que o poder reside na família e não no seu chefe, o patriarca-indivíduo.
2. Gilberto FREYRE. *Sobrados e mucambos. Op. cit.*, p. 353.
3. Tal discussão é feita de forma mais abrangente em *Casa-grande & senzala, Nordeste* e *Interpretação do Brasil*.
4. Esse debate é privilegiado em *Sobrados e mucambos, Nordeste* e *Ordem e progresso*.
5. Gilberto FREYRE. *Casa-grande & senzala. Op. cit.*, p. 4.
6. *Ibid.*, cap. I, pp. 4-87.
7. *Id., Interpretação do Brasil.* Rio de Janeiro: José Olympio, 1947, cap. II, pp. 91 *et seg.*
8. *Ibid.*, pp. 94-95.
9. *Id., Casa-grande & senzala. Op. cit.*, p. 5.
10. *Ibid.*, p. 12.
11. *Ibid.*, p. 13.
12. *Ibid.*, pp. 18-19.
13. *Ibid.*, p. 244.
14. *Ibid.*, p. 245.
15. *Ibid.*
16. *Id., Sobrados e mucambos. Op. cit.*, p. 13.
17. *Ibid.*, p. 33.
18. *Ibid.*, p. 126.
19. *Ibid.*, p. 78.
20. *Ibid.*, p. 76.
21. *Ibid.*, p. 52.
22. *Ibid.*, p. 53.
23. *Ibid.*, p. 167.
24. *Ibid.*, p. 277.
25. *Ibid.*, p. 281.
26. *Ibid.*, p. 6.
27. *Ibid.*
28. *Ibid.*, p. 4.

29 *Ibid.*, pp. 6-7.
30 *Ibid.*, p. 8.
31 *Ibid.*, pp. 3-4.
32 *Ibid.*, p. 82.
33 *Ibid.*, p. 549.
34 *Ibid.*, p. 153.
35 Id., *Ordem e progresso*. Rio de Janeiro: José Olympio, 1959. p. 298.
36 Id., *Sobrados e mucambos. Op. cit.*, p. LXXIII.
37 *Ibid.*, p. LXXII.
38 *Ibid.*, p. CIV e CV.
39 *Ibid.*, p. XCVI.
40 *Ibid.*, p. CVI.
41 *Ibid.*, p. CII.
42 *Ibid.*, p. 15.
43 *Ibid.*, p. 14.
44 *Ibid.*, p. 171.
45 *Ibid.*, p. 534.
46 *Ibid.*, p. 541.
47 *Ibid.*, p. 525.
48 *Ibid.*, p. 21.
49 *Ibid.*, p. 46.
50 *Ibid.*, p. 316.
51 *Ibid.*, p. 22.
52 *Ibid.*, p. 104.
53 *Ibid.*, p. 134.
54 *Ibid.*, p. 308.
55 *Ibid.*, pp. 309-310.
56 *Ibid.*, p. 18.
57 *Ibid.*, pp. 18-19.
58 *Ibid.*, p. 55.
59 *Ibid.*, p. 82.
60 *Ibid.*, p. 122.
61 *Ibid.*, p. 124.
62 *Ibid.*, p. 357.
63 *Ibid.*, p. 574.
64 *Ibid.*, p. 316.
65 Conferir a discussão sobre forma e conteúdo na "Introdução à 2ª edição" de *Sobrados e mucambos*.

66 *Ibid.*, pp. 354-355.
67 *Ibid.*, p. 355.
68 *Ibid.*, p. 356.
69 *Id., Nordeste*. Rio de Janeiro: José Olympio, 1937, p. 140 *et seg.*
70 *Id., Sobrados e mucambos. Op. cit.*, p. 388.
71 *Ibid.*, pp. 389-390.
72 *Ibid.*, p. 390.
73 *Ibid.*, p. LVIII – Esta passagem explicita o tom das respostas dadas às críticas que foram endereçadas às teses desenvolvidas por Gilberto, principalmente àquelas expressas na primeira edição de *Sobrados e mucambos*.
74 *Ibid.*, p. LIX.
75 *Id., Casa-grande & senzala*. 21. ed. Rio de Janeiro: José Olympio, 1981. pp. 22-23.
76 *Id., Sobrados e mucambos. Op. cit.*, p. LXIX.
77 *Ibid.*, p. LXXIV.
78 *Ibid.*, p. LXXXVII.
79 *Ibid.*, p. XL. O grifo é meu.
80 *Ibid.*, p. LXII.
81 *Ibid.*, p. LXIII.

Capítulo V

ETNIAS E CULTURAS

Em Gilberto Freyre a articulação das etnias e culturas constitui um dos elementos formadores da sociedade brasileira. Como vimos, seu trabalho expressa um debate com autores do campo da *história social brasileira*, principalmente no que diz respeito à raça. Negando as teses racistas, mostra que a fusão das raças confere à sociedade características específicas, mas em nada inferiores àquelas dos agrupamentos sociais formados unicamente pela raça branca. Afirma que nas sociedades marcadas por dois traços antagônicos – "dois climas, dois tipos de solo e de vegetação, duas raças, duas culturas, duas concepções de vida, dois complexos ecológicos"[1] – a busca de equilíbrio entre os dois pólos não se faz sem conflito sempre vencendo, porém, a fusão, a acomodação e a assimilação. Essa dualidade permite a tais povos que

> sejam não somente mais dramáticos, porém psicologicamente mais ricos e culturalmente mais complexos do que os povos sem aquela duplicidade de alma que lhes desenvolve uma capacidade especial não apenas para suportar contradições mas para harmonizá-las[2].

Para Gilberto, o Brasil, marcado por essa configuração, tem tradicionalmente buscado a solução dos conflitos gerados por aquela oposição através da integração ou do equilíbrio de elementos antagônicos. Isso é possível porque constituímo-nos num encontro democrático de três raças com caracteres diferentes, mas harmonizados: o português, o indígena e o negro. Essa harmonia resultaria num caráter especial do povo brasileiro: é capaz de conciliar oposições.

> O segredo do sucesso do Brasil em construir uma civilização humana, predominantemente cristã e crescentemente moderna, na América tropical, vem da capacidade do brasileiro em transigir. Enquanto os ingleses, mais do que qualquer outro povo, possuem tal capacidade na esfera política – seu sistema político é magistral combinação de valores aparentemente antagônicos – os brasileiros vêm conseguindo ainda maiores triunfos, aplicando essa capacidade à esfera cultural e social, na maior amplitude. Daí sua relativa democracia étnica: a ampla, embora não perfeita, oportunidade dada no Brasil a todos os homens, independente de raça ou de cor, para se afirmarem brasileiros plenos[3].

Segundo o autor, o processo de acomodação no campo cultural ao mesmo tempo requer e é produto do amálgama no biológico e étnico. Tal processo teria sido realizado, no Brasil, pela miscigenação: primeiramente dos portugueses e espanhóis com os árabes e judeus; posteriormente destes mestiços com os índios e negros. Por esse motivo as tensões na sociedade brasileira não se explicitam em conflitos que emergem em movimentos sociais. Por isso a história é pacífica: dá-se sem rupturas. Essa é a grande temática de *Casa-grande & senzala*.

O Português

Grande parte da obra freyriana dedica-se a traçar o perfil psicológico do português[4]. Segundo o autor, compreendê-lo é capacitar-se à compreensão do Brasil, porque, como povo, somos a extensão da população ibérica[5]. O marco mais geral da análise é a caracterização do português como, de um lado, não tendo vivido em uma sociedade organizada em moldes tipicamente feudais; e, por outro, tendo avançado no caminho de um burguesismo precoce. Essa aparente contradição marcou-lhe a feição de povo apto a transformar-se no colonizador por excelência, dotado da plasticidade que o mundo moderno exigia.

Por que isso teria ocorrido? Em Portugal, a Igreja não assumiu apenas o papel de sustentáculo de uma sociedade dominada pela aristocracia proprietária de terras. Ela se constituiu no cerne da estrutura social. Apoiada no Direito Canônico estabeleceu-se uma nobreza episcopal com gestos de quem abençoa ou pacifica, mas na verdade de quem manda e domina. Domínio efetivo, através da autoridade conferida aos bispos de decidirem em causas civis[6]. A esse prestígio de ordem moral e jurídica, acrescentou-se o intelectual, o político e o militar. Esse conjunto de forças levou a Igreja a deter o domínio da terra. "Das guerras de reconquista se aproveitou largamente a Igreja da Península, através de suas ordens militares, para tornar-se proprietária de latifúndios enormes, não deixando exclusivamente aos cruzados a partilha das terras reavidas dos infiéis"[7]. Disso resultou uma nobreza fraca, pressionada pela Igreja e que precisou aliar-se aos setores burgueses como garantia de sobrevivência.

> Debilitados sob a pressão dos latifúndios eclesiásticos, não poucos aristocratas, dos de origem nórdica, foram buscar na classe média, impregnada de sangue mouro e hebreu, moça rica com quem casar. Daí resultou em Portugal uma nobreza quase tão mesclada de raça quanto a burguesia ou a plebe[8].

Essa aliança favoreceu "a precoce ascendência das classes marítimas e comerciais na economia e na política portuguesa"[9], caracterizando um burguesismo precoce, que levaria posteriormente a um antagonismo entre os interesses dos setores rural e comercial.

> Aguçado esse antagonismo econômico e de classe, acentuada a divergência entre os interesses rurais e os marítimos, a política dos reis, no desejo de libertar-se de tudo o que fosse pressão aristocrática sobre o poder real, inclinou-se para a burguesia mercantil e para o povo das cidades[10].

A oscilação do poder, entre um setor e outro da sociedade, é um traço que indica a não existência de hegemonia, a não ser momentânea, de uma camada social.

> O quase permanente estado de guerra em que viveu, por largos anos, Portugal, situado entre a África e a Europa, deu-lhe uma constituição social vulcânica que se reflete no quente e plástico do seu caráter nacional, das suas classes e instituições, nunca endurecidas nem definitivamente estratificadas. O estado de conquista e reconquista, de fluxo e refluxo, não deixou que se estabelecesse em Portugal nenhuma hegemonia, a não ser de momento[11].

Desse processo resultou uma sociedade estruturada em classes que não detém privilégios exclusivos, rígidos; portanto, uma sociedade caracterizada pela mobilidade social.

> Depois de cinco séculos não se haviam estratificado as classes sociais em Portugal em exclusivismos intransponíveis. (...) O que vem reforçar nossa convicção de ter sido a sociedade portuguesa móvel e flutuante como nenhuma outra, constituindo-se e desenvolvendo-se por uma intensa circulação tanto vertical como horizontal de elementos os mais diversos na procedência[12].

Mas, se Portugal não contou com um feudalismo típico, também não se desenvolveu em termos de uma sociedade tipicamente burguesa. O povo português, segundo Gilberto, é um povo que não se aburguesou, caracterizando-se como população intermediária entre a Europa e a África[13].

Para o autor, o nacionalismo de raízes agrárias e o cosmopolitismo resultado da atividade marítima, transformaram o português numa personalidade *sui generis* apta a desenvolver "uma capacidade especial não apenas para suportar contradições mas para harmonizá-las"[14]. Resultado do cruzamento entre diferentes grupos étnicos, contagiado por diferentes culturas, capaz de viver ao mesmo tempo em contato com o fausto oriental e os traços monásticos da sociedade portuguesa marcada por um catolicismo austero, tornouse o colonizador moderno mais apto à fixação nas novas terras.

Assim, o não burguesismo assumido pela sociedade se exprime

em caracteres psicossociais na figura do português. O povo é marcado por uma *rusticidade* constitutiva, produto da socialização resultante da passagem de uma sociedade não totalmente tradicional a uma sociedade não tipicamente moderna. É uma rusticidade que expressa uma recusa à Europa industrializada, marcada por uma falta de instrução adequada às novas formas de organização da sociedade. "A falta de instrução não quer necessariamente dizer ignorância: há, para compensá-la, um fundo de natural sabedoria, de imaginação e de humor que não deve ser desdenhado nunca"[15].

Trata-se, segundo Gilberto, de uma falta de instrução que se expressa pelo analfabetismo, que a rigor não representa um problema.

> Certos autores, dos que se ocupam superficialmente dos problemas de cultura, mostram especial tendência para exagerar a importância da alfabetização, como sinal de superioridade absoluta dos povos considerados civilizados sobre os rústicos. Na verdade, ler e escrever são meios de comunicação muito úteis para as civilizações industriais e para formas políticas de organização democrática[16].

A *rusticidade* expressaria uma forma de recusa do processo homogeneizador a que levam as transformações burguesas. Seria ela o patamar sobre o qual se torna possível "a tendência para tratarem os senhores os escravos domésticos mais como se fossem agregados ou pessoas da família do que escravos"[17]. É através dela que se legitimou a recriação da escravidão no bojo do desenvolvimento do capitalismo. O português rústico, "uma espécie de ridículo mas amável Falstaff"[18], caricatura que "exagera a sua ignorância em face do progresso urbano e técnico"[19] é o veículo pelo qual "os valores míticos ou populares dos índios e dos negros foram assimilados (...) e tornaram-se, afinal, fonte para uma nova cultura: a cultura brasileira"[20]. A rusticidade seria a explicação à forma de apego ao catolicismo – um cristianismo humano e lírico de influência maometana[21] – face ao avanço da secularização. Um apego à visão católica e conservadora face ao cosmopolitismo e burguesismo que são a marca de seus empreendimentos marítimos. A rusticidade foi o modo pelo qual se justificou a persistência de uma mentalidade anacrônica face ao avanço do humanismo naturalista que avançava sobre toda a

Europa. A rusticidade que faz do português um *semi-europeu*[22] seria a marca de seu *bom senso*[23]. Levou-o a ter uma visão *prática, não teórica* do mundo, visão que foi transferida aos seus esquemas civilizadores. Esse traço tornou precária sua ligação com a civilização ocidental, aproximando-o mais da oriental[24].

O sentido de ação antes que a reflexão, aliado a seu passado racial de "gente mista na sua antropologia e na sua cultura"[25], abriu ao português a possibilidade de miscigenação. Mais ainda, possibilitou que, no momento de decadência de seus empreendimentos marítimos, se voltasse, a partir de predisposições socioculturais, a uma sociedade de base agrária.

Esse conjunto de traços – a miscibilidade, a mobilidade e a aclimabilidade –, segundo Gilberto, fizeram do português o colonizador por excelência. A vitória da cultura lusitana sobre outras, no Brasil, deu-se sem rupturas e sem violenta imposição.

> Está dentro da tradição portuguesa no Brasil como no Oriente e na própria África a tendência de assimilar elementos estranhos. E assimilá-los sem violência, dada a oportunidade que sempre, ou quase sempre, lhes tem dado, de se exprimirem. De modo que a assimilação se faz docemente e por interpenetração. A assimilação ou a contemporização. Do ponto de vista do ajustamento social entre grupos de culturas diversas, nenhuma orientação pode ser mais sábia. Impor a um grupo (...) a cultura (inclusive a língua) do grupo dominante, com exclusão ou sacrifício da cultura (inclusive a língua) daquela maioria tecnicamente inferior ou dessa minoria às vezes técnica e até intelectualmente superior, de emigrantes, ou de filhos de emigrantes, é que é erro, e erro enorme[26].

Foi através da cordialidade e da simpatia, "a capacidade do homem de projetar-se pela imaginação na posição de outro homem e de experimentar sentimentos e estados de espírito alheios"[27], que o português alcançou, no Brasil, a unidade de sentimento e de cultura. De tal modo que a mestiçagem foi

> uma força de atuação social e psicológica mais larga e mais profunda que a escravidão. Não permitiu nunca que se endurecesse em antagonismos absolutos aquela separação dos homens em senhores e escra-

vos, imposta pelo sistema de produção. Nem que se desenvolvesse exageradamente uma mística de branquidade ou de fidalguia[28].

Dadas as características psicossociais e culturais, o português pôde romper a rigidez que a organização econômico-política supunha.

> Na formação brasileira, o humano e até certo ponto o cristão reagiram contra o rigidamente econômico, através do dissolvente formidável que foi a mestiçagem. (...) Em toda a parte onde dominou esse tipo de colonização, o preconceito de raça se apresenta insignificante, e a mestiçagem, uma força psicológica, social e, pode-se dizer, eticamente ativa e criadora[29].

Assim criou-se na América uma sociedade marcada pela mobilidade social, como o fora Portugal, que não assistira à rigidez de estrutura que marca o feudalismo, nem à estratificação de classes, característica do capitalismo. "Porque a mestiçagem é sobretudo isso: mobilidade social. 'Mobilidade social horizontal'; 'mobilidade social vertical'.(...) Mobilidade social dissolvente dos apegos absolutos aos lugares nativos, tão característicos das sociedades profundamente endogâmicas"[30].

Para Gilberto, é por isso que o português não transplantou a raça de "um continente a outro; seria preciso que se transplantasse com ela o meio físico"[31]. Embora guardando suas características, transformou-se. Tornou-se "luso-brasileiro: o fundador de uma nova ordem econômica e social"[32].

O INDÍGENA

Ao analisar o papel desempenhado pelo indígena na formação nacional, Gilberto Freyre encaminha a discussão com o intuito de demonstrar que as relações sociais no Brasil, desde o momento da formação, constituíram-se sem conflitos de caráter violento:

> Híbrida desde o início, a sociedade brasileira é de todas da América a que se constituiu mais harmoniosamente quanto às relações de raça: dentro de um ambiente de quase reciprocidade cultural que resultou

no máximo de aproveitamento dos valores e experiências dos povos atrasados pelo adiantado; no máximo de contemporização da cultura adventícia com a nativa, da do conquistador com a do conquistado. Organizou-se uma sociedade cristã na superestrutura, com a mulher indígena, recém-batizada, por esposa e mãe de família; e servindo-se em sua economia e vida doméstica de muitas das tradições, experiências e utensílios da gente autóctone[33].

A tese levantada é a de que as tensões resultantes dos choques entre as duas culturas – européia e indígena – ao se explicitarem em conflitos, encontraram o caminho da integração, do equilíbrio de elementos antagônicos – antagonismos em equilíbrio[34]. Gilberto aponta dois caminhos, através dos quais o processo se desenvolveu: de um lado, a degradação da raça atrasada, produto do desequilíbrio nas relações do homem com o meio físico; de outro, os elementos culturais que persistiram, via assimilação pela raça adiantada, da cultura dominada[35].

O povo que o português encontrou ao chegar no Brasil, não era "articulado em império ou sistema já vigoroso de cultura moral e material (...) mas, ao contrário, uma das populações mais rasteiras do continente"[36]. A cultura indígena "encontrada na América pelos portugueses (...) era inferior à maior parte das áreas de cultura africana (...), nômade, a da floresta, e não ainda a agrícola"[37]. O homem na sociedade indígena tinha por tarefa a caça, a pesca e a guerra. Tais funções impossibilitaram sua dedicação às lavouras, que passaram a ser trabalho feminino, em detrimento do desenvolvimento, pelas mulheres, dos afazeres domésticos. Assim, a parte feminina ficou diminuída

> na sua domesticidade pelo serviço de campo tanto quanto os homens nos hábitos de trabalho regular e contínuo pelo de vida nômade. Daí não terem as mulheres índias dado tão boas escravas domésticas quanto as africanas, que mais tarde as substituíram vantajosamente como cozinheiras e amas de menino do mesmo modo que os negros aos índios como trabalhadores de campo[38].

Os principais pontos que levaram à aproximação dos dois segmentos raciais brancos e índios, no início da colonização brasileira são a escassez de mulheres brancas e a necessidade de ocupação do território. Isso explica a transigência à miscigenação e a incorporação do homem indígena no processo de definição do espaço.

> Para a formidável tarefa de colonizar uma extensão como o Brasil, teve Portugal de valer-se no século XVI do resto de homens que lhe deixara a aventura da Índia. E não seria com esse sobejo de gente, quase toda miúda, em grande parte plebéia e, além do mais moçárabe, isto é, com a consciência de raça ainda mais fraca que nos portugueses fidalgos ou nos do Norte, que se estabeleceria na América um domínio português exclusivamente branco ou rigorosamente europeu. A transigência com o elemento nativo se impunha à política colonial portuguesa: as circunstâncias facilitaram-na. A luxúria dos indivíduos, soltos sem família, no meio da indiada nua, vinha servir a poderosas razões de Estado no sentido de rápido povoamento mestiço da nova terra[39].

Se essa necessidade levou a que as relações fossem amenas – o português assimilando ou tolerando os costumes dos índios –, o contato europeu funcionou como elemento dissolvente da cultura indígena.

> Sob a pressão moral e técnica da cultura adiantada, esparrama-se a do povo atrasado. Perde o indígena a capacidade de desenvolver-se autonomamente tanto quanto a de elevar-se de repente, por imitação natural ou forçada, aos padrões que lhe propõe o imperialismo colonizador. Mesmo que se salvem *formas* ou *acessórios* de cultura, perde-se o que Pitt-Rivers considera o *potencial*, isto é, a capacidade construtora da cultura, o seu elã, o seu ritmo[40].

Para Gilberto, o primeiro passo à destruição foi a imposição pela companhia de Jesus da moral católica que tomou, no Brasil, rumo puritano. Tal procedimento sufocou a espontaneidade nativa. A isso somou-se a destruição das diferentes línguas regionais e a imposição de uma *língua geral*: o *tupi-guarani*. Com este instrumental destruíram toda e qualquer manifestação artística ou religiosa que não estivesse de acordo

> com a moral católica e com as convenções européias. Separam a arte da vida. Lançaram os fundamentos do Brasil para uma arte, não de

expressão, de alongamento da vida e da experiência física e psíquica do indivíduo e do grupo social; mas de composição, de exercícios, de caligrafia[41].

O processo de despovoamento, degeneração e de degradação resultante do contato da *cultura atrasada com a adiantada* operou-se através da catequese e da organização e divisão do trabalho imposto ao índio pelo jesuíta. As principais formas que assumiram essas intervenções destruidoras foram: a concentração dos indígenas em grandes aldeias; a imposição do vestuário à européia; a segregação nas plantações; a colocação de obstáculos aos casamentos à moda indígena; a aplicação de legislação penal européia a supostos crimes de fornicação; a abolição de guerras entre as tribos; a abolição da poligamia; o aumento da mortalidade infantil devido às novas condições de vida; a abolição do sistema comunal e da autoridade dos chefes, principalmente a dos pajés[42]. As transformações tornaram-se possíveis através do ensino e da técnica econômica, que visaram à conservação "da raça indígena sem a preservação de sua cultura"[43].

Assim, Gilberto procura mostrar que "o imperialismo econômico da Europa burguesa antecipou-se no religioso dos padres da S. J"[44]. Os padres utilizaram-se do sistema pedagógico-moral como uma forma de controle social[45]. Todavia, o sistema errava pela base; prendia-se o cativo na "tristeza dos cadernos e dos exercícios de gramática" em lugar de acostumá-los à "lide com as ferramentas européias; um doce trabalho manual que não os extenuasse" mas os preparasse para "a transição da vida selvagem para a civilização"[46].

Se a adequação ao trabalho era um ponto a ser alcançado, o outro era a transformação da noção indígena de propriedade. A má resolução dessa questão explicaria porque, para Gilberto, no Brasil na noção de propriedade resida

> um campo de conflito entre antagonismos os mais violentos. No tocante à propriedade, para nos fixarmos neste ponto, entre o comunismo do ameríndio e a noção de propriedade privada do europeu. Entre o descendente do índio comunista, quase sem noção de posse individual, e o descendente de português particularista[47].

Sendo a educação o instrumento transformador por excelência, o jesuíta elegeu como objeto privilegiado o menino indígena, a maneira mais direta de

> dissolver no selvagem, o mais breve possível, tudo o que fosse valor nativo em conflito sério com a teologia e com a moral da Igreja. (...) O culumim, o padre ia arrancá-lo verde à vida selvagem: com dentes apenas de leite para morder a mão intrusa do civilizador; ainda indefinido na moral e vago nas tendências. (...) Dele o jesuíta fez o homem artificial que quis. O processo civilizador dos jesuítas consistiu principalmente nesta inversão: no filho educar o pai; o menino servir de exemplo ao homem; (...) O culumim tornou-se o cúmplice do invasor na obra de tirar à cultura nativa osso por osso, para melhor assimilação da parte mole aos padrões de moral católica e de vida européia[48].

O que Gilberto Freyre procura ressaltar em sua análise sobre a colonização que se estende pelos dois primeiros séculos é a existência de um contraste/confronto entre a política jesuítica em relação ao índio e as intenções práticas dos colonos. "Campeões da causa dos índios, deve-se em grande parte aos jesuítas não ter sido nunca o tratamento dos nativos da América pelos portugueses tão duro nem tão pernicioso como pelos protestantes ingleses"[49]. Defensor do índio, mas errando na condução do processo. "Ler, contar, escrever, soletrar, rezar em latim. Em tais exercícios se revelariam os indígenas sem gosto nenhum de aprender; sendo fácil de imaginar a tristeza que deve ter sido para eles o estudo no colégio dos padres"[50]. Por isso talvez o missionário ideal tivesse sido o franciscano,

> pelo menos o franciscano em teoria; inimigo do intelectualismo; inimigo do mercantilismo; lírico na sua simplicidade; amigo das artes manuais e das pequenas indústrias; e quase animista e totemista na sua relação com a natureza, com a vida animal e vegetal. (...) aos índios do Brasil parece que teria beneficiado mais a orientação do ensino missionário do franciscanos. Estes (...), onde tiveram o encargo de missões junto a ameríndios, orientaram-nas em sentido técnico ou prático (...) preocuparam-se acima de tudo em fazer dos índios artífices ou técnicos[51].

Tais orientações estariam mais de acordo com as pretensões dos colonos.

Desbravado o solo, instalou-se no Brasil uma civilização agrária. Os índios, que alargaram o território e serviram de defesa contra os ataques corsários, não conseguiram transformar-se no trabalhador exigido pela lavoura. "A enxada é que não se firmou nunca na mão do índio nem na do mameluco; nem o seu pé de nômade se fixou nunca em pé de boi paciente e sólido"[52].

A confluência desse conjunto de ações contraditórias sobre o índio – o jesuíta cristianizando-o, o colono tentando capturá-lo e adaptá-lo à lavoura – marca fundamentalmente o destino das culturas indígenas. A segregação em aldeias, forma de livrá-los à influência deletéria dos colonos resultou em "se artificializarem numa população da colônia; estranha às suas necessidades, aos seus interesses e aspirações; paralisadas em crianças grandes; homens e mulheres incapazes de vida autônoma e de desenvolvimento normal"[53].

As más condições de segregação nas aldeias, a incapacidade de adaptação ao sistema de trabalho colonial, a fuga a ambas pressões teriam levado à degradação da raça, assim como o sistema jesuítico que

> impondo uma nova moral de família aos indígenas sem antes lançar uma permanente base econômica, fez trabalho artificial, incapaz de sobreviver ao ambiente de estufa das missões; e concorreu poderosamente para a degradação da raça que pretendeu salvar. Para o despovoamento do Brasil de sua gente autóctone[54].

Do lado dos colonos, as guerras de repressão e os castigos impostos à não adaptação ao trabalho muito contribuíram para o mesmo processo. As doenças, a alteração do sistema alimentar e da organização da vida, a quebra do contato homem-natureza completaram a obra de destruição da raça nativa. Assim, o índio, primeiro "capital de instalação do colono na terra"[55], desapareceu como trabalhador. "Foi preciso substituí-lo pela energia moça, tesa, vigorosa do negro, este um verdadeiro contraste com o selvagem americano pela sua extroversão e vivacidade"[56]. Mesmo face ao processo de degeneração e destruição, o Brasil é dos países americanos onde mais se tem salvo da cultura e dos valores nativos. O imperialismo português – o religioso dos padres, o econômico dos colonos –, se desde o primeiro contato com a cultura indígena feriu-a de morte, não foi para abatê-la de repente, com a mesma fúria dos ingleses na América do Norte. Deu-lhe tempo de perpetuar-se em várias sobrevivências úteis[57].

Restou a confraternização das raças, um "traço simpático, nas primeiras relações dos jesuítas com os culumins", exercitada através da

igualdade em que parece terem eles educado, nos seus colégios do séculos XVI e XVII, índios e filhos de portugueses, europeus e mestiços, caboclos arrancados às tabas e meninos órfãos vindos de Lisboa. As crônicas não indicam nenhuma discriminação ou segregação inspirada por preconceito de cor ou de raça contra os índios; o regime que os padres adotaram parece ter sido o de fraternal mistura dos alunos[58].

Restou o intercurso sexual, a mulher índia como concubina ou esposa legítima, trazendo ao seio do colonato os costumes de seu povo: o banho, a cozinha, a higiene, as danças, a religiosidade.

Mais que isso a língua tupi-guarani, embora artificialmente criada, serviu como o "instrumento mais poderoso de intercomunicação entre as duas culturas: a do invasor e a da raça conquistada. (...) língua que seria, com toda a sua artificialidade, uma das bases mais sólidas da unidade do Brasil"[59]. Ambas as línguas, o tupi-guarani e o português, dentro da sociedade representaram peso diferente: uma, a língua do nativo e, a outra, a língua dos senhores. Uma a língua popular e outra a língua de luxo: uma, a língua falada, outra a língua escrita. *Vício idiomático* que persistiria até hoje[60].

Acima de tudo dessa primeira interpenetração social e cultural – branco e indígena – sobraram alguns traços psicossociais, que seriam ampliados no encontro com a raça negra. Primeiramente, os traços de sadismo nos que mandam, e de masoquismo, nos que obedecem, traços característicos das relações senhor-escravo, ultrapassam a esfera doméstica e

têm-se feito sentir através da nossa formação, em campo mais largo: social e político. Cremos surpreendê-los em nossa vida política, onde

> o mandonismo tem sempre encontrado vítimas em quem exercer-se com requintes às vezes sádico; certas vezes deixando até nostalgias logo transformadas em cultos cívicos, como o do chamado marechal-de-ferro. A nossa tradição liberal, demagógica, é antes aparente e limitada a focos de fácil profilaxia política: no íntimo, o que o grosso do que se pode chamar 'povo brasileiro' ainda goza é a pressão sobre ele de um governo másculo e corajosamente autocrático. Mesmo em sinceras expressões individuais (...) sente-se o laivo ou o resíduo masoquista: menos a vontade de reformar ou corrigir determinados vícios de organização política ou econômica que o puro gosto de sofrer, de ser vítima, ou de sacrificar-se[61].

O segundo traço psicossocial legado pelo indígena é o medo e o furor que o acompanha.

> Também são freqüentes, entre nós, os relapsos de furor selvagem, ou primitivo, de destruição, manifestando-se em assassinatos, saques invasões de fazendas por cangaceiros: raro aquele dos nossos movimentos políticos ou cívicos em que não tenham ocorrido explosões desse furor recalcado ou comprimido em tempos normais[62].

Lembrando Sílvio Romero, que vê nas "chamadas revoluções liberais" nada mais do que "assanhamentos desordeiros", Gilberto afirma: "os relapsos de furor selvagem observamo-los em movimentos de fins aparentemente políticos ou cívicos, mas na verdade pretexto de regressão à cultura primitiva, recalcada porém não destruída"[63]. Tais traços raramente se explicitam, porque a marca de nossa cultura é a acomodação dos antagonismos, e no Brasil, embora apareçam ainda mais *antagonismos culturais,* "podemos nos felicitar de um ajustamento de tradições e tendência raro entre povos formados nas mesmas circunstâncias imperialistas de colonização moderna dos trópicos"[64].

O resultado do processo de articulação das raças e culturas indígena e portuguesa expressa-se na constituição de uma sociedade e uma cultura *nacionalmente brasileiras.* É

> o que dá ao Brasil o direito de ufanar-se de combinar, nas suas atuais formas características de vivência e de convivência, civilização euro-

péia e paracultura analfabética, Primitivismo mais cru. (...) O que marcou, para seu futuro como Nação, originalidade de juntar a sofisticações o primitivismo. A requinte, cruezas próximas de virgindades selvagens[65].

O NEGRO

A respeito da questão negra, Gilberto Freyre dialoga com os autores de sua época e alguns que o precedem, principalmente aqueles que superestimam o papel do indígena na formação nacional e os racistas. Por isso seu debate sobre o negro toca em quatro pontos principais. Primeiramente, tem a preocupação de levantar os traços psicossociais do negro, apontando para sua adaptabilidade ao trópico, apontando para a não inferioridade da raça negra em relação à raça branca. Em segundo lugar, procura demonstrar que na formação nacional existe uma marca profunda, menos racial que cultural, do estoque africano no Brasil; e como resultado deste traço, a partir da interpenetração das culturas lusa e africana, teríamos um elemento que aproxima os antagonismos que marcam a formação brasileira. Um terceiro ponto, é o resgate do negro em nossa formação, a partir de sua qualificação de *colonizador*, isto é, dando ênfase ao papel civilizador por ele representado. Como resultado do debate, o quarto objetivo é indicar a sociedade brasileira como caracterizada pela democracia racial.

Discutindo com os indigenistas, Gilberto Freyre quer demonstrar que a população brasileira tem raízes nas três raças: branca, indígena, negra. Além disso, os tipos eugênicos provêm antes do africano do que do indígena. São

> em geral de ascendência africana muitas das melhores expressões de vigor ou de beleza física em nosso país. (...) a exaltação lírica que se faz entre nós do caboclo, isto é, do indígena tanto quanto do índio civilizado ou do mestiço de índio e branco, no qual alguns querem enxergar o expoente da capacidade física da beleza ou até mesmo da resistência moral da sub-raça brasileira, não corresponde senão superficialmente à realidade[66].

O debate com os racistas parte do princípio de que é anticientífico afirmar-se a superioridade ou a inferioridade de uma raça sobre outra. Gilberto constrói sua argumentação sobre a questão cultural. O primeiro ponto levantado é que toda a formação social brasileira deve-se ao negro, isto é, todo brasileiro é *racial* ou *culturalmente negro*.

> Todo brasileiro, mesmo o alvo, de cabelo louro, traz na alma, quando não na alma e no corpo – há muita gente de jenipapo ou mancha mongólica pelo Brasil – a sombra, ou pelo menos a pinta, do indígena ou do negro. No litoral, do Maranhão ao Rio Grande do Sul, e em Minas Gerais, principalmente do negro. A influência direta, ou vaga e remota, do africano[67].

O segundo elemento desenvolvido é a idéia de que o negro é culturalmente superior ao indígena e inclusive, em certos pontos, ao português. "Idéia extravagante para os meios ortodoxos e oficiais do Brasil, essa do negro superior ao indígena e até ao português, em vários aspectos de cultura material e moral. Superior em capacidade técnica e artística"[68]. O fundamento para a discussão, principalmente com Oliveira Vianna, é a constatação da diferenciação interna, em termos de complexidade, das culturas africanas; mais ainda, afirmando que foram os estoques culturais mais adiantados os transplantados para o Brasil. "Nada mais anticientífico que falar-se da inferioridade do negro africano em relação ao ameríndio; sem distinguir-se que negro. (...) Nada mais absurdo do que se negar ao negro sudanês, por exemplo, importado em números consideráveis para o Brasil, cultura superior à do indígena mais adiantado"[69]. Por vários "traços de cultura material e moral revelaram-se os escravos negros, dos estoques mais adiantados, em condições de concorrer melhor que índios à formação econômica e social do Brasil. Às vezes melhor que os portugueses"[70]. Ou ainda, "a formação brasileira foi beneficiada pelo melhor da cultura negra da África, absorvendo elementos por assim dizer de elite que faltaram na mesma proporção ao Sul dos Estados Unidos"[71].

A forma pela qual Gilberto Freyre aborda o avanço científico na explicação da sociedade é através da discussão sobre os limites explicativos da sociobiologia, principalmente no que concerne às questões da transmissão dos caracteres adquiridos e da determinação do meio[72]. Ao utilizar os elementos da teoria culturalista de Franz Boas, questiona as análises brasileiras, fundadas principalmente em Nina Rodrigues, que relacionam os caracteres físicos e os mentais.

> Na inferioridade ou superioridade de raças pelo critério da forma do crânio já não se acredita; e esse descrédito leva atrás de si muito do que pareceu ser científico nas pretensões de superioridade mental, inata e hereditária, dos brancos sobre os negros. (...) O que se sabe das diferenças da estrutura entre os crânios de brancos e negros não permite generalizações[73].

Para contestar os racistas, afirma que o Brasil não só se beneficiou com o que havia de melhor, em termos de cultura africana, como também que os negros aqui trazidos foram *pretos de raça branca*.

> Fique bem claro, para regalo dos arianistas, o fato de ter sido o Brasil menos atingido que os Estados Unidos pelo suposto mal da 'raça inferior'. Isto devido ao maior número de fula-fulos e semi-hamitas – falsos negros e, portanto, para todo bom arianista, de estoque superior ao dos pretos autênticos – entre os emigrantes da África para as plantações e minas do Brasil[74].

Mais ainda, negros de cultura superior porque já mestiços, o que os tornaria diferentes daqueles de cultura inferior que teriam sido recebidos nos Estados Unidos[75]. Há, então, já na translação da África ao Brasil, certa seleção racial e cultural.

> Parece que para as colônias inglesas o critério de importação de escravos da África foi quase exclusivamente o agrícola. O de energia brutal, animal, preferindo-se, portanto, o negro resistente, forte e barato. Para o Brasil a importação de africanos fez-se atendendo-se a outras necessidades e interesses. À falta de mulheres brancas; às necessidades de técnicos em metal, ao surgirem as minas. Duas poderosas forças de seleção[76].

Essa seleção estende-se à miscigenação, a partir da particular conformação do complexo agrário-industrial do açúcar e mesmo da sociedade brasileira. Os negros que se cruzaram com os brancos não teriam sido aqueles degradados pelo serviço da lavoura; foram os escravos domésticos. Estes eram escolhidos na senzala a partir de seu tipo físico, eugenicamente superiores e de suas aptidões mais próximas à do setor civilizado.

> Vê-se, através dos velhos anúncios de 1825, 1830, 35, 40, 50, a definida preferência pelos negros e negras altas e de formas atraentes – 'bonitas de cara e de corpo' e 'com todos os dentes da frente'. O que mostra ter havido seleção eugênica e estética de pajens, mucamas e muleques para o serviço doméstico – as negras mais em contato com os brancos das casas-grandes; as mães dos mulatinhos criados em casa – muitos deles futuros doutores, bacharéis e até padres[77].

Dessa maneira, selecionaram-se negros com traços culturais e raciais mais semelhantes aos brancos.

> Nos anúncios de escravos de jornais brasileiros do século XIX, percebe-se a valorização dos escravos de tipo físico e de característicos culturais mais semelhantes aos da população culturalmente dominante. Pelo menos quando eram escravos destinados ao serviço doméstico: a pajens e mucamas, sobretudo. É evidente que, tratando-se de escravos destinados ao serviço agrário e agropastoril, os preferidos eram os que representassem força ou vigor para o trabalho físico, independentemente de seus traços físicos ou de seus característicos culturais se assemelharem aos da população culturalmente dominante[78].

Está claro que os elementos levantados apontam uma certa incoerência interna na análise de Gilberto Freyre. Nega, fundado na antropologia, a existência de raças inferiores e/ou superiores, mostrando que o critério cultural prevalece sobre todos. De outro lado, acaba justificando a posição dos racistas, embora seja mais avançado em seu debate: aceita a idéia de ordenação racial; mais ainda, a formulação de uma espécie de política de branqueamento, embora não oficial, que acabou trazendo benefícios culturais e raciais à sociedade nacional.

Gilberto levanta mais uma crítica aos racistas, mostrando os limites da aplicação do critério estatístico como fonte científica indiscutível. Refletindo sobre os testes de inteligência que indicariam inferioridade do negro, mostra que os mesmos têm base cultural. E, citando Goldenweiser, afirma:

> O ponto de vista estatístico, o desejo de exprimir os fatos em números e curvas é uma louvável atitude, resultado do método crítico e objetivo; mas tem seus perigos. Quando alguém exprime qualquer bobagem em palavras, não há dano nenhum; mas se a exprime em fórmulas matemáticas surge o perigo da roupagem matemática dissimular a bobagem[79].

No sentido de construir positivamente seu diálogo, procura mostrar a plasticidade do negro, sua maior possibilidade de adaptação. O negro seria o verdadeiro filho do trópico. Teria uma

> predisposição como que biológica e psíquica para a vida nos trópicos. Maior fertilidade nas regiões quentes. (...) o ungido do Senhor para as regiões de sol forte (...), o homem melhor integrado no clima e nas condições de vida brasileira. Adaptação que talvez se realize por motivos principalmente psíquicos e fisiológicos. (...) O indígena na América, [é] caracteristicamente introvertido, e, portanto, de difícil adaptação. O negro, o tipo de extrovertido. O tipo do homem fácil, plástico, adaptável[80].

As características eugênicas dos negros conservam-se no clima tropical, enquanto as das outras raças deterioram. "Os escravos negros gozaram sobre os caboclos e brancarões livres da vantagem de condições de vida antes conservadoras que desprestigiadoras da sua eugenia: puderam resistir melhor às influências patogênicas, sociais e do meio físico, e perpetuar-se assim em descendências, mais sadias e vigorosas"[81].

Finalmente, Gilberto afirma que a amoralidade apontada pelos racistas, como uma característica psíquica do negro, tem razões sociais.

> Parece-nos absurdo julgar a moral do negro no Brasil pela sua influência deletéria como escravo. Foi o erro grave que cometeu Nina

Rodrigues ao estudar a influência do africano no Brasil: o de não ter reconhecido no negro a condição absorvente de escravo. (...) A escravidão desenraizou o negro do seu meio social e de família, soltando-o entre gente estranha e muitas vezes hostil. Dentro de tal ambiente, no contato de forças tão dissolventes, seria absurdo esperar do escravo outro comportamento senão o imoral, de que tanto o acusam. Passa por ser defeito da raça africana, comunicado ao brasileiro, o erotismo, a luxúria, a depravação sexual. Mas o que se tem apurado entre os povos negros da África, como entre os primitivos em geral (...), é maior moderação do apetite sexual que entre os europeus. (...) Diz-se geralmente que a negra corrompeu a vida sexual da sociedade brasileira, iniciando precocemente no amor físico os filhos-família. Mas essa corrupção não foi pela negra que se realizou, mas pela escrava. Onde não se realizou através da africana, realizou-se através da escrava índia. (...) É absurdo responsabilizar-se o negro pelo que não foi obra sua nem do índio, mas do sistema social e econômico em que funcionaram passiva e mecanicamente. Não há escravidão sem depravação sexual. É da essência mesma do regime[82].

Além de Gilberto Freyre querer demonstrar que na condição do negro há menos uma influência racial, do clima, do meio do que da estrutura social, amplia a controvérsia com os racistas afirmando a insuficiência de uma visão baseada apenas na antropologia física, e indica a necessidade da análise estender-se ao campo da antropologia cultural[83]. Influenciado pela teoria de Franz Boas, busca assumir as duas faces do "antropólogo duplo na sua maneira de ser antropólogo. Capaz de enxergar no objeto antroporracial de estudo o seu possível desdobramento em antropossocial"[84]. Todavia, mesmo partindo deste ponto inovador, Gilberto, longe de ater-se somente aos elementos culturais que relativizariam a visão racial, busca uma visão globalizante. Da interação raça/meio físico resultariam características psicológicas que definem um estrato populacional. São esses traços que justificariam a construção de uma tipologia racial do negro, bem como do indígena, ou do português, o que resultará na definição, finalmente, do caráter brasileiro. Afirmando que "não se negam diferenças mentais entre brancos e negros", pergunta-se "até que ponto essas diferenças representam aptidões inatas ou especializações devidas ao ambiente ou às circulações econômicas e de cultura"[85]. É por isso que se torna fundamental à sua análise "procurar surpreender nos principais estoques de imigrantes não só o grau como o momento de cultura que nos comunicaram"[86].

Assim a identificação de grande número de negros maometanos, de cultura complexa, sabendo ler e escrever em árabe, o ajuda a compreender algumas das revoltas de escravos no Brasil como a erupção de uma cultura adiantada, oprimida por outra, menos nobre[87]. Mas, amenizando o peso cultural, há um traço psicológico que se torna freio à revolta: a bondade. A bondade do negro que o impede de rebelar-se e o leva a aceitar tratamentos rudes é responsável por certo traço de *sadismo* que marca a formação nacional, "tendência geral para o sadismo criado no Brasil pela escravidão e pelo abuso do negro"[88].

O negro seria também responsável pelo traço *dionisíaco* do caráter brasileiro; ameniza o *apolíneo* presente no ameríndio, marcas tão patentes em seus rituais. A dança, por exemplo, nos primeiros teria caráter sensual, enquanto nos segundos seria puramente dramática[89]. A alegria do africano teria amenizado o caráter melancólico do português e a tristeza do indígena. Foi ele "quem animou a vida doméstica do brasileiro de sua maior alegria. (...) A risada do negro é que quebrou toda essa 'apagada e vil tristeza' em que se foi abafando a vida nas casas-grandes"[90]. A alegria e a bondade do africano foram em grande parte responsáveis pela doçura que marcou as relações senhor/escravo no Brasil. O negro transformou-se em parte da família, sendo seu lugar "não o de escravos, mas o de pessoas de casa. Espécie de parentes pobres nas famílias européias"[91]. É através dessas relações que pôde transmitir seu "misticismo quente e voluptuoso" do qual "se tem enriquecido a sensibilidade, a imaginação, a religiosidade dos brasileiros"[92].

Mas os traços psicológicos diferem se considerarmos os negros "ladinos" – os cristianizados e já abrasileirados, que viviam nas casas-grandes – e os "boçais" – recém-chegados da África, falando seus dialetos e pagãos, vivendo nas senzalas e dedicados à lavoura[93]. Aos primeiros, a assistência moral e religiosa levou-os a constituírem-se em famílias à sombra das casas-grandes, o que os retirou do clima de luxúria e primitivismo a que eram condenados os segundos. Àqueles, mais dóceis pela própria formação recebida, foi dada a oportunidade de ascensão social e, através dela, de uma cada vez maior seleção racial[94].

Os traços psicossociais do negro escravo levaram a que, no Brasil, tenha desempenhado um papel *colonizador*. A própria

> disposição psíquica e de adaptação talvez biológica ao clima quente explicam em parte ter sido o negro na América Portuguesa o maior e mais plástico colaborador do branco na obra de colonização agrária: o fato de haver até desempenhado entre os indígenas uma missão civilizadora no sentido europeizante[95].

Essa missão colonizadora foi exercida também sobre o lusitano no Brasil, uma vez que "vieram-lhe da África 'donas-de-casa' para seus colonos sem mulher branca; técnicos para as minas; artífices em ferro; negros entendidos na criação de gado e na indústria pastoril; comerciantes de panos e sabão; mestres, sacerdotes e tiradores de reza maometanos"[96].

Ao entrar como escravo doméstico na casa-grande, o negro, principalmente a mulher, impôs sua cultura como dominante. É verdade que já era cristianizado, mas se o catolicismo foi a forma de aproximar-se do senhor e de seus padrões de moralidade[97], o catolicismo lírico aqui praticado, contrariando a orientação jesuítica, foi

> a política de assimilação, ao mesmo tempo que de contemporização seguida no Brasil pelos senhores de escravos. Consistiu principalmente em dar aos negros a oportunidade de conservarem, à sombra dos costumes europeus e dos ritos e doutrinas católicas, formas e acessórios da cultura e da mítica africana[98].

Um catolicismo contemporizador, que permitiu ao africano a conservação de "formas e acessórios de sua mítica, de sua cultura fetichista e totêmica", o que "dá bem a idéia do processo de aproximação das duas culturas no Brasil"[99]. A religião foi o primeiro caldo onde se confraternizaram os valores e sentimentos negros e brancos.

Na casa-grande, as mucamas chegaram "a ser quase onipotentes como mães de criação de meninos brancos"[100]. Assim, o filho do senhor, amamentado pela negra, foi aprendendo a falar mais com a escrava do que com o pai ou mãe. Desse modo, internalizou os valores africanos ao mesmo tempo que os lusitanos.

As histórias portuguesas sofreram no Brasil consideráveis modificações na boca das negras velhas ou amas-de-leite. Foram as negras que se tornaram entre nós as grandes contadoras de histórias. (...) Por intermédio dessas negras velhas e das amas de meninos, histórias africanas, principalmente de bichos (...), acrescentaram-se às portuguesas. (...) A linguagem infantil também aqui se amoleceu ao contato da criança com a ama negra. Algumas palavras, ainda hoje duras ou acres quando pronunciadas pelos portugueses, se amaciaram no Brasil por influência da boca africana. (...) E não só a língua infantil se abrandou desse jeito, mas a linguagem em geral, a fala séria, solene, da gente grande, toda ela sofreu, no Brasil, ao contato do senhor com o escravo, um amolecimento de resultados às vezes deliciosos para o ouvido[101].

A partir da língua, Gilberto Freyre tenta captar ao mesmo tempo a interpenetração das culturas e a trama das relações sociais no Brasil, no processo de sua construção histórica. Analisa a disparidade entre a língua falada e escrita, simultaneamente como exemplificação e produto das formas de dominação. A língua

> escrita recusando-se, com escrúpulos de donzelona, ao mais leve contato com a falada; com a do povo; com a de uso corrente. Mesmo a língua falada conservou-se por algum tempo dividida em duas: uma, das casas-grandes; outra, das senzalas. Mas a aliança da ama negra com o menino branco, da mucama com a sinhá-moça, do sinhozinho com o muleque, acabou com essa dualidade. Não foi possível separar a cacos de vidro de preconceitos puristas forças que tão freqüente e intimamente confraternizaram[102].

As diferentes línguas africanas não persistiram; mas o português não continuou em sua pureza; "nem se entregou de todo à corrupção das senzalas, no sentido de maior espontaneidade de expressão, nem se conservou acalafetado nas salas de aula das casas-grandes sob o olhar duro dos padres-mestres. A nossa língua resulta da interpretação das duas tendências". Todavia, mais do que uma forma cultural expressa conciliação ao nível social; é a forma pela qual amenizam-se os conflitos.

Temos no Brasil dois modos de colocar pronomes, enquanto o português só admite um – o 'modo duro e imperativo': *diga-me, faça-me, espere-me*. Sem desprezarmos o modo português, criamos um novo, inteiramente nosso, caracteristicamente brasileiro: *me diga, me faça, me espere*. Modo bom, doce, de pedido. E servimo-nos dos dois. Ora, esses dois modos antagônicos de expressão, conforme necessidade de mando ou cerimônia, por um lado, e de intimidade ou de súplica, por outro, parecem-nos bem típicos das relações psicológicas que se desenvolveram através da nossa formação patriarcal entre os senhores e os escravos; entre as sinhá-moças e as mucamas; entre os brancos e os pretos. 'Faça-me', é o senhor falando, o pai, o patriarca; 'me dê', é o escravo, a mulher, o filho, a mucama. Parece-nos justo atribuir em grande parte aos escravos, aliados aos meninos das casas-grandes, o modo brasileiro de colocar pronomes. Foi a maneira filial, e meio dengosa, que eles acharam de se dirigir ao *pater familias*[103].

Gilberto quer apontar que a simples colocação dos pronomes pode mostrar que, como brasileiros, temos duas faces: a dura, antipática, do dominante, que se expressa no "faça-me isso"; e a suave, simpática, pronta a obedecer, do dominado que pede "me faça". E nem precisamos ter uma forma só de linguagem. As duas devem coexistir porque, conforme indica,

> a força, ou antes, a potencialidade da cultura brasileira parece-nos residir toda na riqueza dos antagonismos equilibrados; o caso dos pronomes que sirva de exemplo. Seguirmos só o chamado 'uso português', considerando ilegítimo o 'uso brasileiro', seria absurdo. Seria sufocarmos, ou pelo menos abafarmos, metade de nossa vida emotiva e das nossas necessidades sentimentais, e até de inteligência, que só encontram expressão justa no 'me dê' e no 'me diga'. Seria ficarmos com um lado morto; exprimindo só metade de nós mesmos. Não que no brasileiro subsistam, como no anglo-americano, duas metades inimigas: a branca e a preta; o ex-senhor e o ex-escravo. De modo nenhum. Somos duas metades confraternizantes que se vêm mutuamente enriquecendo de valores e experiências diversas; quando nos completarmos num todo, não será com o sacrifício de um elemento ao outro[104].

Essas duas faces do indivíduo estendem-se à sociedade. É isso que caracteriza nossa forma de realizar a democracia: somos uma *democracia racial*. E isso o conseguimos porque, através do negro, escravo doméstico, redefinimos nossos contatos sociais que resultam "em novas relações com o meio, com a vida, com o mundo. Importando em experiências que se realizam através do escravo ou à sua sombra de guia, de cúmplice, de curandeiro ou de corruptor[105]. Eis que, segundo Gilberto, na sociedade brasileira realizou-se a metamorfose: o aparentemente dominado foi de fato dominante.

Notas ao Capítulo V

1. Gilberto FREYRE. *Interpretação do Brasil. Op. cit.*, p. 43.
2. *Ibid.*, p. 44.
3. *Id., Novo mundo dos trópicos.* Trad. Olívio MONTENEGRO e Luís de Miranda CORREA, rev. pelo autor. São Paulo: Nacional/Edusp, 1971, pp. 4-5. O grifo é meu.
4. *Id., Casa-grande & senzala, Op. cit.; id., Vida social no Brasil nos meados do século XIX. Op.cit.; id., O mundo que o português criou.* Rio de Janeiro: José Olympio, 1940.
5. *Id., Interpretação do Brasil. Op. cit.*, p. 41.
6. *Id., Casa-grande & senzala. Op. cit.*, p. 206.
7. *Ibid.*, p. 207.
8. *Ibid.*, p. 207.
9. *Ibid.*, p. 197.
10. *Ibid.*, p. 198.
11. *Ibid.*, p. 201.
12. *Ibid.*, p. 217.
13. *Id., Interpretação do Brasil. Op. cit.*, p. 42.
14. *Ibid.*, p. 44.
15. *Ibid.*, p. 69.
16. *Ibid.*, p. 72.
17. *Ibid.*, p. 70.
18. *Ibid.*, p. 71.
19. *Ibid., loc. cit.*
20. *Ibid.*, p. 72.
21. *Id., Casa-grande & senzala. Op. cit.*, p. 224.
22. *Id., Interpretação do Brasil. Op. cit.*, p. 74.
23. *Id., Nordeste. Op. cit.*, p. 208.
24. *Id., Casa-grande & senzala. Op. cit.*, pp. 218-219.
25. *Ibid.*, p. 204.
26. *Id., O mundo que o português criou. Op. cit.*, p. 39.
27. *Ibid.*, p. 42.

28 *Ibid.*, p. 44.
29 *Ibid.*, pp. 44-45 e 46.
30 *Ibid.*, p. 57.
31 *Id., Casa-grande & senzala. Op. cit.*, p. LXII.
32 *Ibid.*, p. LXIII.
33 *Ibid.*, p. 91.
34 *Id., Interpretação do Brasil. Op. cit.*, pp. 44-45.
35 *Id., Casa-grande & senzala. Op. cit.*, p. 89.
36 *Ibid.*
37 *Ibid.*, p. 96.
38 *Ibid.*
39 *Ibid.*, pp. 92-93 e 94.
40 *Ibid.*, p. 108
41 *Ibid.*, p. 109.
42 *Ibid.*, p. 110.
43 *Ibid.*, p. 148.
44 *Ibid.*, p. 109.
45 *Ibid.*
46 *Ibid.*, p. 146.
47 *Ibid.*, p. 142.
48 *Ibid.*, p. 147.
49 *Ibid.*
50 *Ibid.*, p. 144.
51 *Ibid.*, pp. 144-145.
52 *Ibid.*, p. 95.
53 *Ibid.*, p. 153.
54 *Ibid.*, p. 154.
55 *Ibid.*, p. 156.
56 *Ibid.*, pp. 157-158.
57 *Ibid.*, p. 159.
58 *Ibid.*, p. 152.
59 *Ibid.*, p. 148.
60 *Ibid.*, p. 149 – Gilberto Freyre confere peso decisivo ao aspecto cultural desse processo, não se dedicando, aqui, a mostrar as razões econômicas e sociais que levaram a esse resultado.
61 *Ibid.*, pp. 51-52.
62 *Ibid.*, p. 141.

63 *Ibid.*, p. 142.
64 *Ibid.*, p. 160.
65 *Id.*, "Paracultura indígena". In: *Leitura*, n. 38, São Paulo, julho de 1985.
66 *Id., Casa-grande & senzala. Op. cit.*, p. 44.
67 *Ibid.*, p. 283.
68 *Ibid.*, p. 284.
69 *Ibid.*, p. 285.
70 *Ibid.*, p. 286.
71 *Ibid.*, pp. 299-300.
72 *Ibid.*, pp. 290-292.
73 *Ibid.*, pp. 294-296.
74 *Ibid.*, p. 305.
75 *Ibid.*, p. 304.
76 *Ibid.*, p. 306.
77 *Ibid.*, p. 314.
78 *Id., O escravo nos anúncios de jornais brasileiros do século XIX.* 2. ed. São Paulo: Nacional; Recife: Instituto Joaquim Nabuco de Pesquisas Sociais, 1979, pp. L e LI.
79 *Id., Casa-grande & senzala. Op. cit.*, p. 297.
80 *Ibid.*, pp. 286-287.
81 *Ibid.*, pp. 46-47.
82 *Ibid.*, pp. 315-316.
83 *Ibid.*, p. 304.
84 *Id., O escravo nos anúncios de jornais brasileiros do século XIX. Op. cit.*, p. XXXVII.
85 *Id., Casa-grande & senzala. Op. cit.*, p. 297.
86 *Ibid.*, p. 298.
87 *Ibid.*, p. 299.
88 *Ibid.*, p. 419.
89 *Ibid.*, p. 289.
90 *Ibid.*, p. 462.
91 *Ibid.*, p. 352.
92 *Ibid.*, p. 355.
93 *Ibid.*, p. 450.
94 *Ibid.*, pp. 450, 447 e 448.
95 *Ibid.*, p. 289.
96 *Ibid.*, p. 308.
97 *Ibid.*, p. 354.

98 *Ibid.*, p. 355.
99 *Ibid.*, p. 356.
100 *Ibid.*, p. 359.
101 *Ibid.*, pp. 330-332.
102 *Ibid.*, p. 333.
103 *Ibid.*, pp. 334-335.
104 *Ibid.*, p. 335.
105 *Ibid.*, p. 336.

Capítulo VI

O Trópico

O debate de Gilberto Freyre sobre o trópico, o qual denominará Tropicologia, pode parecer, à primeira vista, uma reflexão de menor importância no conjunto dos temas em questão na sua obra. Trata-se, porém, de estudo fundamental sobre o regionalismo e a tradição. É a ponta de lança da idéia de *conciliação,* que perpassa sua análise a respeito da formação nacional. Funda-se em dois princípios: de um lado, dialoga com os estudiosos da época que afirmam o determinismo do meio sobre a formação das personalidades individuais e das sociedades; de outro, indaga sobre a possibilidade de desenvolvimento, nas regiões tropicais, de formas avançadas de civilização[1].

O primeiro ponto diz respeito às relações raça/cultura. Amplia a controvérsia, mostrando que uma característica importante da formação cultural brasileira é o embate entre a cultura agrária e a cultura urbana. Aponta o antagonismo existente entre a cultura do campo e a cultura da cidade, que se resolve pela articulação/interpenetração entre ambas. A partir desse patamar, aponta o *mimetismo* da cultura nacional: a cultura da cidade transplantou valores urbanos europeus e/ou norte-americanos, sem criar um gabarito para sua adaptação às condições nacionais. Esse debate marca fortemente seus trabalhos da década de 1920. Essa importação, sem critério, teria matado as tradições, nada conseguindo construir em seu lugar.

> Há um prêmio a que o Brasil deve concorrer na próxima exposição internacional. É o de devastador do passado. Devastador das próprias tradições. Nós as temos devastado e continuamos a devastá-las com uma perseverança digna de um 'Grand Prix'. Com uma fúria superior à dos 'Dadaístas': uns pobres teóricos. Parece que só em Ouro Preto nos resta hoje do Brasil brasileiro dos nossos avós uma cidade ainda verdadeiramente de pé. O que faz daquele lugar tão morto um como santuário, uma como Lourdes, uma fonte de águas vivas para os que nos sentimos feridos quase de morte no mais íntimo da nossa personalidade nacional. O contato com os restos de Igaraçus e Olindas a apodrecerem por aí, já não purifica ninguém[2].

Esta acusação avança sobre todos os campos. A arquitetura: "Num Recife que vai todo virando confeitaria, a arquitetura sóbria dos nossos avós se torna estapafúrdia. O que se quer é o arrebicado; o açucarado; o confeitado"[3]. O móvel: "As modernas cadeiras muito mal dizem 'bom dia'. Não convidam ninguém a sentar-se. Elas próprias parecem querer sair. Dão toda a idéia dessa intranqüilidade que nos leva a viver mudando de casa"[4]. O urbanismo, denunciando a destruição das vielas, das praças, dos edifícios que caracterizam o Recife:

> Hoje, para recolher uma impressão, mesmo fortuita, do velho Recife, é preciso ir aos dois ou três becos quase mouriscos que ainda nos restam, ao pé das insolentes avenidas novas. (...) O pitoresco está a desaparecer tão depressa do Recife que já se pode falar dele como de um moribundo. É pena. Porque no pitoresco local está o caráter de uma cidade: quando ele morre é sinal de estarem a morrer valores morais muito sérios[5].

A administração:

> Que há num nome? pergunta um personagem de Shakespeare. Que há

num nome? Devem perguntar desdenhosamente os prefeitos do Recife, ao mudarem, com um traço fácil de pena ou mesmo de lápis, os nomes de nossas ruas e praças. Esse verbo 'mudar' é aliás muito conjugado no Recife. Vive o Recife a mudar de casa, de profissão, de colégio. (...) Mas sobretudo vive o Recife a mudar os nomes das ruas. Poderia mesmo sugerir-se que as placas com os nomes das ruas fossem entre nós de ardósia; e os nomes escritos a giz, bastando criar-se um lugar de calígrafo na prefeitura[6].

Os costumes:

Ao chegar ao Recife, guloso de cor local, um dos meus primeiros espantos foi justamente numa confeitaria, diante da hesitação de um tio meu em pedir um mate. Talvez não fosse 'chic' o mate. Como não era 'chic' pedir água de coco ou caldo de cana. Talvez até não nos fornecessem mate, como não fornecem nem água de coco nem vinho de jenipapo. Elegâncias. O 'chic' era pedir um desses gelados de nomes exóticos. Esses sim, fazem supor refinamento de gosto. Elegâncias da 'Fox Film[7].

A comida:

Nosso paladar vai-se tristemente desnacionalizando. Das nossas mesas vão desaparecendo os pratos mais característicos: as bacalhoadas de coco, as feijoadas, os pirões, os mocotós, as buchadas. Haveria talvez maior virtude em comer patrioticamente mal, mas comidas da terra, que em regalar-se das alheias (...). há perigo num paladar desnacionalizado. O paladar é talvez o último reduto do espírito nacional; quando ele se desnacionaliza está desnacionalizado tudo o mais. Opinião de Eduardo Prado[8].

As regras de convivência:

Nossa Faculdade tinha seu ritual e suas praxes. Descontinuou-as delírio 'modernista' sob o pretexto idiota de serem velharias. Temo parecer, com estes reparos, caturra. E mais ainda o temo com o reparo que me ocorre acrescentar: quanto às relações mestres e estudantes da Faculdade do Recife. Cuido surpreender nestas relações camaradagem demasiado fácil. Fiquei um desses dias muito admirado notando, na portaria, que os estudantes, mesmo os de ar noviço, não perguntam pelo 'Sr. Diretor'; perguntam pelo Netto. 'Está o Netto?' Um regalo de sem-cerimônia[9].

Os transportes: "A veiculação elétrica vai matando entre nós os vagares da delicadeza. Para viajar nos elétricos do Recife é quase indispensável ser acrobata de circo ou ter as pernas numa Companhia de Seguros"[10]. A educação, que, aceitando "modernices", perde, na formação dos jovens, elementos importantíssimos: "Um amigo mostrou-me, outro dia a carta do filho, que é interno num colégio. Carta escrita a máquina. E a assinatura desse pequeno de treze anos, e o 'post-scriptum' pedindo umas botas de 'foot-ball', vinham em letra horrivelmente má. (...) A máquina de escrever está aos poucos matando a caligrafia"[11].

O que passa pela alfândega, demasiado generosa face às estrangeirices, não é o moderno, mas a *modernice*, que entra não através da boa arte, da literatura de bom nível, mas via formas equivocadas[12], como parece ser para o autor o cinema.

> O cinema já nos tem feito bastante mal com o brilho perigoso que trouxe aos nossos hábitos; é tempo de nos fazer algum bem. Tem-nos desnacionalizado quando poderia estar a nacionalizar-nos no bom sentido da palavra. (...) O público, sem esforço nenhum e sem a consciência de estar sendo educado, deixa-se molemente plasmar à imagem do reclame que o sugestiona e impressiona. Não é pelo reclame dos seus calungas de figurino que os costureiros de Londres, Paris e Nova York impõem suas criações? Não é pela ação ativa desses calungas de papel que o brasileiro tem na rua o ar falso de gente civilizada?[13]

Com Gilberto, a recusa ao mimetismo, lugar comum da crítica dos anos 20, busca um "caminho científico": a *tropicologia*. O problema da inovação cultural, transplantada via uma alfândega não criteriosa, denunciada pelos ensaístas daquele período, encontra sua sistematização na obra freyriana da década seguinte, principalmente no livro *Nordeste,* de 1937, e alguns ensaios que serão reunidos em 1942, sob o título *Problemas brasileiros de antropologia*[14].

CAPÍTULO VI – O TRÓPICO

REGIÃO E HISTÓRIA

Na segunda etapa em que Gilberto Freyre define a questão, isto é, na década de 1930, o autor aponta para o fato de ter a cultura transplantada, a cultura das cidades, relações frouxas com a sociedade brasileira, uma sociedade de passado colonial e de solo oligárquico. O quadro metodológico que serve de suporte a tal discussão é o método genético-ecológico, isto é, a aceitação da existência e articulação de dois ramos específicos da Sociologia: a Sociologia Genética ou Histórica, e a Sociologia Regional ou Ecologia Social. É a solução que encontra para indicar a especificidade da formação brasileira, sua organicidade e sua continuidade temporal, num quadro analítico que aponta como científico. A sociologia regional

> acentua menos o estudo dos fatores hereditários que o das relações dos seres humanos entre si e com o ambiente, com o espaço, com a região, embora nessas relações se incluam para alguns ecologistas, as relações ainda obscuras, de caráter talvez principalmente biológico, da população com o meio natural. A verdade, entretanto, é que os ecologistas ou regionalistas, em Sociologia, tendem mais para o ambientismo que para o determinismo particularmente étnico ou puramente biológico[15].

Utilizando do que aponta como um novo instrumental sociológico, Gilberto mostra que este ramo da sociologia se preocupa em estudar

> não tanto os conteúdos ou as substâncias – a etnia ou a cultura do grupo adventício, o valor econômico do algodão ou da cana-de-açúcar importada ou transplantada em relação com o solo, com a paisagem ou com a subsistência de populações ou com os complexos regionais, mas os *processos* e as *formas* de vida regional em conjunto, de interação favorável ou desfavorável à vida social humana em dada região, de distribuição, de situação e de movimento de populações no espaço físico – social ou principalmente sociocultural, ou só sociocultural[16].

A pluralidade de aspectos apresentados à análise obrigaria à arregimentação de várias ciências, ou técnicas científicas, e a

Sociologia torna-se centralizadora dessas forças de pensamento que explicitam o social. Por isso, afirma Gilberto Freyre, deve

> com relação ao Brasil agrário-patriarcal-escravocrata – complexo ecológico que procuramos simbolizar na expressão por nós criada na Sociologia de região, *casa-grande e senzala* –, procurar o pesquisador reunir, para a análise de cada região, eco-sociocultural, um conjunto de métodos gerais: o geográfico, o antropológico, o histórico, o econômico, o político, o sociológico. A análise que se empreende é complexa: da totalidade regional[17].

O autor recusa a idéia central da escola de Chicago, que afirma ser a estabilidade das instituições sempre dependente da estabilidade de relações de espaço, e funcionar sob estímulos de condições várias de competição entre os homens ou os grupos, e de movimento de homens ou grupos. O ponto central de sua crítica incide sobre a visão evolucionista de seleção social que está na base da teoria. Busca, então, em Chalupny e Maunier, os quais propõem a existência de uma relação de troca entre civilização e natureza, o fundamento para a recusa de um determinismo geográfico ou biológico na explicação das relações sociais[18].

A partir desses princípios, aceita, de um lado, que "do ponto de vista sociológico não existe uma normalidade absoluta, universal, ecumênica para a vida social ou cultural dos homens", e de outro, que existem "normalidades regionais e temporais" que se apresentam como *valores* e *significados* para a pessoa social. Assim, os elementos da natureza podem ser vistos como *bons* ou *maus*, *saudáveis* ou *patológicos*, *belos* ou *feios*, *ricos* ou *pobres*, se não para a totalidade da sociedade humana, pelo menos para "determinados grupos humanos, nas zonas especiais ou temporais do seu domínio"[19].

Tais colocações são o substrato teórico para a negação de uma linha evolucionista e/ou universalista do desenvolvimento das sociedades. Ao mesmo tempo instauram um debate com o *liberalismo* e o *socialismo* e a Sociologia serve de contraponto ao discurso político. Primeiramente analisando o passado: "Certo que a escravidão, por exemplo, tem sido de vantagem, pelo menos provisória, para certos grupos em certas fases do seu desenvolvimento, tornando-lhes possível o lazer para a arte, para a ciência, para o estudo: até mesmo para o estudo contrário a ela, escravidão"[20]. Posteriormente, refletindo sobre o presente, legitima a *conciliação* de formas políticas, aparentemente contrárias:

> já entre os gregos, o Professor Chalupny nos recorda que a idéia, que em Sociologia podemos considerar ecológica, de sucessão (no tempo) de sistemas políticos diferentes, era hipótese sociológica, ou quase sociológica, dentro da qual a Democracia não seria *absolutamente* melhor, como sistema político, do que a Monarquia, nem a Monarquia *absolutamente* melhor do que a *aristocracia*. A relatividade corresponderia – é nossa interpretação – à posição do sistema político que fosse puramente isto ou aquilo – monárquico ou republicano, aristocrático ou democrático – na vida social de certa época (tempo) e também de certo meio (espaço)[21].

Mais que isso, a ecologia social é o espaço analítico através do qual Gilberto explica os *vaivéns* da sociedade, os avanços e as regressões, as "alterações de domínio ou posição de dadas tendências ou instituições no espaço social ou no plano cultural"[22]. A necessidade de uma sociologia ecológica decorreria do fato de existir uma *relatividade no progresso*, onde uma tendência serve de contrapeso a outra;

> teríamos que considerar, entre as reações e contrapesos, os freqüentes regressos ou regressões, na vida social e cultural dos grupos humanos: o regresso ou regressão a Kant, em Filosofia, por exemplo, como contrapeso a tendências antikantianas; o regresso ou regressão a Mozart, em Música, como contrapeso a tendências exageradamente românticas; o regresso ou regressão à família patriarcal como contrapeso a tendências exageradamente antipatriarcais na vida de família[23].

Segundo Gilberto, o critério ecológico na análise social permitiria ao sociólogo afastar-se de posições limitadas e radicais, possibilitando-lhe visão mais equilibrada da sociedade. Mais ainda, definir uma política de organização social e cultural que abrisse espaço a

> uma grande faculdade de adaptação da parte do homem que lhe permitiria dar elasticidade a essa limitação, sem entretanto aboli-la: a civi-

lização ou a cultura alteraria sem cessar a delimitação primitiva da vida humana, deslocando-lhe sempre o centro de gravidade; mas sem abolir nunca a limitação. Ao enriquecimento de certas faculdades humanas sob a civilização corresponderia o empobrecimento de outras, como a sutileza de faro dos primitivos, por exemplo. Desse modo a vida se manteria dentro de limites e na mediania que Chalupny acredita ser-lhe favorável no plano social e cultural[24].

A constatação desses limites, segundo o autor, é fundamental à direção política.

Se a alguns de nós o regime mais conveniente à condição humana tal como ela se apresenta hoje, na maioria das regiões – naquelas de vida social e cultura complexa, – é o democrático-aristocrático, em que a seleção dos mais capazes para os postos de direção se faça desembaraçada de privilégios de castas, raças ou classes, é precisamente por parecer combinar tal sistema num espaço físico-social-geral menos diferenciado em espaços particulares que os de outrora, as vantagens de duas grandes experiências dos nossos antepassados sociais, às quais se poderia juntar mesmo terceira, sob a forma de monarquia eletiva, sujeita em pontos essenciais a controle democrático da massa e, em pontos técnicos, ao controle da *elite* ou aristocracia dos intelectuais e tecnicamente dos mais capazes[25].

É certo que os textos de Ortega y Gasset, autor que Gilberto já declarou ter-lhe influenciado a reflexão, principalmente com os livros *Espanha invertebrada, Rebelião das massas* e *Temas do nosso tempo*, apóiam essas posições[26]. Assinalo que a reflexão dos autores espanhóis enriquece a discussão freyriana sobre a questão regional[27] levando a que ao mesmo tempo adote várias das posições defendidas por eles sobre a relação elites/massa.

O traço fundamental da Sociologia Genética é, para Gilberto Freyre, a compreensão. É "aquela Sociologia cuja história de grupos, instituições e pessoas sendo, quanto possível, *história natural*, torna-se, de certa altura em diante, peculiarmente *humana, social* e *cultural* através não da simples descrição mas também da compreensão, pelo sociólogo, dos fenômenos sociais, pessoais de cultura"[28].

Sua proposta metodológica é de rompimento com as fontes históricas convencionais – os documentos "muitas vezes simples apologias ou negações sistemáticas, conforme os interesses de momento que os deformem"[29]. Procura outra documentação para recuperar "uma história tanto quanto possível natural de instituições, grupos e pessoas sociais. Ou antes, de instituição, grupo ou pessoa situada em determinado espaço ou época social e estudada nas suas relações de origem e desenvolvimento com outras instituições, grupos ou pessoas sociais"[30].

É através do estudo da *vivência e convivência cotidianas* dos indivíduos que Gilberto logra alcançar seu intento:

> o conhecimento do passado social do homem vem se aprofundando e estendendo, com relação àquelas épocas mais compreensíveis, não só através da colheita de pequenos nadas históricos sociologicamente significativos, como através de uma mais ativa compreensão do mecanismo de sofisticação pelos homens e pelos grupos dominantes de motivos dos seus atos, no interesse de iludirem os que muito dominam aos muito dominados, os muito dominados aos que muito dominam[31].

É o que empreende em *Casa-grande & senzala*, primeiramente, posteriormente em *Sobrados e mucambos*, *Nordeste* e *Ordem e progresso*. Busca "as pequenas expressões de vivência e convivência cotidiana: aquelas que só se surpreendem, considerando-se no passado íntimo de um grupo humano – no caso particularmente, o brasileiro – o cotidiano doméstico"[32].

A sociologia histórica transforma-se no espaço onde a história será fecundada pela antropologia e pela psicologia[33]. É por isso que "a Sociologia não é ciência nem da *natureza*, nem do *logos*, mas da *realidade*, isto é, da *realidade de nossa vida*. Da realidade vital ou existencial"[34]. E a realidade está não nos fatos que podem ser adulterados por visões políticas ou de classes[35], mas nos homens, mulheres e meninos participantes do viver cotidiano[36]. Considerando que Gilberto Freyre faz esta proposta e realiza o substantivo de sua pesquisa histórica na década de 1930, podemos considerá-lo *pioneiro* face àquelas apresentadas como novas interpretações do Brasil aparecidas nas décadas posteriores. Assim, a partir da conjunção dos métodos genético e ecológico, afirma que não há separação rígida entre presente e passado, sociologicamente considerados, como não há entre pessoa social e a coisa social e de cultura em que se estenda e prolongue, em grande parte, a pessoa; e de que seja, em parte, prolongamento. Passado e presente social humano são situações sociais: momentos do estar sendo que é a vida de cada ser social. Vida de modo nenhum individual e separada do todo sociocultural[37].

Aqui volta a invocar Ortega y Gasset que diz que "el hombre es lo que le há pasado"[38]. Os tempos se encontram, como também o *tempo e o espaço*.

Ao critério genético tenho sempre acrescentado (...) o critério ecológico. É outro aspecto de uma filosofia que não admite ser possível uma interpretação *ex-abrupto* do Homem, que despreze no Homem vivo, concreto, real, sua condição de homem situado. Situado no tempo e situado no espaço. Situado sinteticamente no espaço-tempo e situado em cada uma das duas condições em particular: na de espaço e na de tempo[39].

Tradição e Modernidade

O trópico, para Gilberto Freyre, é o *locus* onde se cruzam o tradicional e o moderno, convivendo em harmonia. O que o torna o espaço do equilíbrio dos antagonismos. Esse debate, que inicia na década de 1920, conforme já apontei, encontra seu ponto alto na discussão com os participantes da Semana de Arte Moderna. Acusa-os de trazerem de contrabando, em nome da revolução formal, com a qual concorda, uma visão universalista transplantada que se transforma em instrumento de destruição da diversidade. Contra essa tendência, funda em 1924, ao lado de outros intelectuais[40], o Centro Regionalista do Recife. Em 1925, trabalhando no *Diário de Pernambuco*, organiza o texto *Livro do nordeste,* comemorativo do centenário da fundação do jornal. Em 1926 promove o 1º Congresso Regionalista, onde lê o Manifesto Regionalista[41]. "Há dois ou três anos que se esboça nesta velha metrópole regional que é o Recife um movimento de reabilitação de valores regionais e tradicionais desta parte do Brasil", movimento que afirma o

> sentido por assim dizer eterno em sua forma – o modo regional e não apenas provincial de ser alguém de sua terra —, manifestado numa realidade ou expresso numa substância talvez mais histórica que geográfica e certamente mais social do que política. (...) Procurando reabilitar valores e tradições do Nordeste não julgamos estas terras, em grande parte áridas e heroicamente pobres, devastadas pelo cangaço, pela malária e até pela fome, as Terras Santas ou a Cocagne do Brasil. Procuramos defender esses valores e essas tradições, isto sim, do perigo de serem de todo abandonadas, tal o furor neófilo de dirigentes que, entre nós, passam por adiantados e 'progressistas' pelo fato de imitarem cega e desbragadamente a novidade estrangeira. A novidade estrangeira de modo geral. De modo particular nos Estados ou nas Províncias, o que o Rio ou São Paulo consagraram como 'elegante' e com 'moderno'[42].

É através da discussão sobre o tradicional e o moderno que a análise do trópico assume, em Gilberto Freyre, a dimensão regionalista. Ao mostrar a singularidade do regional, propugna a necessidade de uma específica direção política eco-sociocultural para o Nordeste.

> Nosso movimento não pretende senão inspirar uma nova organização do Brasil. (...) Regionalmente é que deve o Brasil ser administrado. É claro que administrado sob uma só bandeira e um só governo, pois regionalismo não quer dizer separatismo (...) Regionalmente deve ser estudada, sem sacrifício do sentido de sua unidade, a cultura brasileira, do mesmo modo que a natureza; o homem da mesma forma que a paisagem. Regionalmente devem ser considerados os problemas de economia nacional e os de trabalho[43].

Passa, estão, a resgatar os valores regionais, tradicionais, mostrando que o modernismo universalizador que os apaga destrói o sentido contemporizador que existe em seu seio. Em outros termos, afirma que cada região encontrou uma específica solução para seus problemas e modificar esse dado significaria alterar o equilíbrio sociopolítico nacional. Nesse sentido afirma ser preciso, antes de tudo, recuperar o bom senso presente nas criações regionais. Exalta, assim, o mucambo que

> se harmoniza com o clima, com as águas, com as cores, com a natureza, com os coqueiros e as mangueiras, com os verdes e os azuis da região como nenhuma outra construção. (...) Com toda a sua primitividade, o mucambo é um valor regional e, por extensão, um valor brasileiro, e, mais do que isso, um valor dos trópicos (...) valor pelo que representa de harmonização estética: a da construção humana com a natureza. Valor pelo que representa de adaptação higiênica: a do abrigo humano adaptado à natureza tropical. Valor pelo que representa como solução econômica do problema de casa pobre: a máxima utilização, pelo homem, da natureza regional, representada pela madeira, pela palha, pelo cipó, pelo capim fácil e ao alcance dos pobres[44].

Lembra ainda como valores regionais as velhas ruas, que deveriam ser preservadas em lugar de abrirem-se largas de avenidas. "O mesmo poderia alguém dizer das velhas ruas estreitas do Nordeste. Bem situadas, são, entre nós, superiores não só em pitoresco como em higiene às largas"[45]. Ou as comidas adaptadas ao clima e à produção agrícola regional, as quais foram esquecidas. Tão esquecidas quanto os *papéis sociais tradicionalmente desempenhados*.

> As novas gerações de moças já não sabem, entre nós, a não ser entre a gente mais modesta, fazer um guisado tradicional e regional. Já não têm gosto nem tempo para ler os velhos livros de receitas de família. Quando a verdade é que, depois dos livros de missa, são os livros de receitas de doces e de guisados os que devem receber das mulheres leitura mais atenta. O senso de devoção e o de obrigação devem completar-se nas mulheres do Brasil, tornando-as boas cristãs e, ao mesmo tempo, boas quituteiras, para assim criarem melhor os filhos e concorrerem para a felicidade nacional. Não há povo feliz quando às suas mulheres falta a arte culinária. É uma falta quase tão grave como a da fé religiosa[46].

Sem entrar no debate sobre a visão a respeito do papel das mulheres, parece claro que para Gilberto um dos dramas da modernidade é que as pessoas, no processo de transformação sofrido pela sociedade brasileira, deixaram "de reconhecer seu lugar social".

Retomá-lo configura-se de fundamental importância para o equilíbrio nacional. Por isso afirma:

> Quando aos domingos saio de manhã pelo Recife – pelo velho Recife mais fiel ao seu passado – e em São José, na Torre, em Casa Amarela, no Poço sinto vir ainda de dentro de muita casa o cheiro de munguzá e das igrejas o cheiro de incenso, vou almoçar tranqüilo o meu cozido ou o meu peixe de coco com pirão. Mais cheio de confiança no futuro do Brasil do que depois de ter ouvido o Hino Nacional executado ruidosamente por banda de música ou o 'Porque me ufano do meu país' evocado por orador convencionalmente patriótico[47].

O NORDESTE E A CONTEMPORIZAÇÃO

A região se confunde com a vida[48]. Há uma troca simbiótica entre a natureza e o homem. "A natureza regional tende, não há dúvida, a fazer o homem, o grupo, a cultura humana à sua imagem; mas, por sua vez, o homem, o grupo, a cultura humana agem sobre a natureza regional, alterando-a de modo às vezes profundo. Há uma contemporização entre as duas tendências"[49]. É por isso que o Nordeste agrário, do litoral, é marcado pela plasticidade.

> O massapê raramente deu desses homens zangados e agrestes, sem plasticidade e quase sem doçura nenhuma, que foram antes filhos dos sertões ou engenhos de terras ásperas. (...) A terra mais macia do litoral e da 'mata' do extremo Nordeste e do Recôncavo da Bahia parece ter influído sobre os próprios senhores (...) amaciando homens do Norte agrário inteiro e não apenas da cidade da Bahia naqueles baianos maneirosos que Joaquim Nabuco retratou n'*Um estadista do Império* – os políticos mais flexuosos e plásticos da monarquia[50].

O Nordeste agrário apresenta duas faces. De um lado, a que mostra o *rompimento* das relações homem/natureza:

> com a destruição das matas para a cana dominar sozinha sobre o preto, o roxo ou o vermelho dessa terra crua, a natureza do Nordeste – a vida toda – deixou de ser um todo harmonioso na sua interdependência para se desenvolverem relações de extrema ou exagerada subordina-

ção: de umas pessoas a outras, de umas plantas a outras, de uns animais a outros; da massa inteira da vegetação à cana imperial e todo poderosa; de toda a variedade de vida humana e animal ao pequeno grupo de homens brancos – ou oficialmente brancos – donos dos canaviais, das terras gordas, das mulheres bonitas, dos cavalos de raça[51].

De outro, a face *integradora* e *criadora*:

a civilização do açúcar teve naquele sistema social de relações dos homens com a terra, com os animais, com a água, com a mata; de relações em grande parte mórbidas – sadistas-masoquistas – dos senhores com os escravos, dos proprietários com os trabalhadores, dos brancos com os negros, dos homens com as mulheres, dos adultos com os meninos – não só o motivo de muitas de suas fraquezas como de várias de suas virtudes. (...) Essa civilização por natureza sedentária e sensual foi capaz de ação militar, de agressividade, de qualidades de luta em sua própria defesa. Foi também capaz de expressão artística. Quer através do seu espírito popular (...), quer pelo seu tipo de arquitetura de casa-grande e de mucambo adaptados às condições regionais de clima, de luz, de calor, e valendo-se, para material de construção, de elementos também regionais. (...) Por outro lado, foram os homens da Bahia e do extremo Nordeste que se tornaram, juntamente com os da Baixada Fluminense, os grandes senhores da política, da diplomacia e da administração do Império; (...) os grandes 'leões' dos salões da Corte; estadistas, políticos e diplomatas adoçados pela civilização do açúcar; suavizados pelo chá tomado em pequeno. E foi ainda o Nordeste, a sua civilização de engenho cheia de ócios para o estudo, que deu ao Brasil seu maior orador – o Padre Vieira; o seu maior poeta satírico – Gregório de Mattos; o seu maior matemático – o Souzinha; o seu maior filólogo – o Doutor Moraes (...). juristas, gramáticos, ensaístas, novelistas, historiadores. Poetas, líricos, músicos, pintores. Inovadores e revolucionários[52].

O ufanismo nada tem de ingênuo. Lembrar, na década de 1930, o papel desempenhado pelo Nordeste e seus homens, é assumir tarefa política bem definida, no quadro de um processo de conciliação. Lembrar que os engenhos nordestinos "se antecipam às cidades como centros de cultura intelectual"[53]; que inúmeros senhores de engenho desertaram de sua classe, "de uma classe e sobretudo de um sistema que sentiam terrivelmente opressivo para a sua inteligência e para sua sensibilidade, para seu espírito e para o espírito de seu povo"[54], é marcar, também, o papel representado pela região nordestina e por seus líderes no sentido de edificar "uma civilização que ajudaram a destruir, mas que entretanto marcou-os para sempre"[55]. Assim como para sempre teria ficado marcado o Brasil. É por isso que Gilberto afirma: "A verdade é que foi no extremo Nordeste (...) que primeiro se fixaram e tomaram fisionomia brasileira, os traços, os valores, as tradições portuguesas que junto com as africanas e as indígenas constituiriam aquele Brasil profundo, que hoje se sente ser o mais brasileiro"[56]. Essa civilização, ao mesmo tempo opressora e criadora, recriou-se e marca o Brasil contemporâneo. "Foi justamente essa civilização nordestina do açúcar – talvez a mais patológica, socialmente falando, de quantas floresceram no Brasil – que enriqueceu de elementos mais característicos a cultura brasileira. *O que nos faz pensar nas ostras que dão pérolas*[57].

Lembrar o papel da região em um momento em que se opera a centralização político-administrativa – a década de 1930 – é colocar em plano político a reflexão sobre as formações regional e nacional. Mais ainda, mostrar que a forma pela qual tradicionalmente se encaminharam as questões político-sociais naquele espaço, numa conjuntura marcada pela substituição do bloco de poder no país, significa avançar elementos que permitirão a conciliação de interesses das diferentes regiões.

O TRÓPICO E A DIVERSIDADE

Segundo Gilberto, é o trópico que marca o povo brasileiro portador de traços simultaneamente apolíneos e dionisíacos. O Nordeste seria exemplo disso, pois existem

> mais de dois Nordestes e não um, muito menos o Norte maciço e único de que se fala tanto no Sul com exagero de simplificação. As especializações regionais de vida, de cultura e de tipo físico no Brasil estão ainda por ser traçadas debaixo de um critério rigoroso de ecologia ou de sociologia regional, que corrija tais exageros e mostre que dentro da unidade essencial, que nos une, há diferenças às vezes profundas[58].

Há a mata, o Nordeste do massapê, diferente do sertão, de terra dura e areia seca. "O massapé é acomodatício. (...) A doçura das terras de massapê contrasta com o ranger de raiva terrível das areias secas dos sertões. (...) Por isso foi possível fundar-se aí a civilização moderna mais cheia de qualidades, de permanência e ao mesmo tempo de plasticidade que já se fundou nos trópicos"[59]. Mas, mesmo na mata, convivem vários Nordestes: o das cidades e o rural; no rural, o agrário e o industrial, que já é quase cidade. É o Nordeste onde a usina matou o engenho. Aquela trouxe um progresso falso, que deteriorou as condições de vida da região. O trabalho nas usinas de açúcar

> é talvez um trabalho mais penoso do que no tempo da escravidão (...). A verdade é que talvez em nenhuma outra região do Brasil a extinção do regime de trabalho escravo tenha significado tão nitidamente como no Nordeste da cana-de-açúcar a degradação das condições de vida do trabalhador rural e do operário. Da assistência ao escravo – assistência social, moral, religiosa e até médica, que bem ou mal era praticada pela maioria dos senhores escravocratas no interesse das próprias terras, da própria lavoura, do próprio açúcar, da própria família (em contato direto com parte da escravaria e indireto com toda a massa negra) – quase não resta senão um traço ou outro, uma ou outra tradição mais sentimental do que efetiva, nos engenhos mais velhos, numa ou outra usina de senhor menos ausente do campo. A industrialização e principalmente a comercialização da propriedade rural vem criando usinas possuídas de longe, algumas delas por Fulano ou Sicrano e Companhia, firmas para as quais os cabras trabalham sem saber direito para quem, quase sem conhecer senhores, muito menos senhoras[60].

É a despersonalização das relações sociais nas quais o trabalho era componente essencial. Gilberto denuncia a usina como destruidora dos valores da vida e da cultura do Nordeste. Nesse sentido, "a usina não teve força para acrescentar nada de positivo a essa civilização: só tem feito diminuí-la." A industrialização do açúcar a partir da usina teria sido a destruidora de um modo de vida secular.

> Essa maior centralização da produção industrial não encontrou aqui, nos restos de patriarcalismo escravocrata – particularista em extremo

–, tradições de solidariedade que permitissem à lavoura defender-se do domínio imperial das novas fábricas. Estas foram, em geral, centralizando-se sob um individualismo duro e seco. Bem diverso do da época patriarcal[61].

Sem esquecermos que o livro *Nordeste* é publicado em 1937, lembremos que nele Gilberto acusa o usineiro de falta de solidariedade regional. "Em geral, o trabalhador do eito não existe para o industrial ausente ou quase – ausente como um conterrâneo cujo bem-estar o interesse; *nem o fornecedor de cana como um consócio cuja situação o afete*"[62]. Assim, aponta o fato do preço do açúcar se elevar, com vantagem para o usineiro, enquanto as usinas baixam os preços de sua tabela de compra de cana[63].

Para Gilberto, mais que uma região geográfica, o Nordeste é um *segredo*: segredo de convivência, conciliação, equilíbrio entre antagonismos, plasticidade, sabedoria política. Esse traço presente no português, no Brasil mestiço assumiu papel importante na orientação política que alargou "a acepção social e legal de *branco*, que dentro dela pôde ir se acomodando o mulato triunfante a ponto de chegar em Pernambuco a capitão-mor nos tempos coloniais"[64]. O Nordeste mulato é um Nordeste híbrido, onde às vezes o mestiço luta "por um sistema de governo em que dominaria a aristocracia, em sua maioria branca, ou quase branca, dos canaviais"[65]; e onde aparecem brancos aristocratas, como "Tavares Bastos e Joaquim Nabuco, por exemplo, brancos finos de casa-grande desertando para o lado dos negros; e não mulatos aristocratizados pela ascensão intelectual"[66].

Para Gilberto Freyre o mulato é a *figura dramática* representativa do Nordeste. Foi às vezes revolucionário "não por ódio radical de raça ou de classe: por desajustamento psicológico, principalmente"[67]. Ascendendo socialmente através da educação, acabou por ser crítico do sistema e *ator* nos movimentos revolucionários. *Instrumento* político, na medida em que serviu de elemento fundamental à quebra do poder dos grandes senhores dos canaviais, quebra essa que o autor julga ter sido perigosa à unidade nacional[68].

Na visão de Gilberto, a psicologia do mulato[69] é a parte *racional* do semblante brasileiro, racionalidade deslocada, de marca ocidental, num país fortemente orientalizado. A ideologia libertária da Revolução Francesa e da Revolução Americana teria chegado até nós através do *intelectual mulato*, produto do trópico. Frei Caneca, Pedroso, Emiliano, Antonio Pedro Figueiredo, Padres Lopes Gama, Moniz Tavares e Vieira, Nascimento Feitosa, Abreu e Lima, representariam essa crítica irada, com raízes estrangeiras (Cousin, Charles Comte), mas de um "simplismo romântico" porque descolada da realidade, levantando propostas de transformações impossíveis de serem aplicadas[70].

O intelectualismo revolucionário, ao mesmo tempo produto da civilização agrária e escravocrata e cerne de sua destruição, seria uma mostra do trópico como *locus* do encontro entre Oriente e Ocidente. A civilização do açúcar, formada por valores trazidos da Ásia e da África, por portugueses e escravos negros, por judeus e maometanos, através de sua riqueza abriu-se à Europa liberal. A violência de duas revoluções regionais – 1817 e 1824 – que, para o autor, representam dois momentos de confronto entre essas duas formas de cultura e de psicologia, ilustraria a questão. Mas a Europa liberal e o Ocidente, derrotados politicamente no palco político nordestino, foram vencedores porque se metamorfosearam em componentes transformadores da sociedade.

> Vencidas as duas grandes revoluções regionais, sobre os novos centros de cultura continuariam a agir, através da primeira metade do século XIX, influências francesas e inglesas, umas romanticamente liberais, outras de sentido mais organizador, mais jurídico ou mais científico. Além de Montesquieu, de Voltaire, de Condorcet, de Locke, de Lamartine – Charles Comte com o seu memorável *Traité de législation* e Bentham, que seria tão discutido entre nós. E ainda: Filangeri, Say, Tocqueville, Adam Smith, Laboulaye. Os anúncios dos jornais nos permitem seguir a preponderância das leituras novas como também de músicas e drogas francesas, inglesas e americanas que foram revolucionando os vários aspectos da cultura regional no sentido da diminuição de prestígio dos valores tradicionais mais característicos da ordem aristocrática e escravocrata da civilização do açúcar: a medicina caseira, a modinha, a religião, o clássico latino, a novela de cavalaria[71].

Assim, o Brasil, o Nordeste e o trópico constituem-se no espaço do encontro das civilizações oriental e ocidental. Síntese que abre a duas novas oposições: de um lado, dessa amálgama teria surgido a riqueza social e cultural do país; de outro, é um campo marcado por antagonismos antes de ordem cultural do que socioeconômica. É isto que explicaria as lutas regionais face a um projeto centralizador, pois, as regiões não são apenas geográfica, mas historicamente diferentes.

O conjunto da reflexão de Gilberto encaminha-se para demonstrar que, se o patriarcalismo teve a sabedoria de bem encaminhar os conflitos apontados, caberia ao novo Estado que se constrói em 1930 retomar as lições do passado para construir o presente e o futuro.

O Trópico e a História

O encontro Oriente/Ocidente que caracteriza a cultura ibérica transplantada para o Brasil cria um meio novo no trópico que se constituiu no caldo apropriado ao desenvolvimento de uma nova civilização: uma formação *extra-européia*.

> Pode-se dizer que a civilização que o Brasil está desenvolvendo nos trópicos não é puramente ocidental ou européia. É, sob vários aspectos, extra-européia. Ou mais-que-européia. (...) Não se trata apenas de uma civilização subeuropéia. (...) Procura adaptar-se a condições que não são européias e sim tropicais: clima tropical, vegetação tropical, paisagem tropical, luz tropical, cores tropicais[72].

Novamente Gilberto passa de uma aparentemente ingênua descrição de características culturais para a definição de uma tarefa política. Ser extra-europeu significa criar uma nova civilização, civilização essa à qual não cabem soluções organizacionais sociopolítico-econômicas transplantadas. Trata-se de buscar algo novo e essa tarefa tornaria os brasileiros pioneiros[73]. "Há um desafio ao Brasil, da parte da moderna civilização ocidental de tornar-se o nosso país (...) um ativo mediador entre o Ocidente e o Oriente, entre a Europa ou a América Setentrional e o trópico"[74]. Trata-se da busca de uma solução não tipicamente burguesa; mas de um antiburguesismo com intenções não retrógradas – a procura de uma sociedade ao mesmo tempo pós-industrial e pós-socialista.

O apego às tradições, aparentemente um arcaísmo presente no luso-hispano, se apresentaria como uma reação desses povos ao avanço de valores da sociedade burguesa, qualidade herdada pela sociedade brasileira[75]. Menos que um retorno atávico, o culto à tradição seria uma projeção ao futuro.

> Podemos considerar os brasileiros menos ativistas o principal reduto de resistência brasileira a modernices já arcaicas; por outro lado, os principais agentes da pós-modernização de supostos arcaísmos que a cultura ibérica preservou durante os séculos em que resistiu um tanto quixotescamente à absorção dos seus motivos e dos seus estilos de vida pela Europa Protestante, racionalista e pan-economista. O momento não é de regresso a tais valores mas de projeção da parte deles, por vários hispanos nunca repudiados, sobre um futuro que necessita do que neles é mais que moderno[76].

O pouco apego do hispano à riqueza, que o brasileiro também teria herdado, seria um momento avançado, pois "no futuro a riqueza por si não valerá coisa alguma"[77]. Mais que isso, o rompimento da relação tempo/dinheiro: "Nenhum povo, dentre os modernos, se apresenta, tanto quanto o hispano, diferente dos outros povos – sobretudo dos outros povos europeus – em seu sentido de tempo"[78].

Segundo Gilberto, no trópico o tempo tem outra duração[79]. Duração que passa pelo clima, pela influência oriental na formação brasileira, pela recusa ao industrialismo e ao burguesismo. Estamos num contratempo. Esse ritmo histórico sincopado não permite que a sociedade brasileira consiga ser burguesa em todas as suas formas: nem social, nem cultural, nem econômica, nem política. Por esse motivo, o povo brasileiro é tropicalmente dado ao ócio, ao lazer e a uma visão fleugmática do mundo. Esta seria a herança *nordestina* em nossa formação, resultado da monocultura, que empregava e ainda emprega (o texto é de 1937) o "trabalhador apenas durante uma parte do ano, a outra parte ficando uma época de ócio e, para alguns, de voluptuosidade, desde que a monocultura, em parte nenhuma na América, facilitou pequenas culturas úteis, pequenas culturas e indústrias ancilares ao lado da imperial, de cana-de-açúcar"[80].

A recusa à racionalidade burguesa atinge também, segundo o autor, o nível das idéias. A formação ibérica levaria os brasileiros a terem uma percepção da sociedade que passa por uma visão filosófica antes *franciscana* do que *aristotélica*. Produto do trópico que é propício ao desenvolvimento mais dos *sentidos* do que da *razão*. Resultado das relações homem/natureza trata-se, segundo Gilberto, de visão mais rica, mais criativa e mais adequada à sociedade brasileira. Idéias que induzem à ação resultarão em "desenvolvimentos simbióticos" que virão

> a constituir novas configurações de cultura, regionais ou pré-nacionais – e , com o tempo, nacionais – marcando uma das mais criativas experiências humanas do universo. O Brasil está entre as nações que vêm resultando de experiência assim ousada. Uma das afirmações mais vigorosas de quanto foi fecundada em sua aplicação à vida, à ação aos contatos intra-humanos, intra-raciais, intraculturais, daquela filosofia Franciscana, divergente da ortodoxamente aristotélica[81].

Essa afirmação da existência de um saber novo, marcada antes por um não-racionalismo é a definição de uma nova ciência, a Lusotropicologia. Marcada pelo ecletismo – na definição do objeto, do universo analítico, do campo de ação, da utilização das teorias – é proposta como um novo ramo das Ciências Sociais. Mais ainda, trata-se da proposição de união da Sociologia e da Antropologia[82] que, dadas as características específicas da sociedade brasileira, como conjunto serão as únicas capazes de *compreender* o Brasil e auxiliar a definir uma *política de ação*.

Notas ao Capítulo VI

1 Gilberto FREYRE. *Como e porque sou e não sou sociólogo. Op. cit.*, p. 50; *id.*, "Prefácio à 1ª Edição". In: *Casa-grande & senzala. Op. cit.*, pp. LXI, LXII e LXIII.
2 *Id., Tempo de aprendiz. Op. cit.*, vol. I, p. 322.
3 *Ibid.*, vol. I, p. 316.
4 *Ibid.*
5 *Ibid.*, vol. II, p. 16.
6 *Ibid.*, vol. I, p. 336.
7 *Ibid.*, vol. I p. 322.
8 *Ibid.*, vol. I p. 366
9 *Ibid.*, vol. I, pp. 280-281.
10 *Ibid.*, vol. I, p. 382.
11 *Ibid.*, vol. II, p. 94.
12 Em trabalho anterior já apontei a influência sobre Gilberto de Ángel Garmiet, em relação a essa temática. Cf. Elide Rugai Bastos, *Gilberto Freyre e o pensamento hispânico. Entre Dom Quixote e Alonso el Bueno*. São Paulo: Sumaré; Bauru, SP: Edusc, 2003.
13 *Ibid.*, vol. I, pp. 300-301.
14 *Id., Nordeste. Op. cit., Id., Problemas brasileiros de antropologia*. Rio de Janeiro: José Olympio,1943.
15 *Id., Sociologia: introdução ao estudo de seus princípios*. 2. ed. Rio de Janeiro: José Olympio, 1957, 2º tomo, p. 435.
16 *Ibid.*, p. 429.
17 *Ibid.*, pp. 439-440.
18 *Ibid.*, pp.443-447. O trabalho de E. Chalupny em que Gilberto Freyre se baseia para fundar o debate é *Introduction à la sociologie*, Paris, 1929.
19 *Id., Sociologia. Op. cit.*, 1º tomo, pp. 142-143.
20 *Ibid.*, 1º tomo, p. 142.
21 *Ibid.*, 2º tomo, p. 448.
22 *Ibid.*, p. 447.
23 *Ibid.*, p. 446.
24 *Ibid.*, p. 448.

25 *Ibid.*, pp. 448-449.
26 Elide Rugai BASTOS. *Gilberto Freyre e o pensamento hispânico. Entre Dom Quixote e Alonso el Bueno. Op. cit.*
27 Fernando Novais chamou-me a atenção para a importância da discussão sobre o regionalismo presente nos autores espanhóis naturalmente motivada pela situação político-administrativa e cultural da Espanha. Mostrou-me, ainda, as razões da procura, por parte de Gilberto Freyre, da inspiração nos autores hispânicos, uma vez que o regionalismo não se constitui em problema para os autores portugueses, questão que havia escapado à minha reflexão em trabalho anterior. Agradeço sua atenta e extremamente competente leitura de meu livro *Gilberto Freyre e o pensamento hispânico*.
28 *Id., Sociologia. Op. cit.*, p. 503.
29 *Ibid.*, p. 500.
30 *Ibid.*, p. 499.
31 *Ibid.*, pp. 501-502.
32 *Id., Como e porque sou e não sou sociólogo. Op. cit.*, p. 71.
33 *Id., Sociologia. Op. cit.*, 2º tomo, p. 513.
34 *Ibid.*, p. 525.
35 *Ibid.*, p. 521.
36 *Id., Como e porque sou e não sou sociólogo. Op. cit.*, p. 71.
37 *Id., Sociologia. Op. cit.*, p. 526. Retomada da tese de Ortega y Gasset, já indicada.
38 *Ibid.*, p. 526.
39 *Id., Como e porque sou e não sou sociólogo. Op. cit.*, p. 76.
40 Entre outros, Carlos Vieira Filho, Júlio Belo, Moraes Coutinho, Carlos Lyra Filho, Odilon Nestor.
41 A leitura do *Manifesto regionalista* teria sido feita em fevereiro de 1926, mas sua publicação data de 1952.
42 Gilberto Freyre, *Manifesto regionalista*, 4ª edição. Recife: Instituto Joaquim Nabuco de Pesquisas Sociais, 1967, pp. 27-28, 33-34.
43 *Ibid.*, pp. 31 e 33.
44 *Ibid.*, pp. 37-38.
45 *Ibid.*, p. 39.
46 *Ibid.*, p. 60.
47 *Ibid.*, pp. 60-61.
48 *Id., Nordeste. Op. cit.*, p. 29.
49 *Ibid.*, p. 30.
507 *Ibid.*, p. 47.
51 *Ibid.*, pp. 98-99.
52 *Ibid.*, pp. 268-269.

53 *Ibid.*, p. 273.
54 *Ibid.*, p. 271.
55 *Ibid.*
56 *Ibid.*, p. 43.
57 *Ibid.*, p. 288. O grifo é meu.
58 *Ibid.*, p. 37.
59 *Ibid.*, pp. 37-38.
60 *Ibid.*, pp. 255 e 257.
61 *Ibid.*, pp. 258, 259 e 260.
62 *Ibid.*, p. 263. O grifo é meu, para chamar atenção para o fato de Gilberto Freyre colocar-se claramente na defesa do senhor de engenho, segundo ele prejudicado pela modernização da economia do açúcar.
63 Deve ser assinalado que estas reflexões, publicadas em 1937, situam-se entre o decreto de 1933, que criou o Instituto do Açúcar e do Álcool – com o fim de estabelecer o equilíbrio entre as safras de cana e o consumo de açúcar –, e o Estatuto da Lavoura Canavieira, de 1941 – que normatiza as relações entre os fornecedores de cana e as usinas de açúcar.
64 *Id., Nordeste. Op. cit.*, p. 195.
65 *Ibid.*, p. 197.
66 *Ibid.*, p. 206.
67 *Ibid.*, p. 196.
68 *Ibid.*, pp. 194 e 205.
69 Sobre o tema, conferir os trabalhos de Antonio Sérgio Guimarães. *Racismo e anti-racismo no Brasil*. 2. ed. São Paulo: Editora 34, 2005; *Ibid.*, "Democracia racial: o ideal, o pacto e o mito". In: *Novos Estudos Cebrap*, São Paulo, v. XX, nº 61, pp. 147-162, 2001; Jessé SOUZA. *A construção social da subcidadania: para uma sociologia política da modernidade periférica*. Belo Horizonte: UFMG, 2003; *Ibid.*, "Gilberto Freyre e a singularidade cultural brasileira." In: *Tempo Social*, vol. 12, 2000.
70 *Ibid.*, pp. 180 a 206.
71 *Ibid.*, pp. 278-279.
72 *Id., Novo mundo nos trópicos. Op. cit.*, p. 130.
73 *Ibid.*, pp. 132-133.
74 *Id., Arte, ciência e trópico*. São Paulo: Difel; Brasília: INL, 1980, p. 64.
75 *Id., Interpretação do Brasil. Op. cit.*, pp. 66-82.
76 *Id., O brasileiro entre os outros hispanos*. Rio de Janeiro: José Olympio; Brasília: INL, 1975, p. XLII.
77 Diogo de Melo MENEZES. *Gilberto Freyre*. Rio de Janeiro: CEB, 1944. p. 178.
78 *Id., O brasileiro entre os outros hispanos. Op. cit.*, p. XLVI.
79 *Ibid.*, p. 42.

80 *Id., Nordeste. Op. cit.*, p. 15.
81 *Id., Arte, ciência e trópico.Op. cit.*, p. 8. Vide também, *Seis conferências em busca de um leitor.* Rio de Janeiro: José Olympio, 1965, p. 156.
82 *Id., Problemas brasileiros de antropologia. Op. cit.,* debate feito ao longo do livro.

Capítulo VII

VARIAÇÕES DE PROMETEU[1]

Como já foi indicado, Gilberto Freyre pertence a uma linhagem de autores que desenvolveram seus trabalhos principalmente na década de 1930. O traço mais geral desses textos, que encontram seus primeiros delineamentos na década anterior, é uma busca de explicação sobre o Brasil. Essas discussões, feitas por intelectuais ligados a várias áreas do conhecimento e a diferentes filiações teóricas, abandonam progressivamente a marca de lamentação sobre a inexistência de uma cultura brasileira, característica do ensaísmo de 1920, para voltar-se à busca das raízes de nossa formação. Essa mudança explicita-se no debate sobre a língua, a educação, a organização política, as artes plásticas, a arquitetura, a música. Se anteriormente tais reflexões apontavam para as diferenças apresentadas pelo Brasil face às outras nações, agora altera-se o tom. Ainda se comparam largamente os índices brasileiros de alfabetização, industrialização, saúde, com os alcançados pelos outros países, apontando para o fraco desempenho brasileiro, mas o ponto de discussão é outro. Trata-se de "procurar uma atitude de análise e crítica em face do que se chamava incansavelmente a 'realidade brasileira' (um dos conceitos-chave do momento)"². Essa busca ganha sentido na medida em que o Estado, pelo processo de centralização das decisões político-administrtivas, detém agora instrumentos que permitem o encaminhamento de soluções aos problemas denunciados. Mais do que isso, a discussão faz parte de um processo mais amplo, no qual constituem-se simultaneamente o Estado e as novas instituições sociais.

Com este pano de fundo, explica-se a mudança de clave da reflexão freyriana. Seus trabalhos da década de 1920 apontam, simultaneamente, para dois pontos aparentemente contraditórios: de um lado, denuncia um crescente processo de falsa modernização em curso, que destrói as tradições nacionais; de outro, reclama sobre a não-modernização científica e institucional, meta que, se não alcançada, impediria o Brasil afirmar-se como Nação do século XX, num tom muito próximo aos ensaístas do período. As obras do autor na década de 1930 passam para um outro patamar: voltam-se à reinterpretação do passado nacional, aos estudos sobre as questões racial e cultural. Porém, mais do que as transformações comuns aos estudos do período, e das quais Gilberto é tributário, a principal mudança reside no questionamento dos *recursos* disponíveis para a análise do social. Nesses trabalhos dos anos 1930, Freyre busca tanto a construção dos instrumentos analíticos novos como uma nova interpretação da história social brasileira. Este procedimentos resulta num grande salto, que marcará profundamente a reflexão sobre o social no Brasil.

SOCIOLOGIA COMO SISTEMA

Casa-grande & senzala, publicada em 1933, retoma temas presentes no debate das décadas anteriores sobre a formação nacional. Nesse trabalho, Gilberto Freyre, herdeiro dessa tradição, dialoga, explícita ou implicitamente, com vários autores – Paulo Prado, Capistrano de Abreu, Oliveira Vianna, Azevedo Amaral, entre outros –, ora incorporando, ora rejeitando suas idéias.

O que explica, então, o fato de o livro, imediatamente à sua publicação, ser colocado em patamar diferente das obras daqueles escritores, se lhe atribuindo caráter explicativo mais amplo e definitivo? Em outras palavras, serão as idéias freyrianas tão diferenciadas das de seus predecessores que justifiquem, por si só, o sucesso e o caráter assumidos por *Casa-grande & senzala?*

A meu ver, além da inegável genialidade das explicações do autor, a grande repercussão ocorre porque Gilberto Freyre representa um momento de passagem, o fechamento de um ciclo, quando a teoria social deixa de apresentar-se como manifestação dispersa e surge como um sistema: a sociologia. Nesse sentido, é o último pensador de um período e o primeiro de uma nova etapa[3], que se desenvolverá à sua revelia. O ponto de toque dessa transição é dado pelo abandono do *discurso jurídico*, até então o instrumento explicativo da realidade, e a adoção do *discurso sociológico* como novo código competente para dar conta do social. O impacto dessa transformação é palpável e o comentário de Monteiro Lobato o ilustra:

> Gilberto Freyre tem o destino dos Grandes Esclarecedores. Antes de sua amável e pitoresca lição, vivíamos num caos impressionista, atrapalhadíssimos com os nossos ingredientes raciais, uns a negá-los, como os que têm como 'patriótico' esconder o negro, clarear o mulato e atribuir virtudes romanas aos índios; outros a condenar isto em nome daquilo – tudo impressionismo duma ingenuidade absoluta e muito revelador da mais completa ausência de cultura científica na nossa gente culta e até em nossos sábios. (...) Seu livro era sociologia, jogava com toda a técnica da misteriosa ciência e com a sua estranha terminologia[4].

A metamorfose do jurídico ao sociológico é componente fundamental do processo de institucionalização das Ciências Sociais. Esta se dará na década de 1930 através da criação de cursos de Ciências Sociais na Universidade de São Paulo e Escola de Sociologia e Política, em São Paulo e na Universidade do Distrito Federal; da inclusão da disciplina Sociologia em diversos cursos de formação de professores; da multiplicação de coleções de livros de estudos brasileiros, tais como Brasiliana, Documentos Brasileiros, Problemas Políticos Contemporâneos, Coleção Azul. O clima era tão propício a seu desenvolvimento que já se disse, ironicamente, que, se na geração anterior os jovens autores procuravam se afirmar através de um livro inaugural de versos, na década de 1930 tendiam a fazê-lo por meio do ensaio de cunho sociológico[5].

Gilberto Freyre encontra-se no ponto de inflexão desse processo de transição e isso se deve a inúmeros fatores. É necessário lembrar que a sistematização de uma teoria resulta de um processo cumulativo de pensamento. Os ensaístas dos anos 1930 são devedores daqueles da década de 1920, mas há neles uma maturação da reflexão sobre a formação nacional, permitindo um avanço na colocação da problemática. Porém não é só: também a mudança de temática, que não gira mais somente em torno da organicidade do Estado, mas incorpora ao debate a constituição da sociedade. Isto exige a busca de novo instrumental analítico, o que abre espaço ao discurso sociológico. Nesse sentido, Gilberto Freyre encontra-se numa situação privilegiada, pois vários fatores permitem que domine inúmeros recursos de análise não disponíveis aos intelectuais formados no país. Estudou Ciências Sociais na Universidade de Columbia num momento de fervor do debate sobre as formações nacionais, principalmente acionado pelos resultados sociais e políticos da primeira guerra mundial. Foi aluno de Boas, cujo culturalismo se colocava como oponente teórico da sociobiologia. Lia inglês, quando no Brasil a língua à disposição dos pesquisadores era principalmente o francês, o que lhe abriu horizontes bibliográficos novos. Viajou pela Europa num momento em que os movimentos nacionalistas encontravam-se em grande ascensão. Leu vários autores espanhóis que discutiam o problema da diversidade da Espanha e seus regionalismos. Beneficiou-se do fato de trabalhar com os resultados de um amplo debate no âmbito do pensamento social tanto em nível nacional como internacional.

Refletir sobre o fato de existir no Brasil, na década de 1920 uma crescente fermentação de novas idéias significa também lembrar o substrato social sobre o qual esse processo se desenrolou. O ensaísmo florescente nesse período, decorre, entre outros fatores, de mudanças de caráter econômico, político, social e cultural. É bastante significativo o fato de no início dos anos 1920 ocorrerem quatro grandes movimentos que, de um lado são resultados de um debate social, e de outro, concorrem para acelerar o processo de transformação da sociedade. Refiro-me, como já indiquei anteriormente[6], à

Semana de Arte Moderna, que simultaneamente é resultado e desencadeia uma revolução estética, denuncia a ingenuidade do ufanismo e contribui para a valorização das coisas do país; às mobilizações sociais de trabalhadores, inúmeras no período, que ganham nova dimensão e atingem outra etapa, na medida em que se funda o Partido Comunista Brasileiro, organização possível pela própria existência daquelas lutas; às idéias católicas, reação tradicionalista, que apareciam como manifestações dispersas, de caráter individual, e que tomam rumo mais marcante a partir da criação do Centro Dom Vital e da edição da revista *A Ordem*; à rebelião do Forte de Copacabana, marco do movimento tenentista.

Esses acontecimentos expressam o processo de desgaste do pacto oligárquico. Estava ocorrendo a perda de terreno econômico e político pelos setores tradicionais ligados à exportação, em favor de um capital que se desenvolveu, também, através de investimentos industriais. O choque de interesses deixa espaço ao debate das idéias que, nesse palco, ora vão opor-se, ora articular-se. Em outros termos, a crise permite o aparecimento de idéias em confronto; idéias de caráter conservador bem marcado, que se opõem ou mesclam com propostas liberais mais avançadas, sem esquecer que propostas socialistas ganham corpo e se organizam nesse momento. Cria-se um espaço de discussão onde surge a possibilidade de novos parceiros no diálogo. Nesse clima, os intelectuais são desafiados a novas reflexões, de certo modo independentes em relação ao Estado. Essa tendência acentua-se com a Revolução de 30 e o "fervor cultural" que a acompanha.

Em síntese, num processo de transformação da sociedade, todas as forças sociais são mobilizadas. As lutas sociais, as organizações decorrentes dessas lutas, a unificação ou a fragmentação de interesses que levam à constituição de grupos diversos daqueles anteriores, as idéias, a reflexão sobre esses processos fazem parte de um todo e cada parte só encontrará sua explicação se remetida a essa totalidade. Em outras palavras, as transformações de caráter político são resultado de um processo social que se desenvolve ao longo do tempo. Processam-se tanto em termos sociais, econômicos e políticos como em termos de produção de pensamento.

Nesse sentido, para a discussão do papel que a obra de Gilberto Freyre desempenha na articulação de forças da década de 1930, é fundamental que a coloquemos em referência às mobilizações sociais, às formas de organização e institucionalização, aos debates políticos em curso e às obras produzidas nesse momento e nos anos anteriores. Só assim será possível entender por que esse autor, além da inegável qualidade de seu trabalho, vem a ser celebrado como "o explicador da realidade brasileira". Se a genialidade é um dos componentes do processo, como tantas vezes já foi indicado, parece-me importante mostrar que este caráter lhe é conferido pelo fato de estar historicamente localizado num momento político, social e cultural que lhe permitiu mobilizar instrumentos adequados à passagem de uma etapa de *meditação* a uma fase de *explicação* do social.

Relembrando a reflexão de Antonio Candido sobre a formação da literatura brasileira aponto para o fato de o mesmo procedimento indicado pelo autor para a literatura poder ser aplicado à Sociologia[7]. Na reconstrução do quadro dos anos 1930, em que se processa a sistematização dessa disciplina, período que considero decisivo na mudança de patamar da reflexão sobre o social, ocorrem três fatores simultâneos: a presença de um conjunto de autores que debatem uma temática comum e que estão conscientes de seu papel de intérpretes da sociedade; a existência de um grupo de receptores, isto é, de um público consumidor dessas interpretações; a definição de um novo instrumento transmissor das mesmas, no caso o discurso sociológico. Nesse cenário Gilberto Freyre desempenha papel fundamental no processo de sistematização da Sociologia, uma vez que em *Casa-grande & senzala* dedica-se a afirmar o discurso sociológico como o elemento de superação das explicações fundadas na sociobiologia e no determinismo geográfico. Em outros termos, creio ser possível apontar Freyre como sistematizador dessa disciplina uma vez que consolida a Sociologia fundada no culturalismo como substituto das explicações anteriores.

A SOCIOLOGIA E O CONFLITO

O que poderíamos considerar como temática privilegiada de Gilberto Freyre? Como já foi dito, a transição ao moderno com dois elementos presentes no processo: a decadência e a sobrevivência. Por isso elege como problemas mais importantes da sociedade brasileira os vários aspectos dessa passagem: busca as relações entre o regional e o nacional; questiona a centralização do poder; procura compreender as formas de transformação do escravo em trabalhador livre: segue os passos da transição da monarquia à república; tenta fixar as diferenças entre o século XIX e o XX; reflete sobre as perdas e a sobrevivência do tradicional face ao moderno; indaga sobre a separação e a articulação entre o agrário e o industrial; debate as semelhanças e a diversidade entre o rural e o urbano; e, principalmente, esforça-se por encontrar a continuidade e os rompimentos entre o privado e o público. Nesse percurso, mostra uma sociedade onde essa transição se opera sem rupturas. Tal solução torna-se possível a partir de uma específica visão sobre o conflito.

Nessa larga história social, que vai do período que antecede o descobrimento do Brasil ao final da Primeira República, Gilberto aponta para a não solução de continuidade da ordem social, a não interrupção das formas de organização, a não violação de contratos e, principalmente, o não rompimento das relações sociais. Essas seriam características essenciais da sociedade brasileira. A transição é vista como um momento de crise da ordem social, que logo encontrará seu reequilibro, sem alterações fundamentais. É como se o elemento desencadeador da crise fosse um ruptor que tem por função interromper e restabelecer sucessivamente a corrente elétrica alimentadora do curso social. Ao sociólogo caberia compreender o sentido dessa ordem e descrever a "démarche" como natural. Esta só pode ser vista como quebra se estivermos comprometidos com ela, isto é, se não nos colocarmos numa distância "convenientemente científica". Exemplifico:

> Também o primado da chamada burguesia – tal como veio a definir-se no século XIX, com o liberalismo econômico e o capitalismo ortodoxo – parece estar em crise tão profunda que talvez o fim da guerra atual seja também o seu fim. (...) Se amanhã vier a desaparecer o domínio da burguesia tal como o conhecemos hoje – e nada indica que esse desaparecimento se produza com maiores violências do que aquelas a que nos vimos habituando desde 1914 – não há aí motivo de inquietação sobre base científica mas só de inquietação política e sentimental. Pode o enfraquecimento da burguesia nas suas formas ortodoxas de domínio estar nos trazendo o desconforto das eras de

grandes instabilidades sociais e das transições profundas: desconforto que já experimentamos há anos. Mas desconforto político e econômico. E não a dor de nos encontrarmos à beira de perigos tremendos para a raça, para a sociedade e para a cultura humana[8].

A crise é caracterizada como a perturbação de um equilíbrio existente e só pode ser tomada como ruptura quando vista de certa perspectiva, a partir da qual os atores sociais a observam e a sentem. Nesse sentido, a crise não resultará necessariamente numa tensão que se explicita em conflito e emerge em termos de movimentos sociais. Para que isso ocorra, é preciso que se traduza em termos de antagonismos explícitos.

Ora, a descrição freyriana da sociedade brasileira caracteriza-se por mostrar que os atores sociais se encontram num *locus não antagônico*, por isso a afirmação da existência de *antagonismos em equilíbrio*. Os conflitos existem, por certo, por serem inerentes ao social. Todavia, para o autor, são todos do mesmo grau, temperados num caldo cultural que os torna parte de um jogo político que se dá igualmente no público e no privado; no espaço doméstico e no campo social. Não é sem sentido a busca de analogias na *casa* e na *comida*. Esse procedimento permite apagar os antagonismos, na medida em que define os opositores não como inimigos, mas como atores sociais; e nessa qualidade como parceiros num jogo sociopolítico e não como oponentes num campo de luta. Em outros termos, para Gilberto Freyre, o conflito não é uma anomalia, pois a violência é interna à sociedade, cotidianamente reiterada no seio da família e da comunidade. Mas sua resolução ganha a mesma circunscrição; encontram-se exatamente no mesmo espaço as formas de resolver a crise. Por isso o social e o político são inseparáveis. Mais ainda, inseparáveis as idéias de autoridade e poder.

Gilberto busca a saída para o impasse. Já que os conflitos de fato eclodem na sociedade e emergem, muitas vezes, por via de movimentos sociais, encaminha a reflexão sobre eles em termos de processos sociais[9]. Parte da idéia que sempre os processos sociais são de *interação* ao mesmo tempo *social e psíquica*. Rejeita a colocação de que a *competição* os resuma a todos e que acomodação, assimilação, imitação, diferenciação estão necessariamente referidos a ela. Afirma que embora exista uma universalidade nos processos sociais, as sociedades são caracterizadas pela forma que uns assumem preponderância sobre os outros. Indo além, afirma ser um equívoco considerar como dois processos diferenciados *competição e conflito*. Tal segmentação só ocorreria quando o analista também separa *a ordem social* – à qual pertenceria a primeira – *da ordem política* – com a qual se identificaria o segundo. Mais ainda, quando examina a competição como componente da esfera do *inconsciente* individual e o conflito dando-se na esfera do *consciente*.

Segundo o autor, a raiz do erro está no fato de os sociólogos considerarem *cooperação, competição, assimilação, acomodação, imitação, diferenciação, exploração, subordinação* como mecanismos especiais separados do *processo básico* – o contato – e do *geral* – a interação. Tanto o *contato* – "através do qual se desenvolvem as relações humanas por símbolos mentais e outros meios de se exprimirem no espaço e de se conservarem no tempo" – como a *interação* – "influência recíproca pela qual pessoas e grupos sociais estão constantemente agindo uns sobre os outros diretamente ou através de símbolos mentais ou de outros meios de expressão" –, são processos psicossociais.

> Coloridos não só por sentimentos e emoções, como por idéias, propósitos e padrões sociais e de cultura peculiares a grupos ou épocas. Donde sua maior ou menor importância na vida de um grupo ou entre as tendências de uma época. A coloração ou intensidade diversa que adquirem sob condições diferentes de espaço e de tempo não lhes afeta, porém, a capacidade de repetição sob condições gerais semelhantes[10].

Assim, segundo Gilberto, o centro da reflexão sociológica deve ser o estudo do contato e da interação, e isso torna-se possível apenas a partir da análise das relações *face-a-face*. Estas só aparecem nas

> pequenas expressões de vivência e de convivência cotidiana: aquelas que só se surpreendem, considerando-se no passado de um grupo humano (...), o cotidiano doméstico, a higiene caseira, a culinária; e em homens, em mulheres, em meninos, participantes desse viver cotidiano, seus jogos, seus passatempos, seus brinquedos, seus grandes e pequenos vícios, as predominâncias de estilos de trajo e de penteado,

de formas de retórica, de ritmos de dança, que concorram para caracterizar suas relações com certo meio e com certo tempo social[11].

O assunto básico da sociologia freyriana é o *conhecimento do senso comum da vida cotidiana*, buscando o modo através do qual o homem organiza suas experiências, dia-a-dia, como formas de viver e perceber o social. Partindo da idéia, já apontada, de que a interação é um processo simultaneamente social e psíquico, Gilberto busca mostrar que a Sociologia não pode operar com categorias explicativas universais. Ao contrário, deve se apossar das construções do senso comum, formas pelas quais os membros de um grupo interpretam e vivenciam o mundo e as relações sociais como a realidade de suas vidas diárias. Nesse sentido, os instrumentos das Ciências Sociais não poderiam ser outros senão aqueles elaborados sobre as construções feitas pelos atores sociais para *interpretar seu mundo*. Por isso, para ele, a característica básica da Sociologia é ser *compreensiva*: sua matéria-prima a compreensão dos significados e motivações dos atores sociais.

> O social sendo, como é, dimensão crucial da existência do Homem, a Sociologia – ou o sociólogo – está sempre tendo que considerar o que significa ser homem, nessa dimensão, e principalmente, o que significa ser homem numa situação particular. Principalmente numa situação específica de espaço ou de tempo ou de espaço-tempo. (...) É necessário ao sociólogo possuir uma especial sensibilidade aos significados humanos da matéria social que procura compreender, analisar e interpretar[12].

Essa abertura define "a incompatibilidade da sociologia, quando humanístico-científica, com sistemas fechados"[13]. Tal configuração define o método: *a empatia*, isto é, a possibilidade do analista assumir o papel dos atores analisados.

> Sem a dissolução de mim mesmo nos outros, a que também me tenho aventurado, com o risco de perder-me; sem a aventura de procurar cumprir de certo modo as palavras do Evangelho – a de perder o indivíduo a vida, para ganhá-la perdendo-a – não creio que tivesse conseguido realizar sequer o pouco que tenho de alguma maneira realizado

como aprendiz de Sociologia camoneanamente empenhado em reunir saberes porventura feitos mais de experiência do que de leitura[14].

Assim, Gilberto empreende uma abordagem da realidade social – a empatia – que acredita lhe permite participar de vidas simbólicas onde se encarnam de modo mais típico as idealizações de uma época ou de uma cultura: *o mito*. Trabalhar com o mito significa, para ele, ultrapassar o nível apenas racional e objetivo e alcançar as dimensões subjetivas da análise. É a partir do mito que se propõe a exagerar certos traços que possibilitem a criação de tipos, abrindo espaços a que se superponham, no mito, tipos aparentemente inconciliáveis: casa-grande/senzala, sobrados/mucambos, ordem/progresso. Este é o traço marcante do escritor ibérico, denominação que reivindica[15]. Desse modo processa a transfiguração de tipo em símbolo: a casa-grande representaria a dominação; a senzala, a subordinação, a submissão. Porém, sua proposta é demonstrar que o tipo, criado pela análise, assume traços específicos em sua concreção; o "&" que liga *Casa-grande & senzala* significa interpenetração de tipos. A interpenetração dominação/submissão concorre para a estabilidade da sociedade brasileira.

Embora trabalhe com a idéia de tipo e caracterize a Sociologia como compreensiva à moda weberiana, neste ponto Gilberto se afasta de Weber: os tipos balizam sua interpretação, mas somente naquele ponto em que o tipo é questionado torna-se objeto de sua análise. Para apanhar o ponto de intersecção entre os tipos, propõe-se estudar o cotidiano. É a partir das pequenas expressões da vida cotidiana, que busca perceber a historicidade do social.

Essas colocações repõem em um novo patamar o problema do conflito. Volto à questão da competição e do conflito propostos pelo autor como termos intercambiáveis. Gilberto busca a raiz do debate em Weber que define a competição como elemento constitutivo da ordem social (competição regulada). Vista desse modo, operar-se-ia no seio da sociedade uma seleção contínua, a *seleção social*, resultado de um processo que põe em movimento as condições pessoais requeridas e definidas pelo próprio campo da luta[16]. Gilberto retoma esse debate mostrando que não há *luta definitiva* no sentido de eliminar-se o conflito. Mais ainda, mostra que o processo se repete continuamente fundado no segredo da articulação competição/cooperação. Assim, afirma que

> a própria exploração requer a cooperação tácita da vítima cuja dependência é necessária à continuação de tal relação. Sob esse critério, também a subordinação em relação com a exploração ou a dominação seria, quer considerada condição, quer processo, expressão, no primeiro caso, do processo de cooperação, e no segundo caso, processo idêntico ao de acomodação[17].

Em outros termos, pela obediência o dominado engendraria sua própria dominação. Na colocação dos traços psicológicos do indígena e do negro, Gilberto lembra o *masoquismo*, que ultrapassa o nível individual transformando-se em caráter social: o povo brasileiro se compraz com o mando. Mas a aceitação desse procedimento como uma forma política mais ampla tem suas raízes tanto no "treino" cotidiano do autoritarismo quanto da submissão. Desse modo todas as formas de exercício do poder podem ser consideradas equivalentes.

> Destacada a *subordinação* do processo geral de interação como processo especial à parte do de acomodação – com o qual realmente se assemelha sob mais de um aspecto –, seu característico é ser mais que a acomodação um processo em que a pessoa ou o grupo que convive com o outro, como se deixa dominar ou dirigir pelo mesmo. (...) Entretanto, mesmo entre subordinado e dominador há interação: o senhor absoluto é influenciado pelos escravos mais sem vontade própria. Daí poderem as relações entre eles ser consideradas expressão do processo de acomodação[18].

Ao colocar a questão do conflito nessa ótica, afirma:

> As relações entre casa-grande e senzala e entre sobrados e mucambos não foram, no Brasil, relações em que predominassem antagonismos de classe contra classe, embora esses tenham colorido fortemente episódios nada desprezíveis do passado, (...) pois tem sido tão extrema entre nós a interpenetração entre culturais senhoris e servis, entre sangues igualmente senhoris e servis, que o Brasil não só pertence ao número de sociedades neo-européias nos trópicos caracterizadas pelo que é misto – de origem senhoril e servil, européias e não-européia,

na sua cultura e no seu *ethos* – como se destaca de todas elas, pelo relevo que aqui tomou esse processo de interpenetração até de contrários cuja harmonização vem se desenvolvendo[19].

Essas posições tornam a obra de Gilberto localizada na década de 1930, independentemente das intenções do autor, elemento importante no jogo das forças políticas de então. Seu discurso que se configura como "científico", transfigura-se em "discurso político", instrumento fundamental na construção do pacto de 30.

O Familiar e o Comunitário

Se apontamos anteriormente como temática privilegiada de Gilberto a transição ao moderno, podemos dizer que a questão principal que a articula é a indagação sobre o que sucedeu com as relações sociais, formas de vida e modos de pensamento que foram suprimidos nesse processo de transição. Pergunta-se: será que desapareceram no passado ou foram de certo modo conservados? Na medida em que mostra que são formas persistentes, busca os modos pelos quais foram transmitidas[20].

Ao privilegiar a reflexão sobre a organização familiar patriarcal, buscará mostrar que tais elementos são conservados pelas camadas que permaneceram fora do processo de racionalização capitalista ou que tiveram papel passivo nesse processo. A intenção define os atores sociais: o escravo *doméstico* e não o trabalhador da lavoura; a mulher, escrava ou sinhá: o menino, sinhozinho ou muleque: o padre-mestre, professor ou reprodutor: o agregado, afilhado ou feitor; todos na mesma situação, circulando no espaço da "casa" e não da "rua". Resgata os elementos considerados "perdidos" mostrando que os mesmos permanecem na esfera do privado e aí se recriam transbordando para a esfera do público, recusados pela "visão oficial", mas sempre marcados e presentes em cada ator social. A metáfora *busca do tempo perdido* aparece reiteradamente ao longo de sua obra. A *casa* torna-se o *locus* privilegiado da análise porque é o último reduto dos modos tradicionais de vida, pois, do nível institucional oficial e público, foram banidas as formas que não cabem na racionalidade do sistema.

Gilberto Freyre quer demonstrar a incongruência do processo: os elementos sociais aparentemente prisioneiros na esfera do privado constituem-se naquilo que é a *sociedade*; aqueles que são definidos como públicos e universais são *aquilo que os intelectuais e políticos pensam que a sociedade seja*. Em outras palavras, quer mostrar o descompasso entre a *sociedade real* e a *sociedade pensada*.

Essas formulações inscrevem Gilberto Freyre numa tradição de pensamento conservador, dentro do quadro denominado por Mannheim de conservadorismo moderno. Todavia, qualificá-lo apressadamente, levar-nos-ia a deixar de lado uma das principais características de sua reflexão: o *ecletismo*.

Considero forma pouco convincente a demonstração da raiz conservadora do pensamento freyriano a partir das categorias sociológicas utilizadas. Isto porque faz parte do próprio caráter do pensamento conservador a não dissociação das categorias e dos princípios que o articulam do indivíduo que os produz. Apesar disso, sem entrar no debate, passarei a recorrer a algumas categorias que sustentam sua análise.

Parece-me que a categoria fundamental utilizada por Gilberto – a família patriarcal – inscreve-se na mais clássica tradição sociológica, pois pode ser compreendida pela idéia de comunidade, na medida em que "abarca todas as formas de relação caracterizadas por um alto grau de intimidade pessoal, profundidade emocional, compromisso moral, coesão social e continuidade no tempo"[21]. A família patriarcal, tal qual a comunidade clássica resgatada pela Sociologia para opor-se à idéia de contrato, "é uma fusão de sentimento e pensamento, tradição e compromisso, de pertinência e volição"[22]. A *segurança patriarcal*, tal qual é definida por Gilberto em seus vários ângulos, é contrastada com a *insegurança da nova ordem*.

> Houve, no Brasil, nos anos que imediatamente precederam a implantação da República e nos que a ela imediatamente se seguiram, uma série de dramas de desajustamento nas relações tradicionais, quer entre proprietários e trabalhadores, quer entre regiões produtoras de café e regiões tradicionalmente produtoras de açúcar[23].

Segundo o autor, esses desequilíbrios deveram-se à presença de imigrantes europeus numa e não na outra região. Também se manifestaram entre as populações e subculturas nordestinas do litoral e do sertão – estas mais rústicas e estagnadas – dos quais Canudos serve de exemplo. Ou ainda, a rebelião dos marinheiros contra os oficiais, questionando a sobrevivência de restos da velha ordem escravocrata. Nesse quadro a nova ordem teve de reajustar-se.

> Num como corretivo a esses desajustamentos críticos, não tardou a República inovadora, agindo em benefício da ordem nacional assim desequilibrada, a procurar moderar frenesis de progresso, por um lado, e extremos de arcaísmo, por outro, senão voltando a seguir tradições patriarcais, assimilando delas valores e métodos válidos. Adaptando-os a novas circunstâncias. Acomodando-os a novas situações[24].

A família patriarcal seria, para o autor, o núcleo de uma sociedade formada por círculos concêntricos – classe social, comunidade local, igreja, elementos que se articulam de forma desigual – onde quase inexiste autoridade política e social externa a ela, que por isso tem por obrigação exercê-la. Esse modo de articulação explicaria que embora a forma patriarcal se aplique à sociedade brasileira em geral, ganha especificações quanto ao conteúdo conforme a região em que se realiza. Assim, formas, organizações ou relações sociais aparentemente iguais ganham sentidos diversos de acordo com a área em que se concretizam. O que é "ordem" num lugar pode significar "desordem" em outro. Essa visão aparece claramente quando justifica o fato de pretender fazer uma história da sociedade patriarcal.

> Esta tentativa de introdução à história da sociedade patriarcal no Brasil vem sendo escrita, desde o início, sob o critério de não ter havido no desenvolvimento brasileiro progresso mas progressos; sob o critério, também, de não vir sendo, a ordem brasileira uma só, monolítica ou única, mas uma variedade de ordens que têm se juntado para formar, às vezes, contraditoriamente o sistema nacional, a um tempo uno e plural, em seu modo de ser ordenação ou sistematização de vida e de cultura. De modo que tem sido ordem, num plano desse sistema, o que noutros planos se tem manifestado sob o aspecto de desordem[25].

Para analisar essa articulação, recorrendo a Simmel[26] operará na esfera da microssociologia, estudando os micro-elementos que compõem o social. Seu objeto são as relações íntimas que ocorrem na família patriarcal, a qual não pode ser dissociada de seu *locus vivendi* – a *casa*. Será através da busca dos elementos moleculares da sociedade que procurará compreender a estrutura social. E, ainda, voltando àquele autor, dará igual peso aos elementos *negativos* – o conflito e a competição – e aos *positivos* – o amor e a cooperação das relações sociais[27]. A análise restrita ao lugar ganha uma qualidade intemporal, pois Gilberto aponta para sua persistência na história, mostrando que as relações mantêm a mesma *identidade* e *influência*, embora sob diferentes formas do social. Intemporalidade que logra buscando "a análise de um passado ainda recente da sociedade brasileira, para melhor compreensão do seu presente e do seu futuro, com os três tempos às vezes considerados, quanto possível nas interprenetrações"[28]. Isto porque lhe parece impossível *"separar-se sociologicamente o passado do presente, como contrários nítidos ou absolutos*, quando o tempo é psicológica e socialmente composto de variáveis que se alteram conforme o ritmo em que os vivem, num vasto espaço-tempo social como o brasileiro, diferentes subgrupos"[29].

O estudo da família patriarcal em Gilberto Freyre tem duas faces. De um lado permite perceber uma transição histórica – do mundo comunitário ao societário: das formas de prestação pessoal ao contrato; da organização da vida através de grupos primários à divisão social do trabalho; das relações entre personalidades plenas a relações impessoais no seio de instituições; das relações face-a-face à formação de grupos secundários. De outro, embora constatando uma transformação nas relações humanas e a secularização dos valores, procura mostrar que a comunidade nunca se apaga, continua sobrevivendo nos poros da sociedade. A família, na sociedade burguesa, constitui-se no espaço comunitário possível onde o qualitativo não foi vencido ainda pelo quantitativo, onde a organicidade da sociedade aparece em sua última forma[30]. É a não-destruição da família que permitiria aos povos de tradição hispânica não se aburguesarem.

Outra vez a troca de sinais. A família é vista como um espaço de sobrevivência comunitária que se constitui como forma não totalmente adequada à sociedade burguesa. De outro lado, é apontada como a utopia possível que levaria à não desagregação da ordem social. É na família que se torna possível perceber os elementos que caracterizam as relações e os processos que atingem os homens. É ali, apesar das tensões, que reside a amizade, a dependência, a confidência e a lealdade, formas fundamentais do modo de vida tradicional. Essas colocações feitas por Gilberto Freyre na década de 1930 abrirão espaço para a recuperação das forças oligárquicas familistas no novo campo político que se delineia.

Se a família é a categoria nuclear da explicação social, para o autor também inseparável da idéia de *propriedade*. No agrário, o engenho; na cidade, o sobrado. O patriarca não pode ser compreendido dissociadamente de suas terras. É interessante perceber que raramente refere-se a um patriarca em particular, mas genericamente aos Cavalcantis, Albuquerques, Melos, Mouras, Wanderleys, Lins, Carneiros Leões. E quando os nomeia concretamente associa seu nome ao do engenho: Joaquim Nabuco, senhor de Massangana; Padre Souza Caldas, senhor de Muribeca. Ou ainda, nem mesmo nomeia o patriarca e sim o engenho: a senhora de Caraúna, o senhor da Torre, a família do Engenho de Macujé, a casa-grande do Engenho Embiara, ou ainda o Engenho Noruega, antigo dos Bois, que ilustra *Casa-grande & senzala*. Ao nome de família e à posse do engenho está ligada a honra do patriarca, que exerce, por direito, a justiça. Um bom exemplo desse exercício é o comentário relativo à dominação sobre a mulher. Referindo-se a Minas, onde, embora fosse grande

> o número de homens solteiros, era entretanto considerável o de moças que os pais tirânicos faziam recolher aos conventos, onde algumas definhavam de triste donzelice. Uns o faziam pela honra de ter filha religiosa; outros, ao que parece, pelo embaraço de escolher genro entre os homens solteiros da terra, de branquidade porventura duvidosa[31].

Ou ainda, lembrando o velho da Taipa, Salomão dos trópicos, que parte ao meio o genro bígamo; ou o patriarca que apunhala a filha por suspeita de namoro com rapaz de *cabelo ruim*. Ou mais, mostrando os casamentos endogâmicos como uma *forma mais doce* de recriação da associação família/propriedade, relação essa que se desenvolve de forma harmônica até que venha a quebrá-la o capitalista da usina, sem apego à terra e à região, incapaz de estabelecer relações pessoais com seus trabalhadores. Gilberto quer mostrar que os vínculos sociais e políticos que acompanham a propriedade *tradicional* são intransferíveis à forma *moderna* de propriedade. A impessoalidade que a acompanha é desequilibradora da ordem social, pois é destruidora da *autoridade* que lhe é constitutiva. Figura a autoridade como integradora, fundamental para o equilíbrio social, vínculo indispensável para a manutenção das lealdades pessoais porque deixam claras as obrigações entre as pessoas. Exercer a autoridade é uma *missão* que tem por objetivo manter os valores grupais e guardar os liames existentes entre o indivíduo e o grupo social. Menos que de ordem política, o exercício da autoridade é, para Gilberto, de ordem moral. Por ter esse caráter, a autoridade exige reciprocidade: não é unilateral uma vez que pressupõe certo grau de obediência. As colocações sobre o sadismo do senhor e o masoquismo dos subordinados – escravos, mulher e menino – são ilustrativas dessa idéia, como apontamos anteriormente.

A partir da reciprocidade coloca-se a questão da *liberdade*. Esta segue uma visão que pressupõe a aceitação da existência de desigualdades entre os homens, que devem ser capazes de definir suas potencialidades e seus limites, o que circunscreve o campo do exercício da liberdade. A análise freyriana mostra que o sujeito político da liberdade é a família, onde cada um age segundo sua competência. A liberdade individual restringe-se à esfera privada e subjetiva da vida, uma vez que existiria uma ordem externa já dada e indiscutível. Através de tais colocações opera-se a metamorfose. No seio da casa-grande, o indivíduo que melhor exerce sua liberdade é o escravo; no espaço público é o patriarca. Até mesmo o *divide et impera* de Simmel[32] é desenvolvido pela escravaria que se alia às mulheres e aos meninos, encaminhando suas ações, e com isso cindindo o poder do patriarca. Gilberto transforma o escravo no *tertius* que, nesse processo, transmuda-se de dominado em dominador.

Em resumo, na obra freyriana a *família, propriedade, autoridade e liberdade* são elementos indissociáveis, como o são no quadro da tradição conservadora em Sociologia. É exatamente a articulação desses elementos que lhe permite trabalhar com a categoria *patriarcalismo* como central e explicativa da sociedade brasileira.

O PATRIARCALISMO: UMA SOCIEDADE SEM CLASSES?

Refletindo sobre a sociedade inglesa do século XVIII, Thompson[33] discute a utilização feita por vários autores do termo *patriarcalismo* para caracterizá-la, mostrando que o mesmo é descritivo e impreciso. Na tradição sociológica corrente, a terminologia está assentada nas relações familiares da unidade tribal ou na unidade doméstica, e a partir delas é extrapolada para as relações de domínio e de dependência que caracterizam a sociedade como um todo. Segundo esse autor, tal conceituação é de tal modo ampla que pode aplicar-se indiscriminadamente a qualquer sociedade; descreve igualmente a aristocracia inglesa, o dono de escravos no Brasil ou na Virgínia, um proprietário de terras russo, ou um patrício do campo da antiga Roma. Em outras palavras, o termo descreve a concentração da autoridade econômica, social, cultural, judiciária num só *locus*: todos os caminhos conduzem ao solar senhorial. Todavia, "diz-nos muito pouco sobre a natureza do poder e do Estado, sobre formas de propriedade, sobre a ideologia e a cultura e é inclusive demasiado restrito para distinguir entre modos de exploração, entre a mão-de-obra servil e a livre"[34].

Sendo uma descrição que vê as relações sociais do ponto de vista da classe dominante – o que em si não a invalida – pode ser limitadora numa análise que pretenda abarcar a sociedade como um todo, pois descartaria a possibilidade de captar as possíveis dissociações, principalmente em situações antagônicas, entre a cultura e a "política" dos pobres e dos grandes.

Além disso, Thompson mostra que o conceito patriarcalismo está revestido de implicações normativas: sugere calor humano numa relação mutuamente admitida, portanto afasta a possibilidade de discussão da natureza dos conflitos. Mais ainda, abre espaço para idealização de um "passado perdido" que se opõe a um presente que se quer negar.

> Em resumo: patriarcalismo é um termo descritivo impreciso. Tem consideravelmente menos especificidade histórica que termos como feudalismo ou capitalismo; tende a oferecer um modelo de ordem social visto do alto; contém implicações de calor e de relações pessoais que supõem noções valorativas; confunde o real com o ideal[35].

Considerando como ponto de partida tais colocações, vejamos se a utilização freyriana do termo patriarcalismo apresenta as características apontadas. Primeiramente, a amplitude do termo, permitindo aplicá-lo a vários espaços e tempos. O próprio Gilberto Freyre abre a possibilidade de tal crítica, ao contar sua viagem pelo Sul dos Estados Unidos em 1931:

> O chamado *deep South*. Região onde o regime patriarcal de economia criou quase o mesmo tipo de aristocracia e de casa-grande, quase o mesmo tipo de escravo e de senzala que no norte do Brasil e em certos trechos do sul; o mesmo gosto pelo sofá, pela cadeira de balanço, pela boa cozinha, pela mulher, pelo cavalo, pelo jogo; que sofreu, e guarda as cicatrizes, quando não as feridas abertas, ainda sangrando, do mesmo regime devastador de exploração agrária. (...) A todo estudioso da formação patriarcal e da economia escravocrata do Brasil impõe-se o conhecimento do chamado *deep South*. As mesmas influências de técnicas de produção e de trabalho – a monocultura e a escravidão – uniram-se naquela parte inglesa da América como nas Antilhas e em Jamaica, para produzir resultados sociais semelhantes aos que se verificaram entre nós. Às vezes tão semelhante que só varia o acessório: as diferenças de língua, de raça e de forma de religião[36].

Essa abordagem ampla e indiferenciada parece privilegiar uma perspectiva psicossocial. Sendo descritivo, o enfoque exige que se recupere o *modus vivendi* dos indivíduos implicados na vida social. Assim, passam a ganhar importância os elementos psicológicos, sociais, culturais e morais sobre os econômicos, políticos e históricos, ressaltando-se o aspecto psicossocial que adquire caráter prioritário na análise. Nessa ótica, a discussão sobre o Estado é transferida para plano secundário. Mais ainda, o Estado é visto como uma ampliação do círculo familiar, e o poder daquele como uma extensão deste. Nesse sentido, ao trabalhar a categoria patriarcalismo, Gilberto não opera com um equívoco teórico, mas trabalha com um elemento de natureza política que define o papel que sua obra desempenhará no equilíbrio do poder na década de 1930, mesmo que esta, conforme já apontamos, não tenha sido a intenção explícita do autor.

Esta colocação leva ao segundo ponto: trata-se de análise que vê as relações sociais de um único ponto de vista. A categoria patriarcalismo pretende "cobrir" toda a explicação sobre o social, como se na sociedade só houvesse um único ator social e todos os elementos sociais fossem subprodutos dele. É no quadro do patriarcalismo que Gilberto Freyre encontra o fundamento à afirmação da não existência de antagonismos de classes. Os elementos que poderiam apresentar-se como antagonismos irreconciliáveis são vistos como elementos constitutivos de um conjunto: a *cultura patriarcal*. Este pano de fundo servirá reiteradamente na história do pensamento brasileiro para dar conta da "ordem social". Todavia, ao afirmar a unidade cultural básica da formação brasileira, carrega como contrabando a reafirmação da indissolubilidade das relações sociais. Afirmar a unidade cultural é não admitir que cada grupo possa elaborar modos próprios de expressão dos antagonismos. Implica negar que as formas culturais existentes no escravo, no agregado, possam ser expressões não organizadas de protesto sobre sua condição de vida e de trabalho. E, ainda, negligenciar a rejeição, por parte dos subordinados, de certos símbolos e ritos constitutivos da cultura dos que detêm o domínio social como uma forma de expressão do conflito social.

Esse modo de analisar o social permitiu que se recriasse no pensamento brasileiro, um estereótipo: nega-se ao escravo a possibilidade de ele próprio ter questionado suas condições de existência social de modo orgânico. Em decorrência, aponta-se a abolição como um processo engendrado no seio dos setores dominantes, pois seria impossível que o germe da transformação estivesse em outro lugar. Nessa direção, serão os intelectuais, "envergonhados" pela mancha na honra nacional, que levantarão a bandeira abolicionista. A colocação da questão nestes termos limita a possibilidade de se pensarem as rebeliões no Brasil do século XIX como formas embrionárias de lutas de classes. Gilberto nega essa possibilidade vendo as rebeliões como erupções de violência psicológica, que logo se apagariam num quadro de ordem e equilíbrio sociais. Esse é o limite intrínseco ao quadro teórico balizado pelo patriarcalismo, que impede a análise a partir de outra perspectiva que permitiria atribuir a não emergência dos conflitos em termos de movimentos sociais, ao próprio processo de dominação que funda a sociedade, lembrando que a não continuidade das mobilizações foi resultante do processo de repressão. É como se esses conflitos batessem contra um muro construído com pedra e argamassa, ódio e amor: violência física e psicológica, inexistência de espaço político, proteção, distribuição de favores. Em outros termos, a própria definição do campo do conflito, num espaço restritivo às liberdades, limita as possibilidades de os mesmos serem construtores num processo de mudança que pudesse ressoar em outra clave: uma mudança com caráter transformador da estrutura social.

Em resumo, Gilberto Freyre fala nos rituais paternalistas como se fossem a forma e o conteúdo de toda a formação nacional. Na unidade social, a cultura do povo é vista como um dos momentos dessa liturgia, deixando de analisar as diversas formas culturais como forças diferentes, e muitas vezes opostas. É como se, estando num canto da platéia, ao ver apenas um ângulo do espetáculo, o interpretasse como se fosse o todo.

Naturalmente essa visão de unidade faz com que ressalte, na "sociedade patriarcal", o *calor humano* presente nas relações sociais. Gilberto lembra constantemente o fato de "todos os brasileiros" terem bebido, com o leite da ama escrava, toda a ternura da influência negra[37], minimizando o fato de somente parte da população ter se beneficiado desse privilégio. De certo modo, ao ressaltar essa tonalidade calorosa – não só expressa nas relações familiares, mas numa mística que suporia uma compreensão do mundo – esquece que nessas relações há uma qualidade de *rebeldia:* os escravos são espancados, fogem, matam seus senhores, formam quilombos.

Em outras palavras, mostrar as formas culturais como um *continuum*, que vai de modos primitivos a modos civilizados é não pensá-las historicamente. É esquecer que uma mesma forma pode ter significados diferentes em diferentes conjunturas sociais. O mesmo canto africano pode ter vários sinais: alegria, quando cantado na tribo; meditação que permite um novo arranjo da corporeidade, como no pesado trabalho da lavoura canavieira.

Enfatizar preferencialmente a doçura das relações sociais significa *idealizar* o *passado* e negar o real. Ao apontar a usina como destruidora de um passado marcado pela harmonia, ao pensar na possibilidade de uma transição sem conflitos, esquece que há um antagonismo entre a lógica capitalista e os comportamentos tradicionais, mesmo não econômicos. Ao descrever as resistências aos novos modelos de consumo, à disciplina do tempo, às inovações técnicas, à racionalização do trabalho, à moderna organização familiar, aos trabalhos na produção, esquece que estes não são apenas momentos de uma mudança cultural, mas oposições que se dão no seio do sistema. A utilização do conceito patriarcalismo impede que perceba *essa transição como ruptura,* e que a aparente ausência de cortes profundos na estrutura da sociedade depende de arranjos ao nível do poder, arranjos marcados pelo autoritarismo e pela violência, para circunscrever seus efeitos a um campo suscetível de controle. Isso se torna possível porque são exatamente as tradições oligárquicas que garantem a definição dos atores políticos[38].

Notas ao Capítulo VII

1   Voltando à comparação com Beethoven, *Variações de Prometeu* é uma de suas últimas obras. Aqui uso a comparação, porque a reflexão sobre "que sociólogo sou eu?" é uma preocupação que Gilberto Freyre procura responder somente num momento posterior de sua produção. Esse processo se dá muito mais como reação às críticas que lhe são feitas do que por uma necessidade intrínseca de sua obra.

    É importante notar que se, num primeiro momento, Gilberto Freyre se legitima como sociólogo, mais tarde se afirma como não constrangido por essa especialidade. Lembremos que o desenvolvimento da Sociologia se dá em uma direção totalmente diversa daquela dos anos 1930, quando o autor pernambucano firma-se como pioneiro na área. No entanto, em 1968, data da publicação de *Como e porque sou e não sou sociólogo*, onde Gilberto discute longamente seu perfil de cientista social, não somente os resultados da produção dos alunos e professores dos cursos de Ciências Sociais fundados em 1933, 1934 e 1935, como a influência das discussões em torno da reforma de ensino de 1967 e o conseqüente desenvolvimento dos cursos de pós-graduação decorrente desse processo, recolocam o problema da especialização das áreas de Antropologia, Ciência Política e Sociologia. Creio que Freyre assume ter um perfil multidisciplinar porque esse traço assegura a singularidade de sua interpretação.

2   Antonio CANDIDO. "A revolução de 30 e a cultura". In: *Novos Estudos Cebrap*, 2 (4): 32, abril de 1984.

3   Antonio CANDIDO mostra como um processo semelhante ocorre na literatura brasileira. In: *Formação da literatura brasileira*. 6. ed. Belo Horizonte: Itatiaia, 1981.

4   L. B. MONTEIRO LOBATO. "Prefácio". In: Diogo de MELLO MENEZES. *Gilberto Freyre (notas biográficas com ilustrações, inclusive desenhos e caricaturas)*. Rio de Janeiro: CEB, 1944. pp. 9-11.

5   Antonio CANDIDO. "A revolução de 30 e a cultura". *Op. cit.*, p. 33 (citando comentário de Plínio Barreto).

6   Conforme já indicado no capítulo III.

7   Em *Formação da literatura brasileira*, Antonio Candido qualifica como elemento decisivo para compreensão desse processo de formação a distinção entre *manifestações literárias* e a *literatura* propriamente dita, esta vista como um sistema de obras ligadas por denominadores comuns. "Entre eles se distinguem: a existência de um conjunto de produtores literários, mais ou menos conscientes de seu papel; um conjunto de receptores, formando os diferentes tipos de público, sem

os quais a obra não vive; um mecanismo transmissor (de modo geral, uma linguagem traduzida em estilos), que liga uns a outros." Antonio CANDIDO. *A formação da literatura brasileira. Op. cit.*, p. 23.
8 Gilberto FREYRE. *Sociologia. Op. cit.*, II volume, pp. 316-317.
9 *Ibid.*, pp. 358-371.
10 *Ibid.*, pp. 361-362.
11 *Id., Como e porque sou e não sou sociólogo. Op. cit.*, p. 71.
12 *Ibid.*, pp. 26-27.
13 *Ibid.*, p. 28.
14 *Ibid.*, p. 55.
15 Tive a oportunidade de discutir essa questão em meu livro *Gilberto Freyre e o pensamento hispânico. Entre D. Quixote e Alonso el Bueno. Op. cit.*
16 Max WEBER. *Economia y sociedad*. Trad. José Medina ECHAVARRÍA e outros. México: Fondo de Cultura Económica, 1969, pp. 31 e *et seg.*
17 Gilberto FREYRE. *Sociologia. Op. cit.* 2 vol., p. 362.
18 *Ibid.*, pp. 360-370.
19 *Id., Como e porque sou e não sou sociólogo. Op. cit.*, p. 154.
20 Tais questões são lembradas por Mannheim ao estudar o pensamento conservador. Karl MANNHEIM. "Conservative thought." In: *Essays on sociology and social psycology*. London: Routledge & Kegan Paul Ltd., 1953. p. 87.
21 Robert NISBET. *La formación del pensamiento sociológico*. Buenos Aires: Amorrortu, 1977. p. 71.
22 *Ibid.*, p. 72.
23 Gilberto FREYRE. "Transição no Brasil, outro exemplo antigo". *O Estado de S. Paulo*, 15/12/85.
24 *Ibid.*
25 *Id., Ordem e progresso. Op. cit.*, pp. XXIV e XXV.
26 Gilberto Freyre recorda em vários momentos de sua obra a influência de Georg Simmel. Vide: *Como e porque sou e não sou sociólogo, Op. cit.; Tempo morto e outros tempos*. Rio de Janeiro: José Olympio, 1975, p. 79.
27 Kurt H. WOLFF (editor). *The Sociology of Georg Simmel*. Toronto: Collier-Macmillan Canada, 1964, principalmente na 3ª Parte: Superordination and subordination.
28 Gilberto FREYRE. *Ordem e progresso. Op. cit.*, p. XXIII.
29 *Ibid.*, p. XXXIX. – O grifo é meu.
30 Tais colocações aparecem principalmente em *Sobrados e mucambos*.
31 Gilberto FREYRE. *Sobrados e mucambos. Op. cit.*, p. 125.
32 Kurt WOLFF (editor). *Op. cit.*, 2ª Parte, cap. 4, § 4, pp. 162-169.
33 Edward P. THOMPSON. *Tradición, revuelta y consciencia de clase*. 2. ed. Barcelona: Editorial Critica, 1984, principalmente pp. 14-30.

34 *Ibid.*, p. 17. É importante assinalar que a mesma argumentação está presente em artigo de Sérgio Buarque de Holanda, escrito por ocasião da segunda edição de *Sobrados e mucambos*. Sérgio Buarque de HOLANDA. "Sociedade patriarcal". In: *Tentativas de mitologia*. São Paulo: Perspectiva, 1979. pp. 99-110.
35 *Ibid.*, pp. 19-20.
36 Gilberto FREYRE. "Prefácio à 1ª edição". In: *Casa-grande & senzala. Op. cit.*, p. X.
37 *Ibid.*, p. 283.
38 Gilberto Velho lembrou-me que a formulação sobre visão de mundo de Lucien Goldmann em *Le Dieu caché* ajuda a pensar a situação por mim apontada. Agradeço suas sugestões em relação a dois de meus textos referentes ao pensamento de Gilberto Freyre e ainda as correções apontadas à entrevista de Gilberto Freyre transcrita neste livro.

Capítulo VIII

Sou e Não Sou Sociólogo

Conforme apontamos anteriormente, o pensamento de Gilberto Freyre se constitui em um elemento fundamental da vida cultural e política que emerge no Brasil a partir da Revolução de 1930. Nesse quadro supera o pessimismo predominante até então, quanto a problemas tais como: trópico e civilização, raça e cultura, região e nação. Reafirma a vocação agrária da sociedade brasileira, sem negar frontalmente o industrialismo. Explica e valoriza o patriarcalismo, como matriz da sociedade. Diante do debate crescente nas décadas de 1920 e 1930 sobre *povo, cidadania* e *democracia política*, propõe as noções de mestiçagem, tropicalismo e democracia étnica. Sob vários aspectos, o pensamento de Gilberto Freyre se constitui em um componente intelectual essencial do bloco de poder que se forma e desenvolve a partir de 1930. Em especial, legitima cientificamente o vasto segmento agrário e tradicionalista, sem deixar de indicar a necessidade de transformação do mesmo, mostrando que precisava equacionar-se no âmbito de um bloco de poder que começava a se esboçar, comprometendo a agricultura com a indústria, o campo com a cidade, o patriarca com o burguês, o camponês com o operário.

Que interesses agraristas ficam preservados no pacto de 1930, considerando que estariam em tensão com os interesses industrialistas em ascensão? Fundamentalmente, a intocabilidade da questão fundiária; ligada a esta, a não extensão dos direitos trabalhistas aos trabalhadores rurais; e, como medida correlata, garantindo a eficácia da anterior, a proibição da sindicalização e, portanto, de toda a possibilidade de associação desses trabalhadores, que permitiria a sua ação política direcionada às reivindicações em relação ao acesso à terra e a melhores condições de trabalho.

A Questão Fundiária

A Revolução de 30 propôs transformações sociais, políticas e econômicas que sugerem um rearranjo nas relações entre o Estado e a Sociedade como um todo e seus diferentes setores. As propostas, mesmo não intervindo diretamente na estrutura fundiária, mas reconhecendo a importância social da terra, implicaria o reequacionamento político das oligarquias regionais. O esboço do programa de reconstrução política e social do Brasil proposto pelo Clube 3 de Outubro, em 1932, ilustra bem a questão.

> A economia nacional, como elemento precípuo de engrandecimento da Nação, deverá ser organizada racionalmente, de molde a permitir um verdadeiro enriquecimento do país, uma segura melhoria da situação econômica do homem brasileiro. Para tal, ela desenvolver-se-á consoante planos racionais de produção, circulação e consumo da riqueza, de forma a permitir uma distribuição mais justa e eqüitativa das resultantes econômicas do trabalho. Tais planos serão elaborados periodicamente por conselhos econômicos, reconhecidamente capazes e idôneos para o cumprimento de sua missão. Ter-se-á sempre em vista, na organização desses planos, a série de malefícios acarretados ao país pelas valorizações artificiais de produtos e bem assim o exagerado protecionismo alfandegário, erros que têm favorecido as supremacias regionais, em detrimento da unidade nacional; e evitar-se-á a formação de classes privilegiadas e parasitárias em prejuízo do bem-estar

e do conforto de milhões de brasileiros. Regular-se-á, ao mesmo tempo, por meio desses planos, o exercício do direito de propriedade, de sorte que esse instituto não minta à sua finalidade social e não seja apenas um instrumento estéril do egoísmo[1].

Essas questões, assim colocadas, abririam espaço a que se levantassem propostas concretas sobre a *reforma agrária*, meio pelo qual poder-se-ia intervir diretamente nas formas de concentração de poder regional. Como os setores agraristas contrapor-se-ão a tais medidas? O modo mais eficiente de obstaculizar tais intenções seria demonstrar que a propriedade da terra tem desempenhado tradicionalmente, no Brasil, papel equilibrador no seio da sociedade. No momento em que surge, 1933, *Casa-grande & senzala* cumprirá essa função, uma vez que Gilberto Freyre, que mais tarde reforçará o argumento em *Sobrados e mucambos*, através da discussão sobre o patriarcalismo, apontará para a importância dos setores tradicionais proprietários de terras no Nordeste na manutenção da ordem no país. Como já apontamos anteriormente, o autor mostrará, no quadro que delineia, a não dissociação proprietário/propriedade. Esta associação apontaria óbices a um processo abrupto de reforma agrária, embora este ponto não esteja explícito na obra freyriana do período.

Segue o mesmo sentido o problema da não extensão dos direitos trabalhistas ao trabalhador rural. Primeiramente, Gilberto Freyre aponta para a singularidade da situação do agregado, onde articulam-se *lealdade e favor*. Mostra, a seguir, a incongruência dessas formas com as propostas universalizantes da extensão dos direitos. Avança, ainda, apontando para o caráter heterogêneo da formação nacional: somos um cadinho de raças, de regiões, de culturas, elementos organizados diferentemente em cada parte do país[2]. Portanto, segundo o autor, seria contraproducente para o equilíbrio geral a aplicação indiscriminada de medidas de caráter nacional. Inegavelmente, a explicação freyriana sobre a articulação de raças e culturas resolve um impasse relativo à constituição do povo brasileiro. Todavia, se seu trabalho aponta para a beleza contida na heterogeneidade, passa a ser o patamar sobre o qual assentar-se-á uma justificação política de caráter conciliador na década de 1930, onde a diversidade regional e setorial será elemento justificador da não universalização dos direitos.

Será, pois, em nome da heterogeneidade que se negarão os direitos de cidadania à quase totalidade da população nacional, isto é, se levarmos em conta que a maioria dos trabalhadores brasileiros estavam adstritos à agricultura. Não havendo direitos, inviabiliza-se a associação. Em outros termos, retira-se o espaço político que tornaria possível a colocação da questão social. Em outras palavras, independentemente da intenção do autor, a posição de Gilberto Freyre permite a afirmação: os indivíduos são tão diferentes entre si pela diversidade de raça, cultura, região, que se torna impossível a aplicação de um tratamento universal como a *cidadania*. As verdadeiras unidades orgânicas da sociedade são as famílias, essas sim, uma constituição com universalidade social.

O ECLETISMO

Gilberto Freyre aponta constantemente para o aspecto plural da Sociologia, ciência devedora das outras ciências; também, uma ciência que deve abrir-se a teorias diversas, não justificando ortodoxias.

> Desde já confessamos que nos inclinamos a considerar com alguma originalidade e maior audácia a Sociologia, ciência híbrida ou anfíbia, em parte natural, em parte cultural. (...) Daí lamentamos às vezes que a Sociologia e a Antropologia tenham crescido separadamente, quando unidas poderiam talvez ter-se desenvolvido com vantagem recíproca. (...) Somos dos que não compreendem conhecimento sociológico ou esforço de criação sociológica independentemente do estudo, evidentemente básico, da antropologia (...) da ecologia (e quem diz ecologia diz geografia), da história social, da biologia, da psicologia. Não há ciência mais dependente do que a Sociologia. Daí ser impossível ao arrivista improvisá-la ou simulá-la, por mais fácil que seja fantasiar-se alguém de sociólogo; e sob esse dominó amplo e ilustre dizer quanto lhe apetece sobre os problemas sociais do dia[3].

E com ironia e certo coquetismo afirma *ser e não ser sociólogo*. Mais ainda, "ao lado do sociólogo reconheço haver em mim um anti-sociólogo"[4]. Por isso afirma ser difícil desenvolver um estudo sociológico "guardando-se da primeira à última página rigidez ou exclusividade de método, castidade sociológica, pureza científica absoluta." Assim, o sociólogo deve procurar "pontos de apoio científico extra-sociológico" para responder a suas indagações. A Sociologia, como ciência viva, deve assumir as mesmas características das línguas. "A tendência das línguas e das ciências vivas é se moverem. São dionisíacas a seu modo"[5].

A comparação não deixa de ter seu encanto e, a figura, por certo tem propósito. Mas, se a crítica tem a ver com "a Sociologia que se faz", é também definidora do pensamento freyriano. Ele o diz:

> Não venho, de modo algum, como antropólogo-sociólogo, aplicando ao Brasil teorias, fórmulas e métodos já consagrados ou estabelecidos noutros países; e sim procurando retirar dessas teorias e desses métodos sugestões para novas tentativas de relacionamento de teorias (...) com situações condicionadas pelo que me vem parecendo ser uma realidade especificamente brasileira. (...) Foi dentro desse critério, procurando ousadamente lançar sugestões para uma nova interpretação da formação brasileira, que me empenhei em considerar sociologicamente o negro africano, tal como ele se apresenta na formação, na sociedade e na cultura brasileira[6].

De fato, o pensamento de Gilberto Freyre coloca-se como se o autor fosse fustigado e às instigações respondesse com teorias sobre teorias. Assim, não se pode compreendê-lo a partir de uma linha teórica única. Buscar em seu trabalho uma coerência conceitual e criticá-lo por não nos depararmos com ela é uma visão estéril. Pouco adianta dizer que os conceitos estão erroneamente aplicados; seria não compreender o sentido social e político de seu ecletismo. O recurso a teorias múltiplas, às vezes opostas entre si, é a forma encontrada para dar conta do que denomina o *Brasil real*. É claro que se trata de um realismo dúbio, na medida em que nega o burguesismo. Mas, ao negá-lo, inscreve-se como força social, no sentido de que aponta para a inexistência de uma transição burguesa "clássica". Portanto, pode prescindir de formas liberais-democráticas tais como Estado, sindicalismo, cidadania, direitos e canais através dos quais os setores populares poderiam encaminhar suas reivindicações em relação a mudanças. Em outras palavras, recusar o ecletismo porque eclético é apegar-se a uma análise formal; é deixar de compreender que ele é a própria "substância" das idéias freyrianas, o que, num dado momento histórico, as torna força transformadora da sociedade, base da própria ação política, pois aponta aos setores agrários a necessidade das mudanças. Deve-se, pois, buscar a raiz do ecletismo de Gilberto, não só na teoria, mas também na história.

Nesse sentido, a afirmação *sou e não sou* – sociólogo, antropólogo, filósofo, historiador – pode ser compreendida como uma profissão de fé arrojada, de quem ousa contradizer-se. Mas uma vez estabelecido o arrojo a situação se resolve na harmonia dos contrastes às vezes inconciliáveis. Se de um lado é a forma de legitimação do ecletismo, de outro constitui-se em retórica que tem continuidade social, pois formaliza um estilo de intervenção social através de uma visão, que aponta como "legítima porque científica", da sociedade.

De certo modo pode-se dizer que a obra de Gilberto Freyre tenta ganhar no campo da cultura aquilo que fora uma perda no campo político: a um Estado que cada vez mais se caracterizava como centralizador e intervencionista, opõe uma sociedade múltipla, colorida, perpassada pela diversidade, arlequinal; um arlequim cujos retalhos bem ou mal cosidos são equivalentes, não se sobressaindo nenhum entre os outros.

A obra freyriana representa bem o dilema das ciências sociais. Inúmeras das grandes explicações sociológicas têm esse caráter conciliador. Aparecem como inovadoras exatamente porque surgem nos momentos marcados pelas crises. Aparentemente, por serem globalizadoras, parecem não ter compromisso de classe, assumem um caráter de neutralidade aparente.

É provável que Gilberto Freyre se tenha recusado a ingressar na Universidade devido ao fato de que nela não haveria espaço para o seu ecletismo. As controvérsias metodológicas e teóricas próprias dos ambientes universitários seriam incômodas para ele. Isso fica em parte esclarecido em alguns dos seus escritos, destacando-se o seu livro *Sociologia*. Além do mais, ele já havia aberto o seu caminho fora da Universidade, diretamente em diálogo com o público, os setores intelectuais, as correntes políticas, os governantes. Ingressar na Universidade poderia implicar cerceamentos, que rejeitou ao criticar o que denomina ortodoxias teóricas.

Gilberto busca mostrar a ineficácia do transplante de teorias para explicar o país. Propõe, se não uma nova teoria, pelo menos uma nova sistematização para o cumprimento dessa tarefa. A partir de sua análise mostra, de um lado, que há um modo de organizar o social que persiste, malgrado as mudanças políticas, associado à velha ordem e ao poder que lhe serve de substrato. De outro, coloca em novo patamar o debate sobre o povo, apontando para o fato de existir uma argamassa cultural que o unifica. Se o procedimento "resgata" a idéia de povo, ao mesmo tempo exorciza o potencial político existente nas diferentes forças populares, ao unificá-las ao nível da cultura.

São estes pontos que diferenciam o tradicionalismo de Gilberto do conservadorismo da década de 1920: valoriza o regionalismo e retoma a cultura como ponto importante da explicação social. Na década anterior, por exemplo Jackson de Figueiredo, representante proeminente das tendências conservadoras, fora tributário dos intelectuais da Action Française, cujas idéias reflete sob a luz da leitura de J. de Maistre, De Bonald e Donoso Cortés, dando-lhes uma interpretação católica[7]. Diferentemente, a leitura freyriana não é católica, mas secular: a garantia da ordem é dada fora da Igreja[8]. Esta apenas complementa o papel da família, este sim central, apoiando os princípios ordenadores do social formulados pela ordem patriarcal. Mas, além desse aspecto, o mais importante é o modo diferenciado pelo qual ambos percebem o social. Em Jackson de Figueiredo,

> muito do que o país tem de mais significativo e evidente passou-lhe de todo despercebido. Dir-se-ia que não tinha sensibilidade para o social. Não soube perceber o homem em sociedade, com as deficiências e injustiças de que era vítima. A trama de suas necessidades econômicas e a luta pelo quotidiano, no humilde aspecto material, nunca foram vistas por ele[9].

Jackson faz uma crítica à face abstrata do liberalismo, porém sua interpretação perde a visão do concreto, a vivência social dos indivíduos. Gilberto opera exatamente ao inverso: é a partir da diversidade do real que nega o aspecto abstrato dos projetos que visam o desenvolvimento do país, que pretendem superar a ordem agrária.

Mais ainda, o conservantismo representado por Jackson de Figueiredo é normativo, "distribui sentenças de bom e mau comportamento, vê aqui o bem e ali o mal"[10]. Trata-se de uma denúncia política que não está assentada no *modus vivendi* do povo. Gilberto admira as posições políticas assumidas por alguns conservadores: mesmo a "ferocidade" de D. Vital é justificada; ou o "dandismo" de Eduardo Prado. Acusa o liberalismo deslocado de incitar revoltas sociais marcadas por um idealismo cego ao Brasil real. A "miopia" dos nossos liberais, segundo ele, torna-se fonte de desagregação social. Não faz diretamente propostas políticas. Pensa que as reformas intelectuais e morais são mais importantes do que as políticas e econômicas. Vários elementos podem ser explicativos dessa diferenças: a exigüidade da formação teórica da Jackson de Figueiredo, o quadro em que se desenvolvem suas idéias, sua morte precoce. Diferentemente, Gilberto Freyre domina um instrumental analítico que o leva necessariamente a que se abra aos problemas e direciona sua sensibilidade para o social. Tem, ainda, oportunidade de revisar constantemente sua obra face às críticas que lhe são direcionadas ou ainda diante das mudanças sofridas pela sociedade. Mas, essa diferença se explica, também, porque os dois autores se localizam em duas conjunturas históricas profundamente diferentes, embora próximas no tempo. Jackson de Figueiredo numa *hora agitada* onde, segundo ele, se fazia necessária a busca de parâmetros rígidos para a recuperação da ordem. Gilberto num momento em que, graças à Revolução de 30, o Estado emergia como a garantia da ordem e do progresso. É também por essa razão, entre outras, que sua obra, ganhando uma dimensão *moderna*, pode ser classificada como uma "revolta, mais anárquica em moral do que conservadora em política, contra os impasses e miopias do nosso liberalismo clássico, ou melhor, contra a fase clássica do ideário daquilo que Florestan Fernandes vem chamando de 'revolução burguesa' no Brasil"[11]. Nesse sentido, podemos dizer que a face conservadora do pensamento freyriano faz avançar a revolução burguesa no Brasil, ainda que de modo singular, ancorando sua incompletude[12].

Assim, refletindo sob as diferenças do tradicionalismo das décadas de 1920 e 1930, posição ilustrada por Jackson de Figueiredo e Gilberto Freyre, percebemos quase que um fosso a separá-los. As idéias do primeiro não encontrarão eco nos anos seguintes, enquanto as do segundo se constituirão em explicação quase oficial da sociedade brasileira, renovando fundamentalmente a explicação sociológica brasileira. Dois autores tão próximos e tão distantes, representando a distância entre as duas décadas principalmente no que se refere às reflexões sobre o social, que no segundo momento serão marcadas pela consolidação da Sociologia. Tem razão o narrador de *A montanha mágica* ao afirmar que a história "é muito mais velha que seus anos; sua vetustez não pode ser medida por dias, nem o tempo que sobre ela pesa, por revoluções em torno do sol. Numa palavra, não é propriamente ao tempo que a história deve o seu grau de antigüidade"[13].

Notas ao Capítulo VIII

1 *A revolução de 30: textos e documentos*. Brasília: Ed. da Universidade de Brasília, 1982. Tomo II, cod. 1.2.1.4., pp. 98-99.
2 Gilberto FREYRE. *Nordeste. Op. cit.*
3 *Id., Sociologia. Op. cit.*, pp. 12-13.
4 *Id., Como e porque sou e não sou sociólogo. Op. cit.*, p. 23.
5 *Id., Sociologia. Op. cit.*, pp. 15, 16 e 19.
6 *Id., Como e porque sou e não sou sociólogo*, ed. cit., p. 52.
7 Francisco IGLÉSIAS. "Estudo sobre o pensamento de Jackson de Figueiredo". In: *História e ideologia*. São Paulo: Perspectiva, 1971. pp. 109-158.
8 José Guilherme Merquior lembra que Gilberto Freyre dá uma justificação eminentemente *estética* ao catolicismo. José Guilherme MERQUIOR, Na casa grande dos oitenta, *Jornal do Brasil*, Rio de Janeiro, 19/04/1980. O trabalho está transcrito. In: *Gilberto Freyre na UnB*. Brasília: Ed. da Universidade de Brasília, 1981. pp. 95-99.
9 Francisco IGLÉSIAS. *Op. cit.*, p. 152.
10 *Ibid.*, p. 153.
11 José Guilherme MERQUIOR. *Op. cit.*, pp. 95-96.
12 Em várias conversas que tive o privilégio de ter com Florestan Fernandes sobre este tema, ele me chamou a atenção para o caráter de secularização e racionalização que marcava o debate sobre o social na passagem dos anos 1920 a 1930. Lembrava, ainda, o lugar que Gilberto Freyre teve nesse processo. Ver sobre a questão, Florestan FERNANDES. *A sociologia no Brasil. Contribuição para o estudo de sua formação e desenvolvimento*. Petrópolis: Vozes, 1977.
13 Thomas MANN. *A montanha mágica*. Tradução de Herbert Caro. Rio de Janeiro: Nova Fronteira, 1980. p.9.

Entrevista com Gilberto Freyre
Realizada em 20 de março de 1985
Entrevistadora: Elide Rugai Bastos
Participou da entrevista também Maria do Carmo Tavares de Miranda
Transcrição: Simone Meucci

Entrevistadora: Como Oliveira Vianna recebeu *Casa-grande & senzala*?

GILBERTO FREYRE: O Oliveira Vianna reagiu assim: eu não mandei a ele o livro quando saiu, mas o editor mandou... Ele devolveu. Quer dizer: foi uma reação emocional, não é? Quando ele viu que havia uma discordância, ele não soube enfrentá-la embora pudesse ter enfrentado perfeitamente. Eu não desconheço o valor dele, da obra dele, sabe? Mas apenas a reação dele foi de tal modo emocional que ele devolveu o livro. Sem dúvida tomou conhecimento da tese geral e repudiou. Mas com o tempo veio a aceitar em grande parte *Casa-grande & senzala*. Ele aceitou imediatamente (quer quisesse, quer não quisesse) a minha repulsa ao que ele chamava "o arianismo". E tinha um livro já preparado, do qual suspendeu a publicação, chamado *O ariano no Brasil*. Quer dizer, meu livro desmanchou grande parte do que ele considerava uma obra de certa abrangência, que aliás não tinha. Mas justiça seja feita, ele modificou a sua própria atitude para com *Casa-grande & senzala* e passou a aceitar em grande parte o que esta obra representava de inovadora. Estou dando um depoimento inteiramente imparcial. Chegamos a ter encontros pessoais, cordiais, nunca aprofundados.

Entrevistadora: No entanto não há nos textos de Oliveira Vianna referências a *Casa-grande & senzala*. Os outros autores do período citam bastante o livro, e discutem a tese, como, por exemplo, Azevedo Amaral, Monteiro Lobato...

GILBERTO FREYRE: Azevedo Amaral foi muito simpático ao livro quando apareceu. Agora Azevedo Amaral era mais um brilhante jornalista do que realmente um analista social. Não é isto? Outro que comentou de início foi Alfredo Ellis, o escritor paulista. Houve, sim, uma certa relutância da parte de alguns paulistas, menos Paulo Prado que foi sempre entusiasta do livro... Mas teve alguns paulistas menores... cujos nomes não lembro agora, que acusavam minha pesquisa de falta de consideração com São Paulo, que está ausente em *Casa-grande & senzala*. Eu creio que não houve esta desconsideração. E vou lhe referir até o fato de que minha primeira pesquisa para esse livro foi feita, seguindo a sugestão de meu grande amigo Paulo Prado, por ele adotada de Capistrano de Abreu (eram muito amigos). Capistrano de Abreu que fazia o quanto possível pesquisa de campo nunca se aprofundou numa obra digna dele. Eu creio que ele podia ter nos dado uma obra melhor, mas ele aconselhou Paulo Prado a fazer uma viagem que ele tinha feito que fora muito proveitosa para sua visão sobre o Brasil: uma viagem de rebocador a partir de Santos em direção ao Rio. Segui esse conselho de Paulo Prado e essa foi minha primeira pesquisa para *Casa-grande & senzala*. Foi, portanto, uma pesquisa paulista. Tomei o rebocador e fiz a viagem parando em cada canto: São Sebastião, Ilha dos Porcos, aquela grande cidadezinha depois tão idealizada... Paraty, Angra dos Reis,[1] tudo aquilo... Mas parando, parando, parando... E descobri o seguinte: como o Brasil me pareceu, nesta parte tão paulista, tão quatrocentona, como me pareceu parecida com outros Brasis que eu conheci: Minas, o Nordeste, a Bahia... Isso foi o que mais me impressionou, essa unidade do Brasil. Em Paraty ela foi completa. Lembre-se que não era essa Paraty idealizada, na moda. Foi uma Paraty inteiramente desprezada por cariocas, por paulistas que depois a adotaram. E eu me lembro que eu cheguei a ir lá numa tarde em que se estava comemorando a eleição de Miss Paraty, que era uma linda paulistazinha, matuta, tímida, muito tímida sabe? Eu peguei um namorico com ela sabe... mas um namorico assim (risos)... em que ela foi de uma timidez absoluta. Cheguei a beijá-la, mas foi um beijo muito... roubado, sabe? Mas ela realmente se interessou por aquele adventício que ousava assim beijá-la, que era uma coisa, eu acho, um pecado proibido em Paraty. Mas ela tornou-se minha iniciadora no que se revelou, desde então, um dos pontos

---

[1] Estas já no Estado do Rio de Janeiro.

mais característicos da minha metodologia: o interesse pelas intimidades e pelo cotidiano. Ela foi me fazendo entrar por casas em que ela era familiar, me apresentando aos moradores, explicando costumes, sabe? Era uma Paraty muito patriarcal, um encanto. Nunca me esquecerei de Paraty. Como de outros pontos em que toquei, certo? Mas o que quero dizer é que acho isso interessante. Muita gente pensa que *Casa-grande & senzala* é um livro que começou no Nordeste. Começou em São Paulo. E começou dessa identificação de São Paulo como muito brasileiro, ao contrário do que alguns diziam "olha paulista, paulista hoje é um italiano falando português"... essas histórias todas que corriam. E eu fui tendo aquela convivência com raízes paulistas. De modo que São Paulo está em *Casa-grande & senzala* de uma maneira muito íntima. É curioso porque agora um seu conterrâneo que dirige o Departamento Cultural do Município descobriu isso e me pediu um novo depoimento em que eu confirmei tudo isso que eu estou dizendo a você. Você o conhece?

Entrevistadora: Creio que é Mário Chamie.

GILBERTO FREYRE: É. Há uma coisa que realmente eu não compreendo ainda em certos paulistas: foi terem repudiado a denominação de casa-grande... As fazendas patriarcais de café têm casas-grandes autênticas, têm as chamadas casas-grandes.

Entrevistadora: Acaba de sair um livro sobre as casas das fazendas de café em São Paulo. Ilustrado, com fotografias...

GILBERTO FREYRE: Exato! Consagrando a denominação de casa-grande. Mas a denominação substituta, eu acho muito cretina; considerar as casas-grandes "sedes de fazendas". Uma palavra burocrática: "sedes de fazenda".

MCTM: Minha pergunta é a seguinte: os paulistas são contra as casas-grandes ou contra a senzala? Quando eles realmente repudiaram *Casa-grande & senzala*... eles tinham casa-grande não é?

GILBERTO FREYRE: Não, não, não! Olha... eles adotaram tanto as casas-grandes quanto as senzalas. Apenas deu-se isto: quando as casas-grandes de São Paulo atingiram uma maior opulência, essa opulência correspondeu à decadência das casas-grandes da zona canavieira, que era a nossa. O que fez tipicamente o dono das casas-grandes paulistas? Ele adquiriu escravos, não da África, mas de Pernambuco sobretudo. Eram já escravos abrasileirados, isto é, escravos que conheciam o folclore brasileiro, cantavam coisas do Brasil, e que foram para lá e exerceram função abrasileirante, na época em que São Paulo iria enfrentar o perigo (que a USP exagera tanto!) da italianização. Esse escravo existiu de uma forma expressivamente abrasileirante em São Paulo. Patriarcalizante e abrasilierante.

Entrevistadora: Cassiano Ricardo lembra a presença de São Paulo na sua obra, não apenas em *Casa-grande & senzala*..

GILBERTO FREYRE: Ele é um autor realmente muito bom. Eu convivi muito com Cassiano. Foi meu colega no Conselho Federal de Cultura. Era realmente um admirável poeta e um estudioso de coisas brasileiras de primeira ordem. O livro dele sobre o Oeste é muito bom.

Entrevistadora: Em *Sobrados e mucambos* você fala sobre a presença dos paulistas no Nordeste, e principalmente lembra sua participação na extinção dos quilombos...

GILBERTO FREYRE: É. Agora você vê... o complexo casa-grande e senzala existiu em São Paulo. De uma forma muito caracteristicamente paulista e brasileira. Quando se fala hoje em Dona Veridiana, mãe de Paulo Prado, uma grande matriarca... a gente esquece que ela foi realmente um equivalente das nossas senhoras de engenho. Ela, como senhora de fazenda, foi um equivalente. Eu ouvi o seguinte de Paulo Prado: Dona Veridiana era muito paulista, gostava muito de São Paulo, mas tinha grande admiração pela Europa. E tinha um apartamento no ponto mais central de Paris. Mas segundo o filho, segundo Paulo Prado, ela fazia questão de criar as suas próprias galinhas nesse apartamento parisiense. [risos] Era uma marca de patriarcalismo, não é?

MCTM: Eu concordo com você que há em São Paulo essa correspondência com o patriarcalismo nordestino. Porém, há um elemento de diferença que você mostrou muito bem. Enquanto nós tivemos um processo de adaptação do escravo e apreensão de toda uma cultura, a cultura afro que se abrasileirou, eles tiveram esse processo minorizado. Porque eles já tiveram realmente como empregado, como escravo, o homem do Nordeste. Quer dizer, já era a cultura brasileira miscigenada. Foi um processo tardio. Assim, a casa-grande e a senzala são elementos imitativos de um processo do Nordeste, por isso minorizado. Se me permite... a arquitetura é a mesma, mas a aculturação é diferente.

GILBERTO FREYRE: Há um fator importante: a diferença de tempo. Porque a casa-grande surgiu na madrugada brasileira no Nordeste. A casa-grande em São Paulo foi um processo posterior. O que era São Paulo primitivo? Eram os bandeirantes, que por sua própria condição tinham uma casa sem arquitetura nobre. A arquitetura nobre vem dois séculos depois lá. Aqui foi desde o início.

Entrevistadora: Creio que o fato do Nordeste ser uma região agrícola fortemente marcada pela sedentaridade permite a consolidação desses traços culturais. Em São Paulo essa permanência não existia nos primeiros séculos. Não havia muito dinheiro, não deu certo a cana-de-açúcar...

GILBERTO FREYRE: Isso é interessante.

MCTM: Como as grandes fazendas de Itu, onde as casas-grandes representam um poderio econômico superior mas que não se equiparam com as casas-grandes de Pernambuco. E o que corresponderia à senzala é quase como um povoado.

Entrevistadora: São as casas dos colonos do café. Mas além da arquitetura o estilo de vida é totalmente diferente porque, nem de longe, têm o luxo da fazenda de Pernambuco. Mas eu gostaria de voltar a falar sobre suas relações com os intelectuais dos anos 30 e 40. Eu sei que você foi chamado a colaborar na revista de Sérgio Buarque de Holanda.

GILBERTO FREYRE: O meu relacionamento com Sérgio, que depois se tornou famoso por ser pai de Chico Buarque (e eu sei o quanto ele era vaidoso e detestou essa situação embora gostasse do filho), está subordinado ao meu relacionamento, que foi fraterno, com uma espécie de mestre da mesma idade de Sérgio: Prudente de Morais Neto, meu grande Prudente. Com este, minhas afinidades foram profundas.

Entrevistadora: Ele também estava na revista com Sérgio, não é?

GILBERTO FREYRE: Só na revista. E ele me fez colaborar lá. Agora o Sérgio foi realmente muito influenciado pelo Prudente. O Prudente era muito mais profundo do que ele sabe? O Prudente tinha realmente uma iniciação filosófica que o Sérgio nunca chegou a ter. Ele tornou-se um bom historiador, historiador social de primeira ordem, mas não um pensador social como foi Prudente. Ele fez crítica literária sob uma perspectiva sociofilosófica brasileira, sabe? Ao mesmo tempo o Prudente, e aí foi uma fase de nossa maior intimidade, fraternidade, foi a de sairmos à noite pelo Rio de Janeiro afora. Com um grupo afro-negro do qual fazia parte Pixinguinha... Eram sete: além de Pixinguinha, Patrício (que tocava violão, o Pixinguinha acordeon). E nós saímos Rio afora... até de madrugada. O Sérgio acompanhando, ele tocava piano, sabe? Às vezes entrávamos em casas de mulheres, sociologicamente... não era negócio libidinoso não, tá?... [risos] As casas de mulheres eram realmente interessantes. Você encontrava mulheres de várias partes do interior e em geral com as mesmas histórias. Nós sempre ouvíamos com interesse. Diziam que por terem sido "gamadas" por um Don Juan foram levadas àquela vida... e... sempre lembrando suas mãezinhas, avozinhas e tudo mais. E nós, nestas excursões, aprendemos muito, sabe? Levados por Pixinguinha e Patrício [interrompido por pessoas se despedindo] Olha: esta aqui é uma típica descendente de sinhazinha de casa-grande sabe? De uma das casas-grandes mais típicas de Pernambuco: a de Jundiá. E é prima sabe de quem? Cícero Dias. Tem a mesma ascendência, Jundiá. Mas voltemos ao grupo do Rio de Janeiro ao que eu pertenci... porque toda a minha formação intelectual se fez no estrangeiro, anos e anos. Quando eu cheguei aqui fui então ao Rio pela primeira vez. E escolhi a minha própria gente, sabe? Eu fui recebido lá pelo filho de Joaquim Nabuco (que ainda vive), o José Nabuco. Ele me apresentou a *society*... que se concentrava sobretudo em Petrópolis... ele e a mulher Maria do Carmo. De modo que eu fiquei ligado a esta grã-finagem e ao meu tempo fui escolhendo os meus amigos intelectuais. Eu já tinha sido convocado por Prudente para colaborar na revista e que foi uma revista notável, que operou na modernização estética, modernização dos temas, do estilo... e que reunia modernistas sérios do Rio e São Paulo. E Prudente, Sérgio, nessa época em que fomos muito amigos, eram muito ligados a Manuel Bandeira, a Rodrigo Mello Franco de Andrade e a Gastão Cruls. Todos eles se tornaram meus grandes amigos.

Entrevistadora: Inclusive, você esteve hospedado na casa de Manuel Bandeira, não é? Já li que sua mãe ficou preocupada com isso...

GILBERTO FREYRE: Tem razão.

Entrevistadora: Gostaria de ouvi-lo falar do movimento regionalista, que foi visto por muitos como oponente do modernismo. Como vemos você estava, no Rio, ligado aos modernistas...

GILBERTO FREYRE: Certo. Eu acho que o Movimento Regionalista foi uma insistência sobre as verdadeiras raízes brasileiras. Essas raízes não estavam aparentes no nacionalismo que brotou então. O movimento regionalista visou dar um sentido mais efetivo, mais objetivo ao brasileirismo. Não foi de modo nenhum um repúdio ao brasileirismo. Foi um reforço ao brasileirismo, indo às raízes. Que raízes eram essas? Realmente as raízes regionais, tanto as paulistas como as pernambucanas, como as amazônicas (ainda na época muito fracamente expressas, mas já existentes) e todas as outras. De modo que o Movimento não foi exclusivamente para o Nordeste. Foi para a região e para o Brasil em geral. Pedia que todas as regiões se voltassem para suas raízes, valorizando-as em vez de se envergonharem delas, tornando-se imitadoras do que se fazia no Rio e em São Paulo metropolitano. Seu objetivo foi somente esse.

Entrevistadora: Eu já lhe disse hoje que há um retorno, há um interesse sobre sua obra, bastante grande. Exatamente tentando recuperar sua importância política. Mas eu gostaria de voltar às suas afinidades com os intelectuais de outras regiões do país, de São Paulo, por exemplo.

GILBERTO FREYRE: As minhas grandes afinidades foram com aqueles já mencionados: Prudente, Sérgio, Rodrigo, Bandeira, Gastão Cruls. Foram com estes. Agora com Fernando de Azevedo... tive relações muito boas com o rival de Fernando, o educador que foi...

Entrevistadora: Anísio Teixeira?

GILBERTO FREYRE: Sim... Anísio Teixeira. Foram profundas com Anísio Teixeira, mais do que com Fernando de Azevedo, embora muito boas com Fernando de Azevedo. Com Cruz Costa também tive relações com ele, certas afinidades, embora não tão profundas. E... muito grandes, isso é preciso enfatizar, porque não foram afinidades como intelectual e sim com um artista: com Villa-Lobos... Ainda não se tornou conhecido esse relacionamento com Villa-Lobos, mas quando se deu a doença de Villa ele tinha iniciado comigo, e fora uma proposta dele, uma obra em conjunto que pretendia ser uma síntese da música brasileira através das regiões. Começando pelo extremo norte indo ao extremo sul. Ele estava inteiramente encantado com essa idéia e eu também. Essa idéia... se assentava na base de uma perfeita coincidência de percepções e concepções sobre a cultura brasileira de nós dois. Nós nos demos muito bem. Quando ele vinha aqui, ele ia para nossa casa... quase todo o tempo lá, sabe? E quando eu chegava no Rio, ele não tardava a saber e ia me convocar para o jantar com ele, para sair com ele, para ouvir músicas dele improvisadas. É uma amizade que é continuada hoje pela viúva dele, e que foi amizade muito significativa, creio que para ele e, sem dúvida, para mim. É... eu vi na música de Villa-Lobos uma... vamos dizer... uma interpretação do Brasil semelhante à minha em termos literários, ou em termos científico-sociais, em termos filosóficos sociais. Vi essa grande aproximação entre nós dois. E creio que ele também sentiu muito isso. Tal a maneira como ele me distinguia, e como, logo que eu chegasse ao Rio, me procurava.

Entrevistadora: Isso dá para perceber. Eu concordo que haja uma afinidade telúrica na obra dos dois. E Portinari?

GILBERTO FREYRE: Não tanto. Agora não que eu fosse indiferente à pintura. Ao contrário. Eu sou muito chegado à pintura. Eu próprio fui pintor antes de ser escritor sabe? Quer dizer: um pintor intuitivo, na minha meninice. Mas deu-se uma grande aproximação minha com Cícero Dias. Esse para mim era superior, e ainda eu o considero, a Portinari. Não que eu desestime Portinari. Acho que Portinari é realmente um grande pintor brasileiro. Creio que eu influí sobre ele quando chamei a atenção..., segundo a esposa dele, foi uma influência notável, dele e de outros pintores para os homens de trabalho brasileiros que precisavam ser figuras centrais em painéis, em vez de fazer repetições de europeísmos... acho... a glorificação destas figuras de homens de trabalho das várias regiões... o que ele começou a fazer. E fez de uma maneira admirável. Mas minha grande afinidade com Cícero Dias... porque Cícero Dias sem ter a correção acadêmica de Portinari na pintura... ao contrário... não querendo ser corretamente acadêmico nesta exposição artística, foi ao meu ver, pela intuição, um grande intérprete de temas brasileiros em termos pictóricos, em cores e formas de pintura. Coisa depois que seria seguida por vários outros pintores. Cícero Dias ainda é vivo, mas já há uma nova geração de pintores seguindo esse mesmo pendor ou gosto para a interpretação viva de coisas brasileiras. Como aqui Lula Cardoso Aires, como Brennand. E como em São Paulo foi Tarsila, que eu conheci em Paris, como conheci Brecheret... foram meus amigos antes deles terem se tornado famosos e antes eu ter me tornado notável.

Entrevistadora: E Oswald de Andrade?

GILBERTO FREYRE: Olha, essa é uma das maiores coisas que me aconteceram. Você sabe que o Oswaldo começou dizendo, a propósito da morte de Lampião aqui... ele fazendo esse comentário muito à maneira dele... "Não adiantou nada... mataram Lampião, mas Gilberto Freyre continua vivo." Mas, mais tarde ele se tornou realmente tão afim do que eu pensava... que o próprio marxismo dele, ele repeliu e substituiu pelo meu que era um pós-marxismo. Ele escreveu sobre isso no *Correio da Manhã:* "o pós-marxismo é que é... é de Gilberto Freyre". Mas tornou-se, além disso, um grande amigo meu. Eu não chegava a São Paulo sem que ele aparecesse, ficasse comigo todo o tempo, sabe? Uma verdadeira amizade. O que não se deu com o Mário de Andrade.

Entrevistadora: Você um vez disse que ele era um ressentido que negava sua negritude.

GILBERTO FREYRE: Sim, ele teve vergonha de seu próprio sangue.

Entrevistadora: Você acha, então, que é fundamental que haja uma identidade do pesquisador com seu objeto? Ou ainda que o pesquisador busca sua própria identidade no objeto que investiga?

GILBERTO FREYRE: Sem dúvida!

Entrevistadora: Você quando diz utilizar a empatia como método, buscando penetrar nas várias identidades dos indivíduos, busca também sua identidade?

GILBERTO FREYRE: Sim, eu assumo o papel de cada uma das figuras que analiso. Eu participo de suas vidas...

Entrevistadora: Lembro de algo que me intrigou quando vi as caricaturas que fez para ilustrar as entrevistas que publicou no jornal de Columbia: Tagore, Oliveira Lima, Amy Lowel, Vachel Lindsay, entre outros. Você se representa bem pequenininho face àquelas figuras imponentes. Explique porque dessa figuração.

GILBERTO FREYRE: Mas aí eu creio que era uma deliberação de não tirar o grande valor da pessoa posta em relevo, não é? Se eu ficasse da mesma altura, do mesmo volume, sabe... eu realmente prejudicaria o que estava procurando, que era dar relevo à tal figura: a de Oliveira Lima, a de Tagore, a de tantos outros que eu procurei caricaturar tendo-os conhecido. Insensivelmente parece que eu segui aí uma tradição da própria pintura primitiva para a qual a perspectiva não era a que se tornou convencional e sim o valor que quer se conferir. No caso, eu queria dar valor à pessoa evocada e não queria perturbar essa evocação (de tal ou qual pessoa) com uma apresentação minha na mesma dimensão. Eu devia me diminuir para que houvesse essa valorização da pessoa evocada. Não creio que fosse uma expressão de humildade...

Entrevistadora: Não?

GILBERTO FREYRE: Não, não é de humildade não. É... era uma expressão de metodologia da apresentação de objetos. Vamos considerar: eu era um objeto e as pessoas que representava eram objetos também. E entre esses objetos eu queria dar expressão ao que o outro representava sobre minha própria pessoa. Uma sistemática e não uma ética em que eu me humilhasse. Não.

Entrevistadora: Assim, não tem nada a ver com uma visão de inferioridade... Não tem nada a ver com o que você fala sobre a figura do intelectual brasileiro? Você mesmo diz que entre nós há uma exceção que é Joaquim Nabuco, que era bonito e tudo mais... o resto era assim Santos Dumont, Rui Barbosa... [risos].

GILBERTO FREYRE: Eu criei até um neologismo, não sei se notou. É um neologismo à base do que eu sei de grego: cacogênico, o oposto de eugênico. Mas será que eu me concebo como cacogênico? (Coqueteando...) Não! Você acha?

Entrevistadora: Não você! De modo algum... (risos)

GILBERTO FREYRE: Eu me considero eugênico. E... à base do que eu tenho ouvido desde uma certa altura da minha vida... Eu realmente tenho a minha qualidade reconhecida: de ser uma pessoa de... vamos dizer: um animal de bela estampa. [risos]

Entrevistadora: Eu também acho...

GILBERTO FREYRE: Até onde eu me lembro, na minha infância, de ter ouvido uma vez um tio meu (eu era muito criança, mas já ouvia conversa de adulto)... um tio meu dizendo para minha mãe: toda a família tem o seu feio. Eu tenho o Alcindo (era um primo meu, filho desse meu tio). E dizia ele à minha mãe: você tem o seu Berto. Aquilo me marcou. Depois eu fui questionar minha mãe. Eu disse: "Você concordou". "De modo nenhum, coitado: eu não disse nada, porque você sabe que ele é pai de uma das crianças mais feias que já houve. Foi um consolo para ele que eu não dissesse nada."

Entrevistadora: Concordo com dona Francisquinha. De fato, você sempre foi uma figura de bela estampa.

GILBERTO FREYRE: É... uma bela estampa. Não, eu reconheço. Eu reconheço. Sou eugênico e não cacogênico.

Entrevistadora: Tendo isso por base, como isso opera em sua metodologia – a empatia? Como penetrar na sensibilidade deste indivíduo, o intelectual que de fato não foi criado nem tinha os elementos, as virtudes e os defeitos... necessários para o comando, para a administração? É exatamente através da sensibilidade que você vai encontrar a importância daquele indivíduo, não?

GILBERTO FREYRE: É. É... E o esclarecimento deste ponto é muito importante em conexão com a minha empatia. Quando eu sou empático eu tenho como base um brasileiro eugênico que sou. Eu estou procurando me transferir para esta ou aquela figura de homem, de mulher, de menino à base de um brasileiro eugênico. E não de um brasileiro que fosse um Rui Barbosa (pequenininho, feinho) ou Santos Dumont também... Não, não, não. Eu sou realmente empático à base de um brasileiro eugênico.

Entrevistadora: Metodologicamente.

GILBERTO FREYRE: Metodologicamente. Pois é. Foi muito bom você tocar neste ponto.

Entrevistadora: Eu quis provocá-lo...

GILBERTO FREYRE: Foi bom.

Entrevistadora: Isso porque na abordagem que faço sobre sua temática, tenho procurado separar os dilemas pessoais e as identidades que você assume para efetuar sua análise, as quais estou chamando "as quatro pessoas de Gilberto", além da sua própria: o menino, a mulher, o escravo e o amarelinho que não são a sua pessoa, mas que metodologicamente você consegue assumir.

GILBERTO FREYRE: Exato. Exatíssimo!

Entrevistadora: Mudando de assunto... como você vê a influência que exerce? Penso que seja uma influência que às vezes até ultrapassa o fato do autor ter consciência da mesma.

GILBERTO FREYRE: Também acho.

Entrevistadora: Você pode citar alguns nomes?

GILBERTO FREYRE: Por exemplo: o Roberto DaMatta, eu acho que é um dos indivíduos mais influenciados pela minha obra.

Entrevistadora: Ele faz aquele jogo entre a casa e a rua...

GILBERTO FREYRE: Até sem citar por escrito, mas pessoalmente ele aquiesceu. Mas é tão evidentemente meu que não precisava que ele dissesse...

Entrevistadora: Além de Roberto DaMatta você vê sua influência na Sociologia ou na Antropologia brasileiras?

GILBERTO FREYRE: Especificamente Sociologia?

Entrevistadora: Antropologia ou Sociologia.

GILBERTO FREYRE: Um exemplo é de um pesquisador aqui desta casa chamado Roberto Motta.

Entrevistadora: Parente de Mauro Motta?

GILBERTO FREYRE: Filho de Mauro Motta. E que acaba de fazer doutorado pela Universidade de Columbia. Realmente brilhante e com uma nítida influência minha na Antropologia, sem dúvida. Em Filosofia creio que há uma influência minha nesta grande brasileira que acaba de estar aqui, que é a Maria do Carmo Tavares de Miranda, doutora pela Sorbonne, discípula de Heidegger, e que creio tem tido uma nítida influência minha. Agora creio que influi num autor que já citei aqui: Villa-Lobos. A ponto dele ter me pedido para fazer aquela obra em conjunto.

Entrevistadora: José Lins do Rego confessa essa influência. Ele diz "escrevi *Menino do engenho* porque Gilberto não escreveu." [risos]

GILBERTO FREYRE: Confessa... José Lins do Rego, sem dúvida. Outro: Luis Jardim, no conto, sabe? Foi um mestre no conto. E Cícero Dias. Lula Cardoso Ayres também em pintura. E creio que o próprio Brennand, embora ele não diga. Esses outros dizem. O Brennand não diz, mas realmente em toda a escultura erótica que ele faz há uma nítida influência gilbertiana, sabe?

Entrevistadora: Não quero cansá-lo. Amanhã podemos dar continuidade à nossa conversa. Agradeço sua disponibilidade.

GILBERTO FREYRE: Gostei muito. Até amanhã.

Bibliografia

Livros Citados e Consultados

Obras de Gilberto Freyre

Casa-grande & senzala. 2. ed. Rio de Janeiro: Schmidt Editor, 1936. (A 1ª edição é de 1933.)

Casa-grande & senzala. Edição crítica, Guillermo Giucci, Enrique Rodriguez Larreta e Edson Nery da Fonseca, coordenadores. Madri; Barcelona; La Habana; Lisboa; Paris; México; Buenos Aires; São Paulo; Lima; Guatemala; San José: ALLCA XX, 2002.

Guia prático histórico e sentimental da cidade do Recife. 3. ed. revista. Rio de Janeiro: José Olympio, 1961. (A 1ª edição é de 1934.)

Retalhos de jornais velhos. 2. ed. Rio de Janeiro: José Olympio, 1964. (A 1ª edição é de 1935, e denomina-se *Artigos de jornal*.)

Sobrados e mucambos: decadência do patriarcado rural no Brasil. São Paulo: Brasiliana/Companhia Editora Nacional, 1936.

Sobrados e mucambos: decadência do patriarcado rural no Brasil. 2. ed. refundida. Rio de Janeiro: José Olympio, 1951.

Nordeste. 2. ed. revista. Rio de Janeiro: José Olympio, 1951.

Olinda, 2º Guia prático, histórico e sentimental de cidade brasileira. 5. ed. Rio de Janeiro: José Olympio, 1980. (A 1ª edição é de 1939.)

O mundo que o português criou. Rio de Janeiro: José Olympio, 1940.

Um engenheiro francês no Brasil. 2. ed. Rio de Janeiro: José Olympio, 1960. (A 1ª edição é de 1940.)

O velho Felix e suas "memórias de um Cavalcanti". Rio de Janeiro: José Olympio, 1959. (Com o título *Memórias de um Cavalcanti*, foi publicado em 1940.)

Região e tradição. Rio de Janeiro: José Olympio, 1941.

Ingleses. Rio de Janeiro: José Olympio, 1942.

Uma cultura ameaçada: a luso-brasileira. 2. ed. Rio de Janeiro: Casa do Estudante do Brasil, 1942. (A 1ª edição é de 1940.)

Problemas brasileiros de antropologia. Rio de Janeiro: Casa do Estudante do Brasil, 1943.

Problemas brasileiros de antropologia. 2. ed. Rio de Janeiro: José Olympio, 1959.

Atualidade de Euclydes da Cunha. 2. ed. Rio de Janeiro: Casa do Estudante do Brasil, 1943. (A 1ª edição é de 1941.)

Perfil de Euclydes e outros perfis. Rio de Janeiro: José Olympio, 1944.

Sociologia: introdução ao estudo de seus princípios. Rio de Janeiro: José Olympio, 1945.

Sociologia: introdução ao estudo de seus princípios. 2. ed. revista e aumentada. Rio de Janeiro: José Olympio, 1957.

Interpretação do Brasil. Rio de Janeiro: José Olympio, 1947.

O camarada Whitman. Rio de Janeiro: José Olympio, 1948.

Ingleses no Brasil: aspectos de influência britânica sobre a vida, a paisagem e a cultura do Brasil. 2. ed. Rio de Janeiro: José Olympio; Brasília: INL, 1977. (A 1ª edição é de 1948.)

Nação e exército. Rio de Janeiro: José Olympio, 1949.

Quase política. 2. ed. Rio de Janeiro: José Olympio, 1966. (A 1ª edição é de 1950.)

Um brasileiro em terras portuguesas. Rio de Janeiro: José Olympio, 1953.

Aventura e rotina. Rio de Janeiro: José Olympio, 1953.

Reinterpretando José de Alencar. Rio de Janeiro: Imprensa Nacional, 1955.

A propósito de frades. Salvador: Progresso, 1959.

Em torno de alguns túmulos afro-cristãos. Salvador: Progresso/Universidade da Bahia, 1959.

Ordem e progresso. Rio de Janeiro: José Olympio, 1959.

Sugestões de um novo contacto com universidades européias. Recife: Imprensa Universitária, 1961.

Vida, forma e cor. Rio de Janeiro: José Olympio, 1962.

"*Intelligentsia* e o desenvolvimento nacional do Brasil". In: *Educação e Ciências Sociais*, Rio de Janeiro, 21, 1962, pp. 147-161.

Seis conferências em busca de um leitor. Rio de Janeiro: José Olympio, 1965.

O Recife, sim! Recife, não! S. l. Arquimedes Edições, 1967.

Manifesto regionalista. 4. ed. Recife: Instituto Joaquim Nabuco de Pesquisas Sociais, 1967.

Como e porque sou e não sou sociólogo. Brasília: Ed. da Universidade de Brasília, 1968.

Brasis, Brasil, Brasília. Rio de Janeiro: Gráfica Record, 1968.

Sugestões em torno da ciência e da arte da pesquisa social. Recife: Instituto Joaquim Nabuco, 1969.

Oliveira Lima, Don Quixote Gordo. 2. ed. Recife: Universidade Federal de Pernambuco, 1970.

"Transformação regional e ciência ecológica: o caso do Nordeste brasileiro". In: *Cana e reforma agrária*. Recife: Instituto Joaquim Nabuco de Pesquisas Sociais, 1970. pp. 25-49.

A casa brasileira. Rio de Janeiro: Grifo, 1971.

Nós e a Europa germânica. Rio de Janeiro: Grifo/INL, 1971.

"Contribuição brasileira para uma sociologia do açúcar". In: FREYRE, Gilberto *et alii. Sociologia do açúcar*. Recife: Instituto do Açúcar e do Álcool, 1971. pp. 9-21.

Seleta para jovens. Rio de Janeiro: José Olympio/INL, 1971. (Organizada pelo autor com a colaboração de Maria Elisa Dias Collier.)

Novo mundo nos trópicos. Trad. Olívio Montenegro e Luís de Miranda Corrêa. São Paulo: Editora Nacional/Edusp, 1971.

Dona Sinhá e o filho padre. 2. ed. Rio de Janeiro: José Olympio/INL, 1971.

Além do apenas moderno: sugestões em torno de possíveis futuros do homem, em geral, e do homem brasileiro, em particular. Rio de Janeiro: José Olympio, 1973.

Estácio Coimbra. Recife: Instituto Joaquim Nabuco de Pesquisas Sociais, 1973.

Uma microssociologia em desenvolvimento no Brasil: a análise e interpretação de anúncios de jornais. *Ciência & Trópico*, Recife, 1 (1): 7-22, jan./jun. 1973.

Assombrações do Recife velho. 3. ed. Rio de Janeiro/Brasília: José Olympio/MEC, 1974.

O brasileiro entre outros hispanos. Rio de Janeiro: José Olympio; Brasília: INL, 1975.

A presença do açúcar na formação brasileira. Rio de Janeiro: Instituto do Açúcar e do Álcool, 1975.

Tempo morto e outros tempos. Rio de Janeiro: José Olympio, 1975.

Vida social no Brasil nos meados do século XIX. 2. ed. Trad. Waldemar Valente. Rio de Janeiro/Artenova; Recife/IJNPS, 1977. (O original inglês é escrito em 1922.)

O idoso válido como uma descoberta da nossa época. *Ciência e Trópico*, Recife, 5 (1): 65-76, jan./jun. 1977.

O outro amor do dr. Paulo. Rio de Janeiro: José Olympio, 1977.

Cartas do próprio punho sobre pessoas e coisas do Brasil e do estrangeiro. Seleção, organização e introdução de Sylvio Rabello. Brasília: MEC, 1978.

Alhos e bugalhos: ensaios sobre temas contraditórios: de Joyce à cachaça; de José Lins do Rego ao cartão-postal. Rio de Janeiro; Nova Fronteira, 1978.

Palavras aos jovens do Ceará. Fortaleza: Instituto Lusíadas, 1978.

Prefácios desgarrados. Rio de Janeiro: Cátedra; Brasília: INL, 1978.

Recife & Olinda. Recife: Instituto Joaquim Nabuco de Pesquisas Sociais; São Paulo: Companhia Editora Nacional, 1978. (Texto em português, espanhol, francês e inglês, com desenhos e legendas de Tom Maia e Teresa Regina de Camargo Maia.)

Tempo de aprendiz. São Paulo: Ibrasa/MEC/INL, 1979.

Nassau numa perspectiva brasileira: seu imperialismo confrontado com o da Companhia das Índias. *Ciência e Trópico*, Recife, 7 (2): 185-200, jul./dez. 1979.

Oh de casa! Recife: Artenova, 1979.

O escravo nos anúncios de jornais brasileiros do século XIX. 2. ed.

São Paulo: Ed. Nacional; Recife: Instituto Joaquim Nabuco de Pesquisas Sociais, 1979.

Heróis e vilões no romance brasileiro. São Paulo: Cultrix/Ed. da Universidade de São Paulo, 1979.

Arte, ciência e trópicos. São Paulo: Difel; Brasília: INL, 1980.

Raízes brasileiras de um recifense sempre itinerante. In: *Gilberto Freyre na UnB: conferências e comentários de um simpósio internacional realizado de 13 a 17 de outubro de 1980*. Brasília: Ed. da Universidade de Brasília, 1981, pp. 125-137.

Menos especialistas que generalista. In: *Gilberto Freyre na UnB: conferências e comentários de um simpósio internacional realizado de 13 a 17 de outubro de 1980*. Brasília: Ed. da Universidade de Brasília, 1981, pp. 139-150.

Pessoas, coisas & animais. 2. ed. Org. Edson Nery da Fonseca. Rio de Janeiro: Globo, 1981.

Rurbanização: que é? Recife: Ed. Massangana, 1982.

Em torno da recifensização de José Lins do Rego. *Ciência e Trópico*, Recife, 10 (2): 175-188, jul./dez. 1982.

O fator racial na política contemporânea. *Ciência e Trópico*, Recife, 10 (1): 19-36, jan./jun. 1982.

Médicos, doentes e contextos sociais: uma abordagem sociológica. Rio de Janeiro: Globo, 1983.

Insurgências e ressurgências atuais: cruzamentos de sins e de nãos num mundo em transição. Rio de Janeiro: Globo, 1983.

Apipucos, que há num nome? Recife: Fundação Joaquim Nabuco/ Ed. Massangana, 1983.

Moral e mudança social. *Ciência e Trópico*, Recife, 12 (1): 65-78, 1984.

Prefácio. In: BRUNO, Ernani Silva. *História e tradições da cidade de São Paulo*. 3. ed. São Paulo: Hucitec, 1984.

Uma neo-alfabetização. *O Estado de S. Paulo*, 30/12/1984.

O caráter nacional brasileiro no século XX. *Ciência e Trópico*, Recife, 13 (1): 7-13, jan./jun. 1985.

Paracultura indígena. *Leitura*. São Paulo, (38), jul. 1985.

Transição no Brasil, outro exemplo antigo. *O Estado de S. Paulo*, 15/12/1985.

Obras de Outros Autores

AMADO, Gilberto et alii. *Gilberto Freyre: sua ciência, sua filosofia, sua arte*. Rio de Janeiro: José Olympio, 1962.

_____. Gilberto Freyre, tradição e modernidade. In: AMADO, Gilberto et alli. *Gilberto Freyre: sua ciência, sua filosofia, sua arte*. Rio de Janeiro: José Olympio, 1962. pp. 3-8.

_____. As instituições políticas e o meio social no Brasil. In: CARDOSO, Vicente Licínio. *À margem da história da República*. Brasília: Ed. da Universidade de Brasília, 1981. Tomo I, pp. 45-59.

AMADO, Jorge. *Casa grande & senzala* e a revolução cultural. In: AMADO, Gilberto et alii. *Gilberto Freyre: sua ciência, sua filosofia, sua arte*. Rio de Janeiro: José Olympio, 1962. p. 60-36.

AMARAL, Azevedo. A mais exata reconstrução da gênese do Brasil atual. In: FONSECA, Edson Nery da. *Casa-grande & senzala e a crítica brasileira de 1933 a 1945*. Recife: Cia. Editora de Pernambuco, 1985. pp. 129-131.

_____. *O Estado autoritário e a realidade nacional*. Brasília: Ed. da Universidade de Brasília, 1981.

ANDRADE, Almir de. *Aspectos da cultura brasileira*. Rio de Janeiro: Schmidt Editor, 1939.

ANDRADE, Manuel Correia de (Org.). *Gilberto Freyre; pensamento e ação*. Recife: Fundaj/Ed. Massangana, 1995.

ANTUNES, Ricardo. *Classe operária, sindicatos e partidos no Brasil: da revolução de 30 até a Aliança Nacional Libertadora*. São Paulo: Cortez, 1982.

ARAÚJO, Ricardo Benzaquen de. *Guerra e paz; casa-Grande & senzala e a obra de Gilberto Freyre nos anos 30*. Rio de Janeiro: Editora 34, 1994.

BARBOZA FILHO, Rubem. *Tradição e artifício; iberismo e barroco na formação americana*. Rio de Janeiro: Iuperj, 1999. (Tese de doutorado em Ciência Política.)

BARTHES, Roland. *Roland Barthes*. São Paulo: Cultrix, 1977.

BASTOS, Mauro. O anarquista construtivo. *Veja*, n. 800, 04/1/1984.

BASTOS, Elide Rugai. *Gilberto Freyre e o pensamento hispânico. Entre Dom Quixote e Alonso El Bueno*. São Paulo: Sumaré; Bauru: Edusc, 2003.

BENJAMIN, Walter. *Magia e técnica, arte e política: ensaios sobre literatura e história da cultura*. Trad. Sérgio Paulo Rouanet. Obras escolhidas. V. I. São Paulo, 1985.

BHABHA, Homi K. (Ed.). *Nation and narration*. London: Routledge, 1990.

BRUNO, Ernani Silva. *História e tradição da cidade de São Paulo*. 3. ed. São Paulo: Hucitec, 1984.

BURKE, Peter. Elective affinities: Gilberto Freyre and the *nouvelle histoire*. *The European Legacy 3*, n. 4, 1998, pp. 1-10.

CANDIDO, Antonio. *Formação da literatura brasileira*. 6. ed. Belo Horizonte: Itatiaia, 1981.

_____. A revolução de 30 e a cultura. *Novos Estudos Cebrap.*, 2 (4): 32, abril 1984.

_____. Prefácio. In: MICELI, Sérgio. *Intelectuais e classe dirigente no Brasil (1920-1945)*. Rio de Janeiro: Difel, 1979.

CARDOSO, Vicente Licínio. *À margem da história da República*. Brasília: Ed. da Universidade de Brasília, 1981.

_____. À margem da República. In: *À margem da história da República*. Brasília: Ed. da Universidade de Brasília, 1981. Tomo II, pp. 95-111.

CARNEIRO, Edison. Livro que inaugurou uma nova época. In: FONSECA, Edson Nery da. *Casa-grande & senzala e a crítica brasileira de 1933 a 1945*. Recife: Cia. Editora de Pernambuco.

CARONE, Edgard. *A República nova (1930-1937)*. 3. ed. São Paulo: Difel, 1982.

CARVALHO, Ronald. Bases da nacionalidade brasileira. In: CARDOSO, Vicente Licínio. *À margem da história da República*. Brasília: Ed. da Universidade de Brasília, 1981. Tomo II, pp. 25-38.

CARVALHO, Maria Alice Rezende de. Casa-grande & senzala e o pensamento social brasileiro. In: Gilberto FREYRE. *Casa-grande & senzala*. Edição crítica. *Op. cit.*, pp. 877-908.

CHACON, Wamireh. *Gilberto Freyre: uma biografia intelectual*. Recife: Fundaj/Ed. Massangana; São Paulo: Ed. Nacional, 1993.

COSTA, João Cruz. *Contribuição à história das idéias no Brasil*. Rio de Janeiro: José Olympio, 1956.

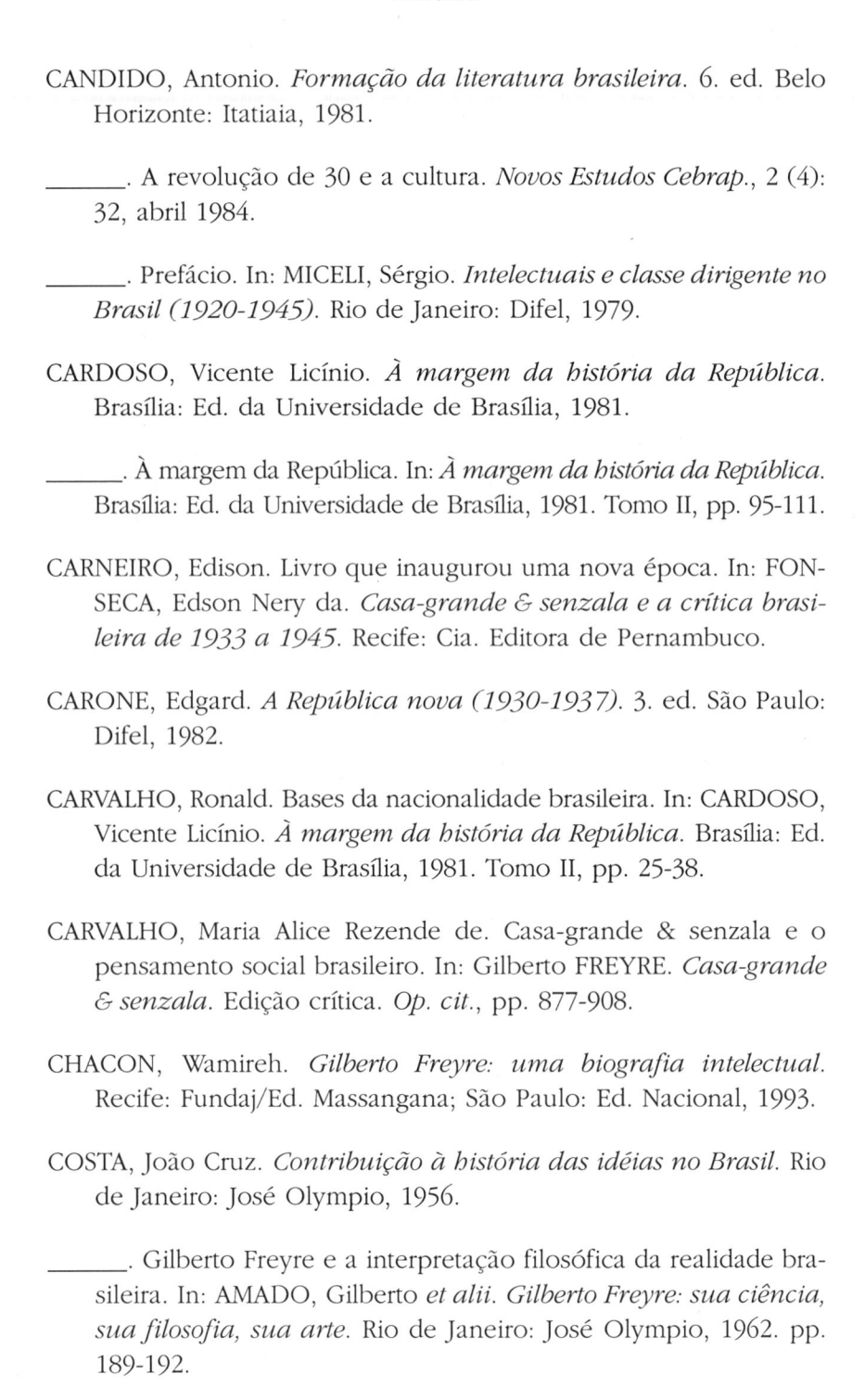

_____. Gilberto Freyre e a interpretação filosófica da realidade brasileira. In: AMADO, Gilberto *et alii*. *Gilberto Freyre: sua ciência, sua filosofia, sua arte*. Rio de Janeiro: José Olympio, 1962. pp. 189-192.

CRULS, Gastão. Gilberto Freyre e seus guias de cidades brasileiras. In: AMADO, Gilberto *et alii*. *Gilberto Freyre: sua ciência, sua filosofia, sua arte*. Rio de Janeiro: José Olympio, 1962. pp.138-188.

D'ANDREA, Moema Selma. *Tradição re(des)coberta. Gilberto Freyre e a literatura regionalista*. Campinas/SP: Ed. Unicamp, 1992.

DE LORENZO, Helena Carvalho e COSTA, Wilma Peres da (Org.). *A década de 1920 e as origens do Brasil moderno*. São Paulo: Ed. Unesp/Fapesp, 1997.

FALCÃO, Joaquim e ARAÚJO, Rosa Maria Barboza de (Orgs.). *O imperador das idéias; Gilberto Freyre em questão*. Rio de Janeiro: Colégio Brasil/UniverCidade/Fundação Roberto Marinho/Topbooks, 2001.

FAUSTO, Boris. *A revolução de 30*. São Paulo: Brasiliense, 1979.

FERNANDES, Florestan. *A integração do negro na sociedade de classes*. São Paulo: Dominus/Eduso, 1965.

FONSECA, Edson Nery da. *Um livro completa meio século*. Recife: FJN/Ed. Massangana, 1983.

_____ . *Casa-grande & senzala e a crítica brasileira de 1933 a 1944*. Recife: Companhia de Pernambuco, 1985.

_____ . *Gilberto Freyre de A a Z. Referências essenciais à sua vida e obra*. Rio de Janeiro: FBN/Zé Mário Editor, 2002.

GIRARDET, Raoul. L'ideologie nationaliste. *Science et Politique*, XV (3): 423-445, jun. 1965.

GOLDMANN, Lucien. *Dialética e cultura*. 2. ed. Rio de Janeiro: Paz e Terra, 1979.

GUIMARÃES, Antonio Sérgio. Democracia racial: o ideal, o pacto e o mito. In: *Novos Estudos Cebrap*, São Paulo, v. XX, n. 61, pp. 147-162, 2001.

_____. *Racismo e anti-racismo no Brasil.* 2. ed. São Paulo: Editora 34, 2005.

_____. *Le dieu caché.* Paris: Gallimard, 1959.

HOBSBRAWN, Eric e RANGER, Terence. *A invenção das tradições.* Trad. Celina Cardim Cavalcante. Rio de Janeiro: Paz e Terra, 1984.

HOLANDA, Sérgio Buarque de. *Tentativas de mitologia.* São Paulo: Perspectiva, 1979.

IANNI, Octavio. *O colapso do populismo no Brasil.* 4. ed. Rio de Janeiro: Civilização Brasileira, 1978.

IGLÉSIAS, Francisco. Estudo sobre o pensamento de Jackson de Figueiredo. In: *História e ideologia.* São Paulo: Perspectiva, 1971.

KOSMINSKY, E.V., LEPINE, C. e PEIXOTO, F.A. (Orgs.). *Gilberto Freyre em quatro tempos.* São Paulo: Ed. Unesp/Fapesp; Bauru, SP: Edusc, 2003.

LA CAPRA, Dominick. *Rethinking intellectual history; texts, contexts, languages.* New York: Ithaca, 1983.

LACERDA, Angela. Na casa de Gilberto Freyre, relembrando nossas raízes. *Cláudia,* abril 1983.

LAMOUNIER, Bolívar. Formação de um pensamento político autoritário na Primeira República: uma interpretação. In: FAUSTO, Boris (org.). *O Brasil republicano.* 2. ed. Rio de Janeiro: Difel, 1977. pp. 343-371.

LAMPEDUSA, Tomasi di. *O leopardo.* Trad. Rui Cabeçadas. São Paulo: Abril Cultural, 1974.

LEFORT, Claude. *Le travail de l'oeuvre, Machiavel.* Paris: Gallimard, 1972.

LEPENIES, Wolf. *Between literature and science: the rise of sociology.* Nova York/Paris: Cambridge University Press/Maison de Sciences de l'Homme, 1998.

LOPES, Napoleão. *Todas as associações de classe são "casos de polícia": o mais grave problema do continente.* 2. ed. São Paulo: Centro Brasileiro de Publicidade, 1929. 40 p. *Apud* Universidade de Brasília. *A revolução de 30: textos e documentos.* Ed. da Universidade de Brasília, 1982. pp. 61-80.

MANN, Thomas. *Doutor Fausto.* Trad. Herbert Caro. Rio de Janeiro: Nova Fronteira, 1984.

_____. *A montanha mágica.* Trad. Herbert Caro. Rio de Janeiro: Nova Fronteira, 1980.

MANNHEIM. Karl. Conservative thought. In: *Essays on Sociology and Social Psychology.* London: Routledge e Kegan Paul, 1953. pp. 74-164.

MEDEIROS. Maria Alice de. *O elogio da dominação, relendo Casagrande & senzala.* Rio de Janeiro: Edições Achiamé, 1984.

MENEZES, Diogo de Melo. *Gilberto Freyre.* Rio de Janeiro: CEB, 1944.

MERQUIOR, José Guilherme. Na casa grande dos oitenta. *Jornal do Brasil*, 19/04/1980.

MICELI, Sérgio. *Intelectuais e classe dirigente no Brasil (1920-1945).* Rio de Janeiro: Difel, 1979.

_____. (org.). *História das ciências sociais no Brasil.* Vol. 1. São Paulo: Vértice/Idesp, 1989.

_____. (org.). *História das ciências sociais no Brasil.* Vol. 2. São Paulo: Idesp/Fapesp, 1995.

MIRANDA, Maria do Carmo Tavares de (org.). *Que somos nós? 60 anos de sobrados e mucambos.* Recife: FJN/Ed. Massangana/ Núcleo de Estudos Freyrianos, 2000.

MIRANDA, Pontes de. Preliminares para a revisão constitucional. In: CARDOSO, Vicente Licínio. *À margem da história da República.* Brasília: Ed. da Universidade de Brasília, 1981. Tomo II, pp. 1-23.

MOTTA, Roberto (Org.). *Anais do seminário de tropicologia.* Recife: Fundaj/Ed. Massangana, 1987.

NISBET, Robert. *La formación del pensamiento sociológico.* Buenos Aires: Amorrortu, 1977.

NOBLAT, Ricardo. PLayboy entrevista Gilberto Freyre. *Playboy*, março, 1980.

NOGUEIRA, José Antônio. O ideal brasileiro desenvolvido na República. In: CARDOSO, Vicente Licínio. *À margem da história da República.* Brasília: Ed. da Universidade de Brasília, 1981. Tomo I, pp. 69-82.

OLIVEIRA, Lucia Lippi (coord.). *Elite intelectual e debate político nos anos 30: uma bibliografia comentada da revolução de 1930.* Rio de Janeiro: FGV; Brasília: INL, 1980.

_____. *A questão nacional na primeira república.* São Paulo: Brasiliense; Brasília: CNPq, 1990.

ORTIZ, Renato. *Cultura brasileira & identidade nacional.* São Paulo: Brasiliense, 1985.

PEIXOTO, Fernanda Áreas. *Diálogos brasileiros. Uma análise da obra de Roger Bastide.* São Paulo: Edusp/Fapesp, 2000.

PEREIRA, Astrojildo. Simples opinião sobre *casa-grande & senzala.* In: AMADO, Gilberto *et alii. Gilberto Freyre: sua ciência, sua filosofia, sua arte.* Rio de Janeiro: José Olympio, 1962. pp. 385-391.

PINTO, Roquete. Nasceu obra clássica. In: FONSECA, Edson Nery da. *Casa-grande & senzala e a crítica brasileira de 1933 a 1945.* Recife: Cia. Editora de Pernambuco, 1985. pp. 89-91.

PRADO Jr., Caio. *A revolução brasileira.* São Paulo: Brasiliense, 1966.

QUINTAS, Fátima (Org.). *Obra em tempos vários.* Recife: FJN/Ed. Massangana/Centro Cultural Brasil-Espanha/AECI – Agencia

Española de Cooperación Internacional/Prefeitura da Cidade do Recife, 1999.

REGO, José Lins do. Prefácio. In: FREYRE, Gilberto. *Região e tradição*. Rio de Janeiro: José Olympio, 1941. pp. 9-21.

_____. O próximo livro de Gilberto Freyre. *Boletim Ariel*. Rio de Janeiro, 3 (2): 35, nov. 1933. *Apud* FONSECA, Edson Nery da. *Casa-grande & senzala e a crítica brasileira de 1933 a 1944*. Recife: Cia. Editora de Pernambuco, 1985. p. 39-42.

RIBEIRO, Darcy. Prólogo. In: Gilberto FREYRE. *Casa-grande & senzala*. Caracas: Biblioteca Ayacucho, 1977.

RIBEIRO, Léo Gilson. Gilberto Freyre: revelações do maior fã de Sônia Braga. *Jornal da Tarde*, 19.11.1983.

RODRIGUES, José Honório. *Casa-grande & senzala*, um caminho novo na historiografia. In: AMADO, Gilberto *et alii*. *Gilberto Freyre: sua ciência, sua filosofia, sua arte*. Rio de Janeiro: José Olympio, 1962. pp. 434-441.

SALLUM JR., Brasílio. Sérgio Buarque de Holanda – Raízes do Brasil. In: MOTA, Lourenço Dantas (Org.) *Introdução ao Brasil. Um banquete no trópico.1*. São Paulo: Ed. Senac, 1999. pp. 235-272.

_____. Gilberto Freyre – Sobrados e mucambos. In: MOTA, Lourenço Dantas (Org.). *Introdução ao Brasil. Um banquete no trópico. 2*. São Paulo: Ed. Senac, 2001. pp. 327-356.

SANTA ROSA, Virgílio. *O sentido do tenentismo*. Rio de Janeiro: Schmidt, 1933.

SILVEIRA, Tasso. A consciência brasileira. In: CARDOSO, Vicente Licínio. *À margem da história da República*. Brasília: Ed. da Universidade de Brasília, 1981. Tomo II, pp. 39-45.

SKIDMORE, Thomas E. *Preto no branco; raça e nacionalidade no pensamento brasileiro*. Rio de Janeiro: Paz e Terra, 1976.

SODRÉ, Nelson Werneck. *Formação histórica do Brasil*. 2. ed. São Paulo: Brasiliense, 1963.

_____. Descobridor de uma verdadeira visão do Brasil. In: FONSECA, Edson Nery da. *Casa-grande & senzala e a crítica brasileira de 1933 a 1945*. Recife: Cia. Editora de Pernambuco, 1985. pp. 237-241.

SOUZA, Jessé. Gilberto Freyre e a singularidade cultural brasileira. In: *Tempo Social – Revista de Sociologia*, vol. 12, n. 1, São Paulo, 2000, pp. 69-100.

_____. *A modernidade seletiva. Uma reinterpretação do dilema brasileiro*. Brasília: Ed. da Universidade de Brasília, 2000.

_____. *A construção social da subcidadania: para uma sociologia política da modernidade periférica*. Belo Horizonte: UFMG, 2003.

TEIXEIRA, Anísio. Prefácio. In: FREYRE, Gilberto. *Sociologia: introdução ao estudo de seus princípios*. 2. ed. Rio de Janeiro: José Olympio, 1957.

THOMAZ, Omar Ribeiro. Gilberto Freyre e o esforço de superação de conflitos. In: FREYRE, Gilberto. *Interpretação do Brasil*. de Omar Ribeiro Thomaz (org.) São Paulo: Companhia das Letras, 2001.

THOMPSON, Edward P. *Tradición, revuelta y consciencia de classe*. 2. ed. Barcelona: Editorial Crítica, 1984.

TORRES, João Camilo de Oliveira. *Interpretação da realidade brasileira*. Rio de Janeiro: José Olympio, 1969.

UNIVERSIDADE DE BRASÍLIA. *Gilberto Freyre na UnB*. Brasília: Ed. da Universidade de Brasília, 1981.

_____. *A revolução de 30: textos e documentos*. Brasília: Ed. da Universidade de Brasília, 1982.

_____. *A revolução de 30: seminário internacional*. Brasília: Ed. da Universidade de Brasília, 1983.

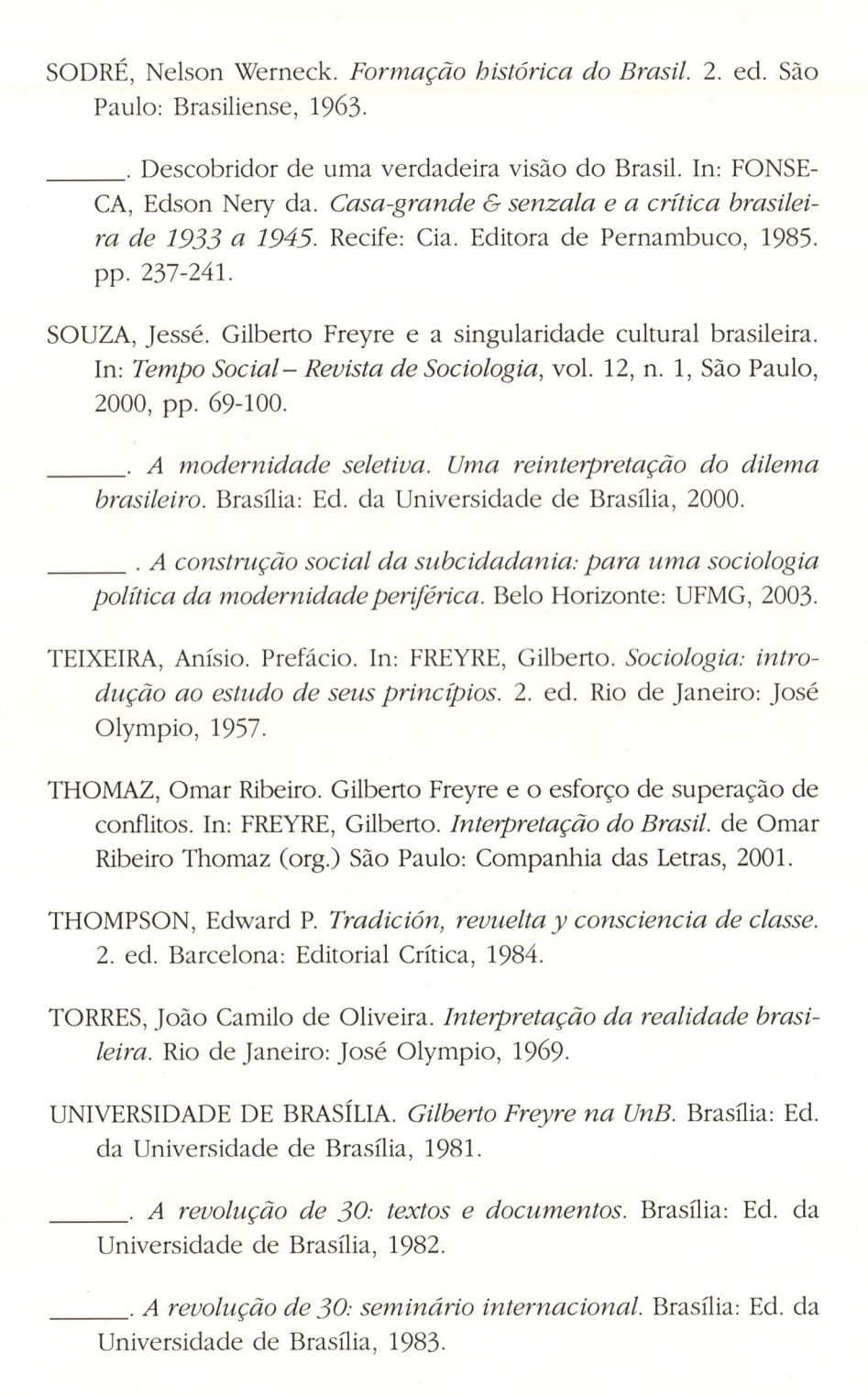

VASCONCELOS, Gilberto Felisberto. *O xará de Apipucos*. São Paulo: Max Limonad, 1987.

VELHO, Gilberto et alii. Cientistas do Brasil. Entrevista de Gilberto Freyre. In: *Ciência Hoje. Sociedade Brasileira para o Progresso da Ciência*. Cientistas do Brasil: depoimentos. São Paulo: SBPC, 1995, pp. 117-123.

_____. O significado da obra de Gilberto Freyre para a Antropologia contemporânea. In: *Coojornal*, n. 268, 20/07/2002.

VIANNA, José de Oliveira. *Evolução do povo brasileiro*. Rio de Janeiro: José Olympio, 1956.

_____. O idealismo da Constituição. In: CARDOSO, Vicente Licínio. *À margem da história da República*. Brasília: Ed. da Universidade de Brasília, 1981. Tomo I, pp. 103-118.

_____. *Populações meridionais do Brasil*. 5. ed. Rio de Janeiro: José Olympio, 1952.

VIANNA, Luiz Werneck, CARVALHO e Maria Alice R. de Melo, Manuel Palácio Cunha. Cientistas sociais e vida pública. *Dados – Revista de Ciências Sociais,* vol. 37, n. 3, Rio de Janeiro, 1994.

VILA NOVA, Sebastião. *Sociologias & pós-sociologia em Gilberto Freyre*. Recife: Fundaj/Ed. Massangana, 1995.

WEBER, Max. *Economía y sociedad*. Trad. José Medina Echavarría e outros. México: Fondo de Cultura Económica, 1969.

WOLFF, Kurt H. (editor). *The sociology of Georg Simmel*. Toronto: Collier-Macmillan Canada, 1964.

Dados Biográficos

Elide Rugai Bastos é professora livre-docente no departamento de sociologia da Unicamp; foi secretária adjunta da Associação Nacional de Pós-Graduação e Pesquisa em Ciências Sociais/Anpocs, de 2000 a 2004; foi diretora do Centro de Estudos Brasileiros/CEB do IFCH/Unicamp de 1997 a 2003. É autora, entre outros, de *As ligas camponesas* (1984), *Gilberto Freyre e o pensamento hispânico* (2003), *O pensamento de Oliveira Vianna* – em colaboração (1993), *Intelectuais e política: a moralidade do compromisso* – em colaboração (1999), *Intellectiels et politique; Brésil-Europe* – em colaboração (2003), vários artigos e capítulos de livros.

GRÁFICA PAYM
Tel. (011) 4392-3344
paym@terra.com.br